LA

RUE A LONDRES

CETTE ÉDITION A ÉTÉ TIRÉE A SIX CENTS EXEMPLAIRES NUMÉROTÉS

———

Nᵒˢ 1 à 50 sur papier Whatman, avec double tirage des eaux fortes sur papier Whatman, avant la lettre et sur Hollande.

Nᵒˢ 51 à 100 sur papier du Japon, avec double tirage des eaux fortes sur papier du Japon avant la lettre et sur Hollande.

Nᵒˢ 101 à 600 sur papier Vélin, avec tirage des eaux fortes sur papier de Hollande.

CORBEIL. — TYP. ET STÉR. CRÉTÉ.

JULES VALLÈS

LA
RUE A LONDRES

ÉDITION ORNÉE

DE VINGT-DEUX EAUX-FORTES

ET DE NOMBREUX DESSINS

PAR A. LANÇON

PARIS

G. CHARPENTIER ET CIE, ÉDITEURS

13, RUE DE GRENELLE, 13

1884

A MADAME M. REHN

Ma chère enfant,

Je vous dédie ce livre non comme un hommage de banale galanterie, mais comme un tribut de sincère reconnaissance.

Vous m'avez aidé à bien voir Londres, vous m'avez aidé à en traduire l'horreur et la désolation.

Née dans le camp des heureux, en plein boulevard de Gand — graine d'aristo, fleur de fusillade — vous avez crânement déserté pour venir, à mon bras, dans le camp des pauvres, sans crainte de salir vos dentelles au contact de leurs guenilles, sans souci du « qu'en dira-t-on » bourgeois. *Honny soit qui mal y pense !* suivant la devise de la vieille Albion.

Vous avez fait à ma vie cadeau d'un peu de votre grâce et de votre jeunesse, vous avez fait à mon œuvre l'offrande du meilleur de votre esprit et de votre cœur.

C'est donc une dette que mes cheveux gris payent à vos cheveux blonds, camarade en qui j'ai trouvé à la fois la tendresse d'une fille et l'ardeur d'un disciple.

Vous souvient-il qu'un jour devant un Workhouse, nous vîmes une touffe de roses à chair saignante, clouée je ne sais par qui, je ne sais pourquoi, au battant vermoulu?

Cette miette de nature, cette bribe de printemps faisait éclore l'ombre d'un sourire et un reflet d'espoir sur les faces mortes des pauvresses qui attendaient leur tour. Cela nous donna un regain de courage, à nous aussi, et nous franchîmes, moins tristes, la porte de cet enfer.

Au seuil de mon livre, dont quelques chapitres sont, comme le « Refuge », pleins de douleur et de misère, je veux attacher votre nom comme un bouquet.

JULES VALLÈS.

Paris, 1er Décembre 1883.

WOBURN GATE : LA GRILLE DE WOBURN SUR LA PROPRIÉTÉ DU DUC DE BEDFORD.

LA RUE A LONDRES

LA RUE

UN GAMIN DE LA RUE.

Ah ! ce n'est pas la rue de France ! — cette rue bavarde et joyeuse, où l'on s'aborde à tout instant, où l'on s'arrête à tout propos. On suit les femmes, on blague les hommes ; il y a du tapage, des rires, des rayons et des éclairs ; il y a des pétillements d'ironie, une odeur de plaisir, des souvenirs de poudre.

La rue de Londres est ou énorme et vide, — muette alors comme un alignement de tombeaux — ou bourrée de viande humaine, encombrée de chariots, pleine à faire reculer les murs, bruyante comme la levée d'un camp et le torrent d'une déroute. Mais ce sont des bruits sourds, un grondement d'usine, le tumulte animal — point une explosion de vie et de passion.

On entend grincer les roues, hennir les chevaux ; mais on n'entend pas *parler* les hommes ; ni parler, ni rire !...

Ils vont, ils viennent comme des *pistons* de machine, ils passent comme des courroies se mêlent, comme des trains se croisent ; ils ne se disent jamais qu'un mot : « Jolie matinée, vilain temps » suivant qu'il fait beau ou mauvais — et ils reprennent leur fonction, court, droit et dru. Allez, le piston !

Tous se ressemblent.

Par esprit de patriotisme, parce qu'ils ont le Derby et la mer, ils ont tous des têtes de cheval ou de poisson. Cette similitude de physionomie, cette monotonie du type,

UNE PASSANTE.

tue d'avance l'originalité de la rue. Pas un visage qui tranche brusquement sur le reste ; quelques-uns ont l'air un peu plus hypocrite ou un peu plus brutal que d'autres, voilà tout !

Les femmes — ce parfum de la rue française — se divisent crûment, là-bas, en deux espèces : celles en sucre et celles en corne, celles qui ont des profils d'anges et celles qui ont des profils de bêtes, celles qui ont seize ans et celles qui en ont cent, des joujoux ou des magots.

Quand elles ne sont pas des jeunes filles, elles sont tout de suite des vieilles — sans transition — elles se gâtent en un clin d'œil comme du gibier. On avait une gazelle hier, on a une girafe demain, et le Français qui fouille la rue ne rencontre que des bébés montés en graine ou des caricatures à cheveux gris et à dents jaunes.

La femme de trente ans, comme nous l'aimons, grasse et blanche, ou souple et dorée, appétissante comme un fruit mûr, irritante comme une odeur sauvage, on ne la frôle point, on ne la sent pas sur le pavé de Londres.

A partir de 22 ou 25 ans — sauf hasard — l'Anglaise est finie, et, même quand elle est jeune, elle n'a jamais ce *je ne sais quoi* qui fait qu'une Parisienne vous ramasse le cœur d'un geste et laisse tomber le désir de sa jupe ; soit que la pluie l'oblige à montrer sa cheville, soit qu'elle vire le cou au soleil ; il y a les éclairs noirs des yeux, les traînées de jupons blancs, la cambrure du pied et le jeu des hanches.

Ici, les femmes marchent comme des soldats, ont toutes la taille trop longue, le pied bête, et il y en a des tas qui portent lunettes.

Le jeune garçon, chez nous, est vif, sympathique et crâne. Chez eux, il est vieillot et grave.

Est-il rien de plus affreux, à vrai dire, que ce gamin de douze à quinze ans qui a un col immense, une jaquette toute petite, un gros parapluie et un chapeau tuyau de poêle? Il ne rit pas, n'ayez peur!

Il ne flâne pas, — ah! fichtre non! — il siffle!

A Londres, on siffle partout, sur le trottoir, sur la chaussée, sur la banquette d'omnibus ou la chaise du restaurant, dehors, chez soi, chez les autres, en face des dames surtout.

LES PETITS DÉCROTTEURS.

Quand on ne siffle pas, on fait autre chose....

Ce gamin veut bien se contenter de siffler. Il vient de chercher une lettre de crédit à la Banque, il passe manger un *sandwich* et va partir pour faire le tour du monde. Il pense que son père sera au bateau, il n'en est pas sûr, il y avait beaucoup à faire hier à l'Office, dans la Cité. Il va raide, muet, grave, gonflé d'argent; il ne donnera pas un sou à un pauvre en chemin.

Y a-t-il des types qui se détachent, des nez ou des regards qui trouent cette banalité : porte-crochets, vendeuses de fleurs, meneurs de chevaux, des grotesques ou des gracieuses?... Rien, rien!

Pas de commissionnaires.

Cet Auvergnat ou ce Savoyard, ces favoris gris, ce nez rouge, cette culotte rapiécée, ce qui s'appelle à Paris le père Ugène ou le vieux du coin, qui vous indique votre chemin pour rien et qui, pour vingt sous, sait glisser une lettre, attraper une réponse ; qui cache un bouquet dans sa casquette et un rendez-vous dans son sourire ; qui fait campagne avec vous, sous le drapeau de l'amour ou de la misère ; qui, un jour d'insurrection, vous reconnaîtra et vous prêtera sa veste de velours

BOUQUETIÈRE.

pour remplacer votre paletot de vaincu plein de sang, ce brave homme-là est inconnu dans ce Londres qui n'a pas pour deux liards de fantaisie.

Les décrotteurs sont ou des voyous à qui on ne peut pas confier un penny, ou des gamins que je ne sais quelle société chrétienne a habillés de rouge, marqués d'un chiffre. Ils n'ont pas le droit de quitter leur sellette — surveillés au nom du Christ.

Les bouquetières sont sales, ont le nez crotté, les souliers crevés, la jupe en lambeaux et des cous pleins de crasse.

Elles portent leur marchandise sur un éventaire, comme les poissonnières portent leur marée, et sentent si mauvais qu'on ignore si leurs fleurs sentent bon.

Presque toutes sont grêlées, il y en a pas mal qui sont borgnes, et j'en ai vu une qui me montrait — avec un sourire mutin — qu'elle était bossue. On semblait bien jaloux d'elle dans cet amas de guenilles.

Elles coupent les tiges frêles et les remplacent par des bouts de bois, puis elles ajoutent des fils de fer. C'est que l'Anglais n'aime un bouquet que s'il est

CAB ET CABMAN.

solide, — si le laiton lui entre dans les doigts, s'il peut passer la queue de la touffe, sans qu'elle se casse, dans les ouïes d'un maquereau ou le croupion d'une volaille.

O bouquetières de France, au fichu dérangé, au chignon crâne, qui emportez la boutonnière à l'arme blanche, qui êtes plus fraîches que vos roses et avez la voix plus chaude que le parfum de vos œillets ; comme l'on se souvient de vous — avec le frisson de Paris — en face de ces rangées d'oignons humains d'où sortent, salies et empoisonnées, ces fleurs aux yeux bleus, aux lèvres rouges, au cœur d'or !...

Ni commissionnaires pour porter les billets doux, ni jolies bouquetières pour donner du prix au muguet et du ton au désir!...

Les cochers? — Ils ne s'injurient pas et ne font point claquer leurs fouets! Ceux des cabs ressemblent tous à Robert-Macaire. Ceux des omnibus visent au gentleman, ont des gants et le chapeau à haute forme.

L'omnibus, bariolé de couleurs criardes, a l'aspect d'une roulotte de saltimbanques. On n'ose pas y monter, quand on n'est pas un phénomène.

Pour arriver à l'impériale, il faut faire des exercices de clowns; pour pouvoir tenir dans l'intérieur, il faut des poumons de fer, en été.

Les vitres ne s'abaissent pas. Il est défendu d'avoir de l'air!...

Il n'y a pas de bureaux où, par les chaleurs ou les averses, on puisse s'abriter en attendant, prendre son ticket, demander la correspondance.

On monte sa faction sur le pavé, et l'on est forcé de saisir au vol les renseignements que le conducteur jette en se tenant pendu à sa courroie, comme un singe attaché par la queue.

Tant que l'omnibus trotte, ce conducteur se cache des encoffrés; il ne s'occupe plus que de ceux à cueillir; il faut qu'on lui tire les pans de son habit et qu'on le bourre de coups de canne ou de parapluie, pour qu'il veuille bien se montrer, répondre aux captifs, lâcher les gens, verser les colis à destination. Il vous regarde et se contente de crier: *Bus! bus!* dans les oreilles des passants, dont il accroche les chapeaux, dont il saisit les poignets.

C'est de l'enlèvement! Joli garçon, montez chez moi....

Perdu sur la chaussée, bousculé par ce tas de muets sinistres, étonné des grognements, ahuri par la rumeur, menacé par les chevaux, frôlé par les voitures, le Français perd la tête; il cherche un café, un coin où il pourra s'asseoir, réfléchir, écrire; mais il n'y a que quatre cafés à Londres, et pas un qui ait l'œil sur la rue, et des tables jaunes sur des trottoirs où il fasse frais et d'où l'on voie rouler la foule.

Pas de cafés, et toutes les maisons fermées ainsi que des tombeaux! Ni portes cochères ni allées. S'il arrive un orage, qu'on soit éreinté ou malade, pas d'autre asile que le *public-house* ignoble.

Le long du ruisseau, dans l'entrebâillement des portes, les ivrognes titubent et hurlent. C'est la soûlaison noire, point l'ivresse rose, — l'écume du haut-mal, point la mousse de la gaieté.

Chose horrible ! — Ce sont les femmes surtout qui salissent le pavé de leurs vomissements et qui battent les murs avec leurs têtes ; non pas seulement celles en haillons, mais aussi celles en chapeau frais et en robe neuve ; non pas seulement les vieilles, mais les jeunes. Celle qui vous a heurté tout à l'heure était la sœur d'un avocat ou la fille d'un révérend, elle sortait du temple ou elle y allait; elle s'est arrêtée à un *bar* pour siffler du whisky ou du gin — et elle festonne et elle chante. Les seuls éclats de voix humaine qui crèvent le brouillard de Londres sortent des poitrines brûlées par le poison des public-houses. Ce peuple ne parle fort dans les rues que quand il est soûl.

N'est-il donc rien qui, au lieu de blesser le Français égaré dans ce chaos, l'émeuve et le frappe ? — Ah ! certes si !

Les rues n'ont point l'air des avenues d'un camp, comme dans le Paris rayé de garance et étoilé de hausse-cols. On n'entend pas éternellement le *taratata* des clairons.

UNE HABITUÉE DE PUBLIC-HOUSE.

C'est un événement que le passage d'un bataillon, et c'est à peine si l'on rencontre des soldats. En tout cas, ils ont l'air plus comique que menaçant, sous leur petite veste, et leur bonnet de police, rond et rouge avec une frange d'or, comme une tranche de citron sur un grog au vin. Ils sortent sans armes.

Les officiers n'apparaissent jamais en uniforme. Un décoré fait retourner les têtes.

C'est bien; mais s'il n'y a pas de pioupious en tenue de campagne, ni de capitaines l'épée au côté, il n'y a pas non plus d'ouvriers en casquette et en blouse.

On ne connaît pas la blouse à Londres.

Les artisans n'ont point la fraternité du costume, une livrée de travail, qui peut devenir un drapeau au bout d'un bâton. Ils n'ont pas du bleu sur les épaules, ils passent près de vous sans qu'on les distingue, habillés de tons neutres, dans des vêtements qu'ils portent comme des mannequins portent des frusques.

Le peuple n'a pas sa physionomie à lui, les corps d'état ne se devinent point, les ouvriers n'ont pas leur couleur ; tout au plus ressemblent-ils à ces manœuvres qui traînent seulement des fardeaux, qui n'ont que la force et le courage de la bête, et que nous appelons en France de ce nom navrant : hommes de peine.

SOLDATS.

Où donc la gaieté du peintre d'enseignes aux cheveux longs, du peintre en bâtiment à bonnet de pêcheur, où donc la barbiche à la chasseur et le pantalon à côtes du charpentier ?

Où donc la chanson du bâtiment, la *scie* de métier ?

C'est triste, vous voyez, une rue de Londres ; on se demande, on cherche quel est le fond d'une nation, quelle est l'âme d'une cité qui fait ce bruit terrible et qui parle si peu ; où rien ne s'accuse en traits nets et logiques, où il n'y a pas de décorations aux revers d'habits, mais où les masques suent la morgue ; où les sergents de ville ont l'air poli et où les gentlemen ont l'air féroce ; où les boueux sont béguculés et les enfants solennels.

N'y a-t-il pas une voie, dans le nombre, sur les murailles de laquelle soit écrite avec de la poudre, telle qu'un tatouage sur le bras d'un marin, quelque devise de liberté ?

Toutes les villes qui ont dominé l'histoire et commandé l'humanité, Athènes, Rome, Paris, ont de ces chemins, par où le sang s'est échappé à pleins flots de leurs veines trop fortes.

C'est par ici qu'a passé Cléon, c'est par là qu'arrivèrent les Gracques, sur cette place est mort Delescluze !

Les peuples à cerveau puissant ont, chaque quart de siècle, de ces apoplexies qu'on nomme des révoltes, et il reste, dans les façades, des trous cernés de rouge, mais par où jaillissent des fusées de lumière.

Oui, il y a White Hall et le souvenir de Charles Ier; mais des années se sont usées depuis ce matin-là, et la fenêtre est clouée...

On trouve marque de chauvinisme égoïste et violent, mais point trace d'inondation populaire et de convulsions civiles ; ils n'ont pas senti le tremblement social.

Autant la rue d'affaires est bourrée et violente, avec ses trépidations affreuses, comme si un parc d'artillerie courait au secours d'une bataille, avec ses bourdonnements dans l'air, comme si d'un massacre de ruches s'échappait un essaim d'abeilles enragées, — autant la rue de famille est déserte et silencieuse.

Oh ! je n'aurais pas besoin de voir passer ceux qui habitent ces logis pour savoir ce qu'ils valent, et, en pleine nuit, sous la lueur oblique de la lune, aussi bien que sous le rayon louche de leur soleil, je devinerais l'Angleterre. A l'heure où les chaussées sont vides et les trottoirs abandonnés, à Paris de même qu'à Londres, la tournure des bâtisses, l'architecture des rues suffiraient pour m'indiquer ce qu'il y a au fond des âmes, et le caractère de la race sort des murailles comme un crapaud.

Quand le *business* est fini, quand les *offices* ferment, c'est dans cette rue qu'on vient se reposer, c'est une de ces maisons qui est

POLICEMAN.

l'intérieur, qui est le foyer, le *home, sweet home* — il y a une chanson là-dessus !

Gardé par des grilles, hérissé de crocs, protégé autant qu'une boulangerie contre les famines de 93, ce *home* et ce foyer ! Entre la façade et le trottoir, bâille un hiatus sale, un creux profond, un trou grillé, comme pour mettre un loup. Partout du fer noir ou des pierres d'un gris de tombe, semblables aux ossements lavés par la pluie. Au haut des marches, le visage de bois d'une porte qui ressemble à celle d'une prison ou d'un couvent.

De ce côté-ci, une fenêtre — œil terne qui s'ouvre en long, dont la paupière se retrousse et se tord ainsi que celle d'un paillasse ou d'un fou — *à guillotine*. Il ne faut point passer sa tête là-dessous, le couperet pourrait tomber! Aussi ne voit-on jamais s'allonger, à travers les fleurs, un cou de jeune fille. Il n'y a, en Angleterre, que les femmes perdues, — de vice ou de misère, — que les étrangers, ignorants ou cyniques, qui osent mettre le nez à l'air, tendre le front et regarder ceux qui vont et viennent...

On dirait qu'il règne une consigne de mort!

Il est tard, c'est le soir; mais le jour c'est de même; — c'est toujours ainsi!

Demain, quand le soleil — ce qu'ils appellent le soleil — luira sur cet amas de tristesses, il ne fera pas tomber les barreaux, il n'ouvrira pas les croisées et il ne forcera pas les serrures!

Les gens vivent là-dedans, isolés comme des malades ou des aliénés; si l'on a besoin de frapper à l'une de ces portes pour demander de l'ouvrage, un conseil ou du pain, on ira avec terreur soulever ce marteau; — les âmes sont froides quand les murs sont si nus, et les cœurs s'ouvrent mal dans les demeures si bien fermées.

Ce n'est peut-être pas qu'ils soient féroces, ils sont seulement orgueilleux.

Quiconque veut entrer dans ces maisons à tournure d'enfer doit faire une station aussi longue que pour entrer au paradis. — Qu'il attende!

— Je suis chez moi, et je suis Anglais — *I am an Englishman* — dit entre ses dents le locataire.

Et il ne daignera aller un peu plus vite, que si le battant est manié d'une main hardie, avec une impertinence qui sente son gentleman, une désinvolture qui indique le maître. L'homme se pressera alors, au nom de la servilité nationale qui court lécher le pied des hiérarchies.

Mais voyez le temps que passe devant la porte close, comme un pénitent aplati contre un confessionnal, le visiteur inconnu, modeste! On l'a entrevu, du fond du creux où l'on peut mettre un loup, et on le laisse se morfondre et piétiner, jusqu'à ce qu'on ait fini de raccommoder un bas ou d'achever le thé à petits coups.

Pays hostile, race murée! Ces habitations qui s'ouvrent avec tant de crainte et de fatigue, c'est à peine si on peut les découvrir et les distinguer, une par une, dans ce tas de moellons qui s'appelle la rue. L'Anglais vit chez lui — ne va pas chez les autres — et n'a pas besoin d'écrire le nom de ses voies en lettres qu'on puisse lire de loin.

Dans chaque quartier, il y a le tiers des chemins qui n'ont pas leur marque visible sur l'oreille ; ou bien cette marque est noyée et perdue dans le noir de la pierre, ainsi que l'initiale d'un boucher dans le gras d'une toison sale. On ne distingue rien — l'Anglais en rit dans sa barbe jaune — il aime à voir souffrir les gauches et barboter les pauvres.

Il n'a pas même pris la peine de donner à chaque rue un nom particulier. Il y en a vingt qui s'appellent « Charles », trente qui s'appellent « Charlotte » — et il faut chercher le *Road*, le *Square*, — que sais-je !

On devine vite qu'il leur manque les habitudes d'amitié, la gaieté de la vie d'échange !

Il importe peu à des gens qui ne se voient point entre eux, qui vivent en ours, qu'à l'angle de l'avenue soit le n° 29, et au milieu le n° 1, — ce qui se présente à chaque instant, au grand étonnement des Français, que ces méthodiques traitent de brouillons, mais qui, au moins, peuvent se reconnaître et se retrouver dans les carrefours de leur pays.

Non seulement le chiffre quitte sa place, joue aux quatre coins, se mord la queue, mais il disparaît totalement et se laisse chasser par un mot. On demeure : Manor Place ou : Hope cottage, sans numéro ; on semble devenu un châtelain, vous comprenez.

C'est de l'orgueil, cette fois, sur toute la largeur d'une façade, cela vous a un air *householder* — chef de bail — qui fait le bonheur des Anglais.

Avec leurs titres, lisibles ou non, les rues de Londres sont des labyrinthes le soir, car, à part quelques corridors sur les vitres desquels le gaz détache les numéros, il est impossible de démêler les chiffres — s'il y en a — sur la peau des murs ou des portes, que rien n'éclaire.

Ajoutez, en outre, que les voies sont droites, longues, sans fin. Il faut abattre son kilomètre avant de pouvoir s'échapper de côté ; si l'on se trompe à l'entrée, on marche, on marche, comme le Dante ou le Juif errant, entre deux haies de pierres sans jours et sans issues. — Laissez toute espérance, vous qui vous aventurez ici !

Quelle sinistre impression donnent ces rangées de bâtisses, rongées par le brouillard et par la pluie ! Quand les maisons à Londres n'ont pas le reflet lugubre d'un linceul sali, elles ont la couleur du tuffeau de Mazas ou du bois de justice — des tons de prison ou d'échafaud — c'est affreux !... je ne m'en dédis pas : on dirait un peuple de maudits ou de détenus.

Puis il y a tant d'églises ! Toutes les villes qui ont beaucoup d'églises sont mornes.

Les temples protestants, — nus sous le ciel noir, sans l'odeur de l'encens, sans les vitraux qui saignent, — paraissent avoir été bâtis avec des blocs arrachés au déluge, boueux de sa fange et roulés à cette place par un troupeau de flagellés.

Quelques petites chapelles semblent faites de cailloux ramassés, au bas des murs croulants, par des mendiants de campagne ; on dirait des cathédrales de coquilles. La religion réformée met sur les monuments, toujours, la marque d'implacable tristesse.

Il n'y a presque pas de soldats, disions-nous, mais, en revanche, le pasteur abonde. On voit, à chaque moment, glisser sa silhouette sombre guillotinée de blanc. Sa

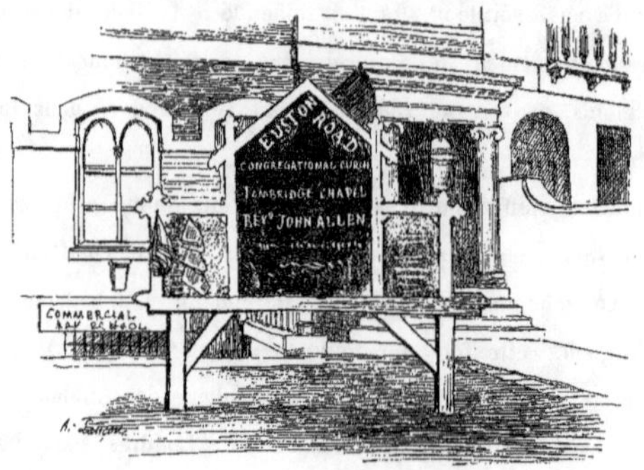

TUNBRIDGE CHAPEL, EUSTON ROAD.

cravate couleur d'hostie le signale. Son chapeau rond, à larges bords, continue l'uniforme, et les pans de sa lévite rappellent les vendeurs de bibles qui, en France, courent comme des cafards dans les villages. Ils font moins peur ici, ils portent la barbe, ont des enfants ; mais, tout de même, au nombre de taches noires que je remarque dans la foule, à l'aspect sournois des églises, je devine que le peuple anglais est, lui aussi, cousu par sa morgue ou ses guenilles au surplis du prêtre.

Partout on lit des avis de prêches et des recommandations chrétiennes. — La Bible, la Bible toujours ! Elle est dans la devanture de l'échoppe, dans la vitrine de la gargotte, de même qu'à la porte du temple. Le Christ traîne ses pieds meurtris dans la poix et la friture ; les gueux bouchent leurs carreaux avec des feuillets du livre saint.

Les murs sont couverts d'affiches ayant la teinte qui plaît à qui les lance —
rouges comme du sang ou blanches comme les placards officiels en France. Et dans
des annonces de savon ou de poudre à punaises, on fourre le nom de la reine ; le
portrait du prince de Galles s'étale sur une réclame de marchand de bleu. Un magasin
de chaussettes a pour enseigne : « Au marquis de Lorne. » Bref, les têtes couronnées
sont mises à toutes sauces, ni plus ni moins que de simples têtes de veau, dans la
grande cuisine de la publicité. Chez tous les libraires, se vendent des exemplaires de
pamphlets qui portent, sur leur couverture, la charge hardie des membres de la
maison royale.

Sur la chaussée, se traînent à la file les *sandwiches*, qui portent, écrit au dos et
au ventre :

CE SOIR

MEETING A TRAFALGAR-SQUARE

MANIFESTATION COLOSSALE !

On place souvent l'affiche au bout d'un bâton, et l'on voit avancer, de loin, cet
étendard de papier qui, poché de couleurs violentes, prend, entre les mains de ce gueux,
l'air d'un gonfalon de révolte.

A Paris, l'homme et l'affiche coucheraient au poste, peut-être bien.

Les pasteurs aussi font promener l'annonce du sermon prochain :

VENDREDI, LE PÈRE IGNATIUS PARLERA

IL PARLERA !!

ALLEZ-Y !!!

Zim malaboum, boum, boum !

L'Angleterre laisse dire, laisse crier, laisse pleurer. Elle ne paye pas des oreilles
exprès pour écouter ce que les mécontents murmurent ; elle préfère regarder passer
et s'écheveler en pleine place publique les protestations ou les colères.

. . . .

Mais entendez-vous cette armée en marche ? Voyez-vous rouler l'avalanche ? De tous
côtés, les ruisseaux sont venus la grossir. Londres a vomi son contingent du fond de ses
cent quartiers, et maintenant le torrent sort de son lit de pierre, où l'avait encaissé le
mot d'ordre des chefs, devant les lions de Trafalgar-Square. Il déborde à travers les

rues du côté d'Hyde Park. Il y a des bannières et des musiques qui se mettent à jouer toutes ensemble autour de l'Arbre de la Réforme *(Reform Tree)*, le Chêne de la Justice du peuple. Quand le tribun du jour s'avancera pour sa harangue, on emplira le ciel de bruit et l'on poussera des hurrahs furieux.

On peut, ici, se trouver cent mille, avec le vent dans les oriflammes, et gueuler à la gueule des canons, sans que le sol tremble d'un autre poids que de celui de chaque citoyen, sans que la reine ait peur, sans que les télégraphes tressaillent, sans que les généraux galopent, sans que l'Europe regarde. Les affiches ne sont appliquées qu'avec de la colle — jamais avec du sang, — et l'on bat plutôt le rappel sur la bedaine d'une grosse caisse que sur le ventre d'un tambour.

N'importe ! — cette liberté, ce calme, cette tranquillité des fusils, ce fourmillement d'hommes, ce droit d'être cent mille et d'avoir un drapeau, il y a là de quoi frapper l'œil d'un Français et secouer son cœur.

Tout à l'heure, ces gens étaient cloîtrés dans leurs maisons tels que des assiégés : voilà qu'ils envahissent la ville ! — Quelle ville !... toute pleine de contradictions énormes, amas de confusions ! — avec des silences de cimetière, des mines de chemin où l'on tue — et, à deux pas, des grognements d'inondation et des déchirements de tempête !

L'HOMME SANDWICH.

Et leurs pauvres ! Spectacle dont le brouillard de Londres et sa boue, si épais qu'ils soient, ne parviennent pas à voiler et à noyer l'horreur ! Que dirait-on sous le soleil de France, à Paris, si subitement, en plein boulevard, on voyait passer ces misérables, poux du pavé, araignées de la muraille, crapauds du ruisseau !

Le gueux de France ne peut donner une idée du gueux de Londres !

Il y a bien, chez nous, le mendiant de village porte-loques au sourcil broussailleux, qui ressemble, avec sa face grasse, à un moine chassé du couvent ou, avec son crâne chauve et sa barbe grise, à un saint tombé en enfance ; mais c'est un métier, celui de mendiant, presque une mission, et il est même un peu sorcier. Il a ses rations de soupe, ses relais de viande.

L'indigent de nos villes est maigre. Il fait peine à voir sous sa blouse, dont le bleu a été mangé par le soleil ou la pluie, comme l'expression de son regard a été dévorée par la peine et sa joue creusée par la souffrance. Notre déclassé arrache des larmes, quand il passe, serré dans sa redingote boutonnée dont les revers plus neufs sont marbrés de taches vertes. Mais ils ont raccommodé, le matin, les trous par où l'on pouvait voir la chemise sale ou la chair blanche ; ils ont la pudeur de leur misère.

Le pauvre de Londres n'est pas le même. Chez lui, le vêtement a l'air d'une peau qui s'écaille, d'une lèpre qui tombe. C'est déchiqueté, comme si des rats avaient voulu dévorer l'homme, comme si on avait donné des coups de fourche là-dedans.

Puis il y a sur les visages une telle expression de fatigue et de terreur ! Pour s'en faire une idée, il faut penser au fou qu'on laissait déchirer et mordre ses habits, dans sa cage, et qui s'est échappé, ainsi qu'une hyène de ménagerie ; la crise est finie, il a avalé son écume, et souillé, cassé, il vagabonde, hagard, par les chemins.

Certains m'ont rappelé ces prisonniers que, sur les routes, les gendarmes ramènent de brigade en brigade ; qui vont, entre les deux chevaux noirs, attachés à la selle ; on a coupé de côté, par le haut, leur culotte trop large, afin qu'ils s'embarrassent dedans s'ils veulent fuir ; et ils voyagent ainsi, la nuit, le jour, jusqu'à ce que la prison les recueille : tels les affamés anglais !

A Londres, cette détresse se promène à travers les rues, sans que personne se détourne, avec effroi ou avec douleur.

On en rit parfois ! « Charlie, regardez donc ses pieds, comme ils sont blancs ! »
Blancs, dans la boue de l'automne, comme ceux d'un mort.
Rouges, dans la pâleur de la neige, comme les pattes d'un écorché.

Et le pauvre poursuit sa marche de bête écrasée, il se traîne, se traîne, las de cent nuits passées sur les degrés, au bord de la rivière trouble, ou sur les bancs, au fond des parcs, devant la verdure triste.

Il trouvera du pain, ce soir, s'il en reste de tout celui qu'on gâche dans les maisons pleines d'or !

En attendant, il cherche une épingle pour rattacher ses hardes qui tombent, il a fait des nœuds dans le dos et mis au poignet des liens, comme des menottes, mais le fil était usé et la trame rongée ; il est déjà nu d'une jambe, il va l'être des deux, ou avoir dans les reins une place à vif comme un moxa, ce dépecé de la misère.

En se baissant, il montrera qu'il est un homme à des ladies qui le verront bien ; mais les ladies vont grossir la foule des meetings philanthropiques, et, en rentrant, elles se mettront à faire des caleçons pour les sauvages, — sans oser dire « caleçon », elles ne prononcent pas le mot, c'est *shocking*. Tout à l'heure, elles coudoyaient pourtant, sans rougir, un homme que la pauvreté faisait obscène.

On ne connaît que quelques coins de Paris où l'indigence soit crapuleuse, où le vice hurle à la face du ciel. Il y avait *Paul Niquet*, jadis ; il y a encore l'*Assommoir* des

PETITES PAUVRESSES.

chiffonniers, mais c'est un bivouac qui a ses confins, sa palissade de hottes ; et nous savons où siège Son Altesse l'Ivrognerie, à quels endroits et à quelles heures commence la Danse macabre de la guenille.

A Londres, la famine, à l'instar de la Compagnie des Indes, a des comptoirs partout. Elle a ses refuges de prédilection, mais ne s'y retranche pas.

Elle a des succursales de sa *Cour des miracles* à tous les angles de la ville, elle est collée au flanc des palais dorés : les ruelles pleines de gueux aboutissent, en bouches d'égout, dans les avenues des millionnaires.

On sent tout à coup venir une odeur de drap pourri, de fange cuite ; c'est qu'il y a là une *Lane* ou une *Court*, quelque passage infect où grouille une tribu de misérables.

On peut les voir du trottoir, sans entrer, comme on guigne une punaise dans une fente.

On n'aperçoit guère que des femmes et des enfants ; des enfants dans toutes les embrasures des portes, par paquets de quatre ou cinq, avec des bébés pâles ou des poupées habillées de rouge entre leurs bras nus. Beaucoup de grandes sœurs portent leurs petits frères et font les mamans, dans ce milieu de crotte et de désolation. Celle qui a huit ans dorlote celle qui a huit mois, et la berce, la caresse autant qu'une fille de riche. Ils sont précoces dans ce monde-là. Il n'est pas jusqu'à ces têtes guère plus grosses que le poing et gaiement chauves qui n'aient, de bonne heure, leur expression. Cela tient, sans doute, à ce que les rejetons des affamés vivent sur le pavé dès leur naissance, et attrapent vite quelque chose des milliers de grimaces qui se font autour d'eux.

Dans tous les quartiers de détresse, sous tous les ciels, en France comme en Angleterre, les pauvres ne restent pas dans leur taudis sans lumière et sans air, où le lit est grand moins qu'un cercueil, où le charbon du fourneau peut mettre le feu à la paillasse — on descend l'escalier gluant et l'on dégringole vers la porte.

On s'installe sur le seuil, c'est le canapé de la maison, et l'on bavarde, tête nue et poitrail au vent. On prête l'oreille au récit des commères, et l'on tend ce qui reste de sein à une bouche pâlotte qui veut téter. La rue, c'est le salon des misérables, il y fait jour, il y a de la place, la maisonnée peut s'ébattre ; puis il y a la franc-maçonnerie de la maternité, et l'on a soin de la nichée de la voisine, pour que la voisine, à son tour, ait soin de la vôtre.

Mais combien cette rue anglaise, boudoir des mères, jardin des mômes, diffère de la rue française, de celle où les demeures humbles ont aussi jeté leur monde de femmes et d'enfants !

La rue française, même des plus bas quartiers, a encore l'air d'un atelier et non d'un coupe-gorge ; il y a des bruits de fuseaux, des traînées de laine, en tout cas de grands coups d'aiguilles — on raccommode les hardes, on reprise les bas, on fait un bonnet, on coud un ruban ; la langue n'est pas seule à tricoter, on se dépêche de finir un tablier ou un jupon, la robe de la petite ou la veste du gamin. Tout cela certes ne sera pas brillant, il en résultera des rhinoplasties bizarres, des replâtrages comiques, mais enfin, l'on a soin des débris de la garde-robe, et l'on ne reste pas les bras ballants.

L'Anglaise, elle, ne fait pas œuvre de ses dix doigts.

Et si elle n'était que fainéante ! Mais elle vient cuver là son whisky et vautrer son ignominie sur les dalles.

Dès qu'elle a déterré quelques sous pour boire, elle repart, du côté du public-house où l'on débite le brandy, et elle revient grise et plus méchante. L'enfant est toujours avec elle.

Il y a un Dieu pour les petits d'ivrognes ! Comment ne sont-ils pas écrasés dans ce roulis de saoûlaisons, je ne puis le comprendre...! Mais, que dis-je ? Ces crânes, ces jambelettes, ces yeux mi-ouverts, tout cela est blessé, meurtri ! L'on s'étonne en face des survivants, parce qu'on n'a pas compté les victimes !

Je n'ai pourtant vu ni estropiés, ni morts !

C'est que le courage m'a manqué pour rester là, quand la femelle hébétée, l'œil rond, la lèvre baveuse, écoutait, de son oreille bouchée par un caillot de sang, s'il restait un brin de vie dans ce corps frêle et si l'on entendait, malgré ce tapage de fauves, battre ce cœur d'oiseau.

Que deviendra l'enfant né dans ces trous, baptisé de gin, qui a ouvert les paupières dans la fumée de ces bouges, qui a bu le lait à cette gourde de chair rincée de

GULLSTON COURT, OLD CASTLE STREET.

poison, qui gigottera dans cette lie, qui grandira dans ces sentines? Que deviendra-t-il?

La grâce féminine — don bizarre, chose étrange! — ne quittera pas la petite fille: si horrible que soit sa mère, si ignoble que soit son père.

Elles ont encore le geste et l'allure naïve, ces gamines crottées que l'on emmène dans les assommoirs, où l'on se bat devant elles, où le sang coule sur leurs menottes, et qui, au milieu de ce tumulte, font mine de donner du sucre à leurs poupées. Et cela vous a des coquetteries de demoiselle avec des gaucheries de vierge !

Il en est ainsi jusqu'à huit ou dix ans, douze au plus. Comment s'opère la transformation, je l'ignore, mais, soudain, l'on a devant soi une prostituée.

Les garçons deviennent plus vite des *roughs*, c'est-à-dire des voyous ; ils n'en gardent pas moins, les premières années, toute l'espièglerie et l'air charmant de l'enfance.

Ils vous demandent pardon (où ont-ils appris cela?) quand ils déboulent dans vos jambes, déguenillés, le nez morveux ; le *gentleman* qui, tout à l'heure, m'a par mégarde marché sur le pied, n'en a pas fait autant. — Quand le gosse sera grand, il ne s'excusera pas non plus, à moins que ce soit pour s'approcher de ma montre, ou de ma gorge, suivant qu'il sera *pick-pocket* ou *garrotter*, voleur ou assassin.

Disons qu'il n'y a pas le gamin de Londres, comme il y a le gamin de Paris. Dès qu'il n'est plus un môme, dès qu'il peut se culotter seul, le *boy* devient sérieusement un monsieur ou une gouape, distingué ou vil, tout d'une pièce. Il a eu une enfance, il n'a pas de jeunesse — on n'a pas de jeunesse en Angleterre !

Où sont les hommes ?

On ne voit que des robes lilas, des sarraux de toile jaune, des moutards qui relèvent leurs chemises, des fillettes qui remontent leurs jarretières, des femmes qui rentrent leur gorge.

UN MARCHAND.

Que font les pères de ces enfants et les mâles de ces femelles ?

Ils sont portefaix aux Docks ou à Covent-Garden, ou bien *costermongers*, marchands ambulants, — ils vendent des légumes ou du poisson, des coquillages ou de la vaisselle, ils donnent un coup d'épaule pour enlever une malle ou décharger une voiture, ils font tout, hormis un métier, et ils reviennent vite boire et boxer. Il n'y a pas de bonne partie sans batterie, et il faut qu'il y ait des yeux pochés et des nez fendus.

Ce n'est pas une bande qui est ainsi ; ils sont toute une armée, ils s'appellent Légion.

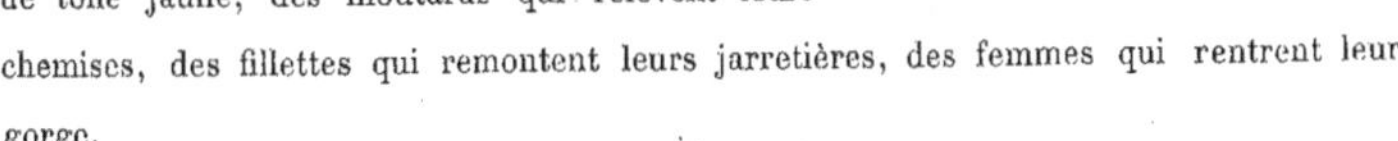

On les compte par centaines de mille! Il y a des rues qui sont pleines de ces tas de chair et d'ordures! Le dirigeant, celui qui fait les lois, celui qui les discute, reste à deux pas, demeure en face. Le lord qui passe n'a qu'à baisser les yeux pour voir ces détritus humains fermenter autour de sa voiture.

Nul ne s'en émeut, bourgeois ou aristocrate, banquier ou duc; et, remarquez bien ceci, nul ne s'en plaint!

. . . .

Voilà pourquoi il y aura, pendant des siècles encore, l'ignoble misère en bas, la fortune monstrueuse en haut!

LA RUE QUI MARCHE

Elle commence on ne sait où, elle finit on ne sait comment. Elle n'est pas, ainsi que les autres, inflexible et droite. Ce ne sont pas les Anglais qui l'ont faite, elle est venue au monde telle qu'elle est ; elle s'étirera toujours, comme un serpent galeux, à travers la ville.

Dans cette rue viennent s'engouffrer, à chaque marée qui arrive, des millions en barils et en sacs ; elle rejette elle-même, à chaque marée qui part, des richesses sans fin. Elle vomit du coton, du drap, de l'acier, du fer... Elle s'appelle la Tamise.

Toutes les contrées fameuses ont leur fleuve, le Volga, le Danube, le Tibre, la Seine, avec des rayons de gloire pour dorer leurs flots. La Tamise se contente d'être un chemin ; et, par ce chemin-là, s'avancent, à coups de rames ou voiles au vent, tout l'esprit de la race et toute la fortune de la nation.

En artère énorme qu'elle est, elle coupe Londres en deux branches dont chacune a sa physionomie violente. A droite, la fièvre des affaires et le flamboiement du luxe ; à gauche, les usines tristes, le travail dur, presque la province. Il y a *l'autre côté de l'eau*, comme chez nous.

Par où entre-t-on dans cette rue ?

Par ici.

Montons sur un de ces omnibus à cheminée, qu'à Paris, où il y a un soleil, on appelle des « hirondelles », et qu'ici on nomme simplement *Penny Boats*, bateaux à deux sous.

Le vapeur n'est pas encore là ; je prends mon billet au guichet et j'attends à l'embarcadère.

Les hommes qui font le service ressemblent aux mariniers de Lyon ou de Bercy, mais comme une goutte d'eau de la Tamise ressemble à une goutte d'eau de la Seine. Ils sont encore plus roux, plus muets, plus lents.

Accrochés près d'une corde, j'aperçois de grands ronds jaunes sur lesquels est écrit : — *Thames conservancy*, — protection de la Tamise.

Le *steamer !* En route, les voyageurs pour Woolwich !

LE SOIR SUR LA TAMISE.

Nous sommes au large.

Personne ne parle. Quelques amoureux se content tout bas ce qu'ils ont à se dire.

On n'entend que la voix du *call boy*, — c'est le moutard de douze à quinze ans qui, placé près du capitaine, suit sa main droite des yeux et, d'après le mouvement des doigts, transmet les ordres à la machine, qu'on peut voir s'essouffler, en se penchant. Le mécanicien a la tête honnête et mâle de tous ceux qui travaillent le feu et qui approchent des brasiers.

Le capitaine, vulgaire d'allures, paraît minable ; pas un galon, pas un bouton qui indique son rang et luise sur un coin de sa redingote râpée. Quand il a le chapeau haut de forme, il ressemble à un clerc en dèche ; quand il a un bonnet de laine, à un

LA TAMISE, VUE DU PONT DE LONDRES.

conducteur de coucou ; mais il n'a jamais l'allure du marin. Les gens de mer le méprisent et l'appellent *land lubber*, matelot d'eau douce.

Il s'assied tranquillement sur le pont quand tout va bien, et il aime à tourner ses pouces et à se faire les oreilles. Quelquefois, il descend dans la machine pour grilloter un petit beefstcak sur le grand feu. Tandis qu'il retourne sa viande, le bateau arrive au *pier* (le débarcadère) et, mal conduit par un des servants du bord, va donner de la tête dans la proue d'un camarade. L'homme remonte lentement (ce ne serait pas anglais de se presser) ; mais dès que tout a repris son petit train, après quelques éclats de sapin et quelques éclats de voix, il descend vers le *call boy* et lui administre une volée. Et ce n'est rien encore. Gare quand il arrivera à Woolwich !

J'ai vu cette scène hier même, et le *call boy* beuglait comme un veau ; cela déridait un peu les passagers. Il n'est pourtant pas facile de les faire rire.

Et comment voulez-vous qu'ils soient gais sous ce ciel, sur ce fleuve ?

L'eau de la Tamise est couleur de fange, et le ciel est couleur de tombe.

C'est comique à force de tristesse, vraiment, et si l'on n'était pas forcé de vivre longtemps dans ce pays, qu'on ne fît que passer, on s'amuserait de ces fonds sinistres comme d'un décor bâti par un mystificateur funèbre.

A sa source, la rivière est claire, je l'espère ; ici, elle est trouble et vile comme si l'on avait lavé dedans toute la vaisselle d'une armée, comme si l'on y avait vidé les rinçures de tous les hôpitaux de la chrétienté, les ordures de tous les bagnes du monde.

Elle est sale de toutes les crasses des pauvres qui descendent le soir nettoyer leurs pieds, noyer leurs poux ; elle est sale de la sueur des mâles qui travaillent à pousser les barques ou à emplir les docks.

Le flot a des reflets jaunâtres comme de l'or brut, et, en effet, il charrie des millions ; sous la lueur oblique du soleil, qui s'accroche à des cuivres, il a des teintes rougeâtres comme en aurait, le soir, une rivière longée par une bataille, et dont le lit serait fait de charbon pétri de sang.

La rame entre dans cette glu comme une cuillère dans une soupe au jambon. Quand un suicidé s'y jette, cela fait *flou* et non *flac!*... un bruit d'huile creusée par la chute d'un fils de la libre Angleterre.

Merry England! Britannia for ever !

Cette eau ne reflète rien, elle est comme le visage des Anglais.

Elle a aussi l'épaisseur de la bière, et l'on ne voit jamais des maisons laver gaiement leur tête, ni des arbres danser en zigzags dans un coin de Tamise, comme on voit des bouts de campagne et de ville dans le miroir vert du Rhône ou le miroir bleu de la Loire !

Qui y tombe y reste. — On a peu d'exemples de suicidés qui, ouvrant les yeux dans cette eau boueuse, aient eu le désir ou la force de remonter vers la vie ; ceux qui

ont reparu sur cette graisse ont regardé le ciel, et n'ont rien vu que du brouillard et de la fumée, — du noir encore ! Oh ! ils en avaient plein le cœur, et ils sont redescendus dans l'abîme. *Merry England !*

Du brouillard et de la fumée ! — N'y a-t-il pas mille cheminées qui jettent leurs vapeurs impures vers la nue, en boucles lourdes, en nattes épaisses ; c'est la couleur sombre de la rivière, c'est la chevelure triste de la Tamise, — du vieux père Tamise, *Old father Thames.*

J'ai vu une tête sculptée dans la pierre, l'œil mort, les moustaches tombantes comme des herbes trempées d'eau, un air de Gaulois hypocrite. « C'est le vieux père Tamise ! » m'a dit avec fierté un Anglais.

Tant mieux ! j'en aurais voulu à leur fleuve de ressembler à nos bons fleuves de France, à qui le sculpteur fait des barbes bonasses en paquets d'escargots ou en queue de vache.

Comment Gustave Doré a-t-il pu songer à donner à ce bonze sournois un aspect à la Michel-Ange, une face héroïque et noble ?

Il n'a probablement pas entendu le *flou* des suicidés, et n'a jamais vu les pauvres trembler contre les pierres verdâtres ; il n'a pas entendu discuter dans les Bateaux-Morgues les colères de Plimsoll.

La rivière ne sent pas le *tar*. Le parfum du goudron est noyé dans une senteur âcre qui vient des brasseries et des fabriques ; on dirait presque de la chair brûlée.

Quant aux berges, si l'on y jette les yeux, la mélancolie ne diminue pas ; elle devient plus poignante peut-être.

La marée vient de se retirer, laissant des bateaux dans la vase comme des coquilles de moule ou de grands poissons crevés.

Quelques gamins crient et demandent qu'on leur lance un penny, qu'ils se disputeront dans ce mou de la fange, où ils peuvent crever comme des rats d'égouts qui auraient les narines bouchées.

En France, on leur jetterait des sous dans l'eau claire, et l'on voudrait les voir frétiller dans le flot vif ; ici, on est content que ce soit dans le limon qu'ils barbotent — on est content et on est fier. Ce n'est pas Gavroche qui aurait le courage de s'exténuer et de se souiller ainsi !

Que les pauvres et les bouffons soient obligés au supplice pour gagner leur pain, soit ; — qu'ils fassent pitié, c'est ce qu'ils veulent — mais que ceux qui travaillent, que les ouvriers du rivage, que ceux qui ont un état et un métier fassent pitié aussi, c'est ce qui ne devrait point être, et c'est ce qui est. — Regardez plutôt ce que sont les maisons à travail et les travailleurs des quais !

Pour se les figurer, ces quais et ces maisons, on est forcé de penser aux châteaux rongés par la misère, aux demeures marquées, dans le fond des campagnes ou des provinces, par le doigt de la malédiction ou du malheur. Il faut s'imaginer une fabrique dépecée par la révolte, calcinée par le feu, démantelée, déchiquetée, hachée, avec des arêtes de fer ou de bois pointant dans l'air comme des os de monstres rongés par les vautours et faisant saillie dans la plaine. — Seulement, sur les bords de la Tamise on croit entendre les vautours... il y a le bec des grues qui grince. Puis on voit se balancer dans l'air des sacs mous qui oscillent au bout des poulies avec des pesanteurs et des gigottements de pendus. On pend ici ; c'est laid et sourd, cela plaît bien.

Et dire que ce sont encore les usines actives, en pleine fièvre, dans leur coup de feu, qui ont cet aspect-là !

Les travailleurs, eux, ne disent rien, ne chantent pas, sont vêtus de gris. En les voyant se pencher sur la corde qui descend vers le béant du fleuve, on songe aux bâillonnés que le Moyen-Age rangeait au bord des oubliettes et qu'on poussait ensuite. Quelques-uns de ceux-là au moins jetaient un cri ; ici, c'est le silence. Ces salariés ressemblent à des condamnés à qui on aurait arraché la langue.

UNE DES RUES CONDUISANT A LA TAMISE.

Quant aux maisons fermées ou abandonnées, elles ont la mine criminelle.

On en compte ainsi des douzaines qui ont l'air d'une rangée d'aveugles, fenêtres noires, prunelles crevées, comme si l'on y avait jeté des pierres ou envoyé du plomb.

Quel est le secret de ce mutisme ? que veut dire cette désolation ? Où faut-il chercher la raison de ce chômage, et pourquoi cet aspect de ruine en ce pays qui se dit si riche, toutes ces portes closes, tous ces écriteaux qui mendient la location ?

Par delà *Lime House*, au lieu d'entrepôts il y a des ateliers ; aussi lugubres que

EN AVANT DE LONDON BRIDGE.

les entrepôts, tous ces ateliers-là ! Quelques-uns sont noirs, absolument noirs, comme le drap le plus noir que puissent trouver les couvreurs de cercueils, sans même la gaieté d'une larme blanche ; et l'on salue comme une clarté, un sarreau de toile bise qui, sur l'épaule d'un enfant pieds nus, fait tache, joyeuse dans l'horreur bête du paysage.

Les bruits qui sortent de là-dedans, qui flottent sur l'eau, sont des bruits maigres

DOCKS.

et ne portent pas, arrêtés qu'ils sont par l'ouate de la fumée, l'étoupe du brouillard.

On entend seulement, comme une palpitation de cymbales ou comme un frisson de hache sur la meule, le bruit de la vapeur qui chante et les battements du pouls de la machine. La cloche même ne griffe pas la brume des pointes de son carillon. Il faut que le capitaine s'y prenne à deux fois pour être entendu de la barque qui passe et qu'il va couper en deux de sa proue. Ohé ! du bateau !

Mais le ciel, qui était, tout à l'heure, terne comme du vieux plomb, est devenu jaune comme une plaque de cuivre — il faut, pour se faire comprendre, quand on parle dans ce pays du cœur des hommes ou de la couleur du ciel, prendre toujours des comparaisons de métal.

L'obscurité vient, et si l'on a oublié, dans quelque souci ou quelque rêve, la place où l'on est, le morceau de bois sur lequel on vit, on croit se réveiller dans la fumée d'un incendie qui meurt — l'incendie d'une tourbière qui sent mauvais et n'a pas d'éclairs.

On va lentement sur ce fleuve qui n'a pas d'écume, frôlant les chalands de houille qui, à toute minute, descendent comme de grosses mouches noyées, capitaine et timonier tâtant l'air d'un coup d'œil aigu comme un coup de couteau.

Parfois un malheur énorme arrive ! — comme le naufrage de la *Princesse Alice*, à deux pas de la côte, devant Woolwich.

On crie bien, le lendemain, quand il s'agit de compter les absents ou de reconnaître les cadavres !

Mais le bateau qui éventra la *Princesse Alice* portait du charbon, leur diamant noir. C'est le père Tamise, leur parrain et leur Dieu, qui reçut les victimes dans ses bras — le souvenir du désastre s'engloutit dans la gloire du cimetière.

LE SOIR

Quand la journée est finie, quand on a été bien fatigué par le travail, quand on a tout fait pour gagner son pain :

A la sueur de son visaige,

on a bien le droit d'essuyer la poussière de l'atelier, l'encre du bureau, de fermer sa caisse ou de plier son manuscrit, de détendre ses doigts ou sa pensée et d'aller chercher un peu d'air et de joie. Pour voiler le mal de la vie et même apaiser les haines, il est bon de jeter sur la lassitude du jour le manteau de la gaieté du soir.

A partir de six heures, le Londres commerçant est mort.

Où aller quand la Cité a rentré ses griffes, fermé sa gueule, éteint ses yeux ; quand le tumulte a cessé dans le camp des mercenaires et des marchands ?

Les privilégiés vont au club.

Dans les clubs de Paris, il y a l'entrain des hauts viveurs. On n'y reçoit pas les filles d'Ève, mais on ne fait que causer d'elles, on y apporte l'odeur de leurs cheveux et quelquefois on y montre le chiffre de leurs mouchoirs.

Les grands porte-noms essuient, sur le paillasson, des bottines qui ont frôlé de gros souliers ; ils ont traversé la foule, coudoyé la bourgeoisie et le peuple. Ils ont été fiers de serrer la main d'un journaliste de rien du tout et de saluer une actrice qui avait l'air d'une grande dame. La révolution de 89 a passé par là, et les boulevards, où la fumée des pipes culottées à Belleville se mêle au parfum des cigares roulés à la Havane, ont remplacé les allées de Versailles.

Notre rue est le terrain où tout le monde descend pour s'amuser comme pour se battre.

A Londres, la rue n'est que pour les *voyous*.

Le club, rien que le club !

J'en ai vu plusieurs de ces cimetières peuplés par un monde de revenants qui lisent, bâillent et fument, immobiles, raides, empalés. Quand il se décide à bouger, ce clubman parle sans remuer la tête, à peine les lèvres — Polichinelle gourmé, blême et dur, qui ici encore se *tient*, se *retient*, s'ennuie à mort et a le rire discordant comme un grincement ou un mensonge.

Le cabinet de lecture de France, avec son silence obligé, son calme morne, l'assourdissement des pas, peut seul donner une idée du club anglais. Quand on y boit, ce n'est plus au cabinet de lecture que le visiteur croit se trouver, mais dans une salle d'hôpital, avec les garçons pour infirmiers, en cravate blanche et en habit noir, qui apportent, muets et lents, la potion qu'a commandée le malade à voix basse.

De l'air ! de l'air !

Il fait une nuit claire — les soirs sont souvent beaux dans le ciel de Londres — et comme on serait bien dans une voiture qu'empliraient *ses jupes* et qui vous emporterait vers les coins silencieux où, entre les fantômes des arbres, on caresse les fantômes d'amour !

Mais il n'y a pas de bois de Boulogne, ni rien qui y ressemble, dans les environs de ce Londres hypocrite et triste : pas même une voiture ouverte où l'on puisse rêver dans la fraîcheur de l'air en regardant les amants qui passent ou les étoiles qui filent.

Le théâtre ?

Hélas ! il y a un abîme entre la scène française et la scène anglaise ! Le talent de quelques artistes, très grands, se débat douloureusement dans un cadre que les régisseurs ont toujours mal construit et les décorateurs presque toujours mal brossé.

Il vous prend des envies de hurler parfois, en voyant des acteurs qui entrent et sortent on ne sait comment, on ne sait pourquoi, et dont l'ardeur se perd dans la banalité des va-et-vient, dont le génie fait le plongeon dans la bêtise des lacunes.

A Paris, le spectateur se rattrape de la pièce mauvaise sur la salle brillante. Le charme des femmes suffit à le consoler : tournures adorables, gestes de sirènes, robes de fée, — et l'on peut mettre des noms sur ces gorges de marbre.

On se montre aussi des hommes qui ont pour richesse leur talent ou leur courage, on dévisage les illustres, et il y en a pour une soirée à regarder à l'orchestre ou vers les loges, tour à tour les yeux dans l'*enfer* galant ou dans le *paradis* joyeux.

En Angleterre, la presse est anonyme. La critique de théâtre n'occupe pas d'ailleurs la place superbe qu'elle occupe en France. On bâcle des comptes rendus, on ne fait point de grands articles. Les *premières* ne sont pas dés événements. On ne voit point ce jour-là, dispersées dans la salle, à côté des grands de l'aristocratie ou de la finance, les amazones de la galanterie, ruisselantes de diamants qui brillent sur leur peau nue comme des gouttes d'eau sur la chair des roses.

Derrière la rampe, on ne connaît pas d'actrices dont les ducs comme les roturiers saluent la royauté, et qui aient un diadème de grâce ou de gloire.

Les reines du haut monde anglais vont à Covent Garden ou à Drury Lane, quand passent les célèbres; mais, soit qu'elles n'y visent pas ou qu'elles n'y puissent rien, elles n'exhalent pas cette élégance qui donne une odeur de bouquet à une avant-scène de Paris !

Quant aux théâtres secondaires, ils ne jouent guère que des pièces traduites du français, serpents dont on a terni la peau et dont les anneaux se déroulent dans la poussière.

Le bal?

Mais on ne compte que deux ou trois malheureux *dancing rooms* et l'on ne se vante pas d'y être allé. On n'oserait y conduire ni sa femme ni sa maîtresse, point une camarade, à peine un ami.

Il n'y a ni Mabille avec ses chevronnées, ni Bullier avec ses *conscrites*, point de salle neutre et de jardin large où l'on puisse s'égarer sans être raccroché par le vice, pour s'amuser simplement de l'insouciance étudiée ou naïve de ces danseurs ou de ces danseuses qui ont des verdeurs de printemps ou des beautés d'automne.

Reste encore le café-concert, le music-hall.

On en compte par douzaines à Londres, quelques-uns immenses. Il peut tenir, par exemple, des milliers de personnes dans Canterbury-hall. La salle est sabrée d'or, avec un rideau de soie qui, au lieu de se lever, s'écarte, et un plafond mobile qui s'ôte comme une casquette. A un moment de la soirée, on sent l'air qui entre à pleines bouffées, et l'on aperçoit, quand le ciel est beau, comme des trous blancs dans ce bleu profond.

Il y a le South London, le Métropolitain, l'Oxford, etc., etc. Il y en a dix, vingt, trente.

Il faut y revenir toujours, y entrer quand même si l'on veut avoir du gaz, du bruit, des chansons, des sauteries ; si l'on veut fumer un cigare et prendre un grog en pleine foule, — puisqu'il n'y a pas le café de France.

LE CHAIRMAN.

Chaque acteur est annoncé à coups de marteau, comme un objet à vendre, par un *chairman* qui fait le commissaire-priseur, tournant le dos à la scène, regardant la salle.

On lui siffle dans un tuyau vert qu'il s'applique à l'oreille (*dear miss !*) l'ordre et la marche. Il y a quelquefois sur sa table un miroir qui reflète le théâtre, — il y a toujours un grog qui fume en son honneur, et que lui offrent, à tour de rôle, ceux qui ambitionnent la gloire d'être ses voisins et qui viennent, chaque soir, prendre place, importants et heureux, à la *Table infernale*.

Le *chairman* est invariablement en habit noir, cravate blanche ; il a pour consigne de ne jamais paraître à l'aise, de ne se pencher que d'une pièce, et il ressemble à un empalé.

Plus d'un est populaire, et il n'a qu'à lever le nez vers les *Gods* pour que ceux qui font le diable se taisent. La bedaine et la trogne du père Fox sont restées célèbres.

Ce *chairman* si bien mis, si grave, en avant de cette scène vide, c'est bien l'Angleterre, — l'Angleterre de la *respectability* et du *business*, qui, frac au dos, marteau au poing, — appelle les artistes comme des recrues et ne permet pas que de belles filles restent sur la scène pour rien, — pour être vues seulement, pour jouer de la prunelle et de l'éventail, de la croupe et de l'épaule, comme cela se fait, par les soirs d'été, dans les cafés des Champs-Élysées.

Chanté, dansé, adjugé ! — A un autre !

Comme je te reconnais du coup, ô brutale Angleterre !

Sur l'estrade, là-bas, quel est donc le pantin qui se trémousse, marionnette qu'on dirait secouée par la main d'un fou ? Le vernis du masque s'écaille, les jambes s'entre-choquent et claquent, les charnières vont se casser, le sabot du polichinelle va se fendre.

Cette marionnette est un homme qui s'esquinte et s'éreinte pour amuser John Bull. Nous sommes devant un danseur de gigue, et, depuis les places à

CHIRGWIN, LE KAFFIR A L'ŒIL BLANC.

six pence jusqu'aux loges à une demi-guinée, tout le monde crie : « Encore ! encore ! »

Des demoiselles blondes et frêles, qui ont l'air en sucre, demandent, comme des Vestales du cirque, que le clown continue, qu'il sue, qu'il saigne !...

John Bull, sa femme et ses petits aiment l'effort violent et réclament le geste sauvage ; ils adorent voir un des leurs tenir contre la fatigue jusqu'à l'épuisement, presque jusqu'à l'agonie.

Gens de mines et d'usines, ils veulent que ceux ou celles qui se chargent de les distraire aient des mouvements de piston ou de volant, fassent semblant d'écraser et de mordre quelque chose, absolument comme leurs machines de bois et de fer ; tout doit rentrer dans le cercle implacable de la Mécanique anglaise.

Leur danse nationale ne s'écartera pas de la règle. La gigue s'exécute sur place, sans les souplesses ou les envolées de la danse latine ; il ne s'agit pas de se cambrer à l'espagnole, ni de pivoter à l'italienne ; il s'agit de se tenir debout, les bras au corps, l'œil à quinze pas, le petit doigt sur la couture du pantalon ou de la jupe, comme un soldat !

Comme un soldat ! Chose singulière, dans ce pays sans conscrits, où l'engagé seul est encaserné, où n'est militaire que qui veut bien, dans ce pays-là, tout le monde, à chaque moment et à chaque heure, marche et s'avance, dans les rues ou les concerts, sur le pavé ou sur les planches, sous la redingote ou la robe, comme on s'avance et comme on marche à l'exercice.

Vous cherchez l'officier qui commande ?

Il s'appelle l'Orgueil anglais, qui ordonne d'être raide toujours, de ne se courber jamais. Chacun, homme ou femme, doit paraître avoir avalé le bâton du drapeau de la patrie : et cela, dans les music-halls autant qu'ailleurs. Les bouffons ont à marquer le pas de même qu'un peloton de cadets ; ils ont à bomber la poitrine et à garder la tête haute : Yorick debout contre les portants, comme Nelson contre le grand mât.

Ni repos, ni trêve !

Quand le premier temps de gigue est dansé, c'est en tournant, comme une compagnie qui évolue autour d'un guidon, que l'artiste attend le moment de recommencer. — Le tour fini, il revient se camper au même endroit, pour reprendre, sans s'écarter d'une ligne, sa lutte contre la fatigue, à coups de talon et à coups de reins, jusqu'à ce qu'il soit à bout de souffle et prêt à rendre l'âme.

Souvent ces danseurs de résistance sont américains : alors ils se sont barbouillés de noir et se sont fait des faces de nègres. L'Anglais est tout fier de cela ! Il se prend, pendant un quart d'heure, pour un planteur ou un commandeur de par delà l'Océan, qui a le droit de faire sauter et gémir les esclaves. Il ne lève pas le fouet sur ces clowns, mais il les excite de ses grognements comme un charretier excite un cheval de ses jurons ; il les sangle de ses *bis* impitoyables. C'est comme s'il régnait pour un moment sur une des possessions au-dessus desquelles flotte l'*Union Jack* et où des milliers de gens de couleur s'inclinent devant les favoris roux d'une centaine de marins anglais. Ces fusains vivants dessinent devant eux, avec leurs entrechats frénétiques, la carte des pays qui leur payent tribut.

Attention maintenant ! L'oreille va être saisie et mordue jusqu'au sang !

Un déguenillé sort du fond du théâtre, — déguenillé jusqu'à l'indécence, sale jusqu'au dégoût. Ce n'est pas exagération de la part de l'acteur, mais copie fidèle du meurt-de-faim anglais ; ils sont ainsi, ceux qui sont tombés dans le ruisseau de Londres ! Ce mendiant, ce ramasseur de croûtes dédaignées par les rats, ce joueur de flageolet de fer-blanc, qui a plus de trous à sa culotte qu'à son instrument, s'avance vers la rampe en traînant la patte ; il fait le geste de ceux qui secouent leur vermine, ouvre la bouche, la referme sans rien dire ; enfin, d'une voix d'écrasé, il miaule des mots qui sont une plainte d'abord, mais qui, peu à peu, deviennent une raillerie féroce et

TYPE DE CHANTEUR.

douloureuse. Il fait allusion, toujours en se grattant et en tremblant sur ses guiboles, il fait allusion à la gloire de la Grande-Bretagne, à la générosité des riches, à la vertu de la Reine... Là-dessous, quelle ironie sanglante, quelle menace voilée !

Ce n'est plus le chauvinisme britannique, c'est la liberté anglaise ! Écartez-vous, censeurs du pauvre pays de France, inspecteurs de ceci, inspecteurs de cela, qui passez au crible les rimes de complainte comme les alexandrins de tragédie, gabelous de la morale, garde-chiourmes du goût !

Ce cabot en haillons vient de tirer avec le pistolet de la blague sur la souveraine et sur les ministres. Il vient de parler de la maîtresse du pauvre, la Faim, et de l'amant

TYPE DE CHANTEUR.

d'une Majesté, John Brown. Il vient de cracher ses poumons finis au nez de Gladstone ou de Disraéli. Personne ne lui a jeté des pierres, et les agents ne l'ont pas pris au collet.

C'est le souvenir de ces hardiesses d'outre-Manche qui fait que celui qui a connu l'Angleterre bâille aux refrains banals de l'Alcazar ou de l'Eldorado, et peut avoir pour une heure la nostalgie des soirées d'exil.

Un chanteur de chez nous, pour se faire applaudir, n'a qu'à tirer toutes les trois

minutes, de sa poche, une malheureuse poupée qui représente un boursier, une cocotte, un journaliste, etc., etc., et à souffleter le pantin d'apostrophes et de coups de gueule. Le pantin n'en peut mais, comme la toque du prédicateur que le prédicateur lui-même bourrait et écrasait, en l'appelant *Voltaire*. La belle affaire d'enfler sa voix et de rouler des yeux si formidables contre ce pupazzi en bois et sans nom !

En Angleterre, le nom y est ; ce nom-là passe la rampe et est offert tout chaud à la foule, qui se jette dessus.

La chronique de chaque matin, chronique du Parlement, des meetings, de la Presse, de la Cour ou de la rue, fournit son contingent pour la chanson du soir, et voilà pourquoi on peut aller dix fois au même music-hall anglais, parce que les pamphlets s'y *renouvellent*, comme les consommations devaient se *renouveler* dans les beuglants de jadis.

En France, il faut le redire, la censure préventive condamne le café-concert à des rengaînes qui vous feraient pleurer, si le jeu des acteurs ou des actrices, — qu'on n'a pas pu châtrer d'avance, — n'était là pour faire rire par éclaircies ! Mais, entre le geste qui chatouille les côtes et celui qui va frapper les grands à la tête, il y a la distance de la farce à la satire, du tréteau à la tribune, de la liberté à la tolérance.

Donc, même ici, le génie de l'Angleterre éclate.

Et leur musique donc ! ne grince-t-elle pas, par la bouche ou le ventre de tous ses instruments, qu'on est dans un pays de spleen et de cauchemar, plein de gens qui sont saouls de religion ou de gin ? L'orchestre vient d'être criard comme un public-house, et il a accompagné la phrase dernière comme les coups de sifflet accompagnent le départ d'un train.

ENCORE CHIRGWIN.

Mais voici qu'un homme arrive avec un banjo ou quelque autre guimbarde informe comme en ont les primitifs et les esclaves !

Sur les cordes — quelquefois il n'y en a qu'une — court l'électricité de la mélancolie comme sur le fil des télégraphes la lourdeur de l'orage.

Et ces Anglais, qui tout à l'heure déchiraient de leurs clameurs l'atmosphère épaisse de la salle, écoutent, muets, l'ouïe et la pensée tendues ! Les peuples maritimes, même gangrenés de civilisation jusqu'aux moelles, gardent en eux un coin de religiosité barbare où la musique monotone et nue trouve un asile et un écho...

Un des favoris du public anglais est un grand diable coiffé d'un chapeau qui n'en finit plus, vêtu d'une veste courte et comique comme une brassière de nouveau-né, planté sur deux longues pattes noires qui se tordent et se nouent comme celles d'un faucheux qui détale. Emprisonné, de la pomme d'Adam à la plante des pieds, dans un maillot couleur de suie, il a sur la face le cirage classique. Mais il a plaqué sur son œil droit un losange de plâtre ; c'est repoussant à voir, cela ressemble à une vilaine cicatrice.

Il sait bien ce qu'il fait. Il connaît l'amour instinctif des siens pour les êtres bizarres et inattendus que les explorateurs découvrent au fond des terres et dans les îles inconnues, où l'on adore des monstres. On le dirait dégringolé d'un autel pour saccager une malle que le naufrage a jetée à la côte, à la façon des singes pillards qui reparaissent tout d'un coup accoutrés à l'européenne et gambadent comme s'ils avaient tété une calebasse de rhum.

Notre homme reste dans ce rôle le temps de frapper sur le fond de rêverie qui est accroché, comme un gong, aux parois des cerveaux anglais. Mais il arrête, à un moment, cette vibration, pour souffler dans le fifre aigu de l'excentricité, fifre qui a son clou près du gong sous le crâne de John Bull ; et alors il prodigue les mots et les gestes incohérents. On se trouve en face d'une sorte d'Hamlet grotesque, qui secoue en castagnettes de comédie ses tibias maigres, tout en disant des choses qui font crever la rate.

Il s'est donné le nom du *Kaffir à l'œil blanc : white-eyed*. Nul, mieux que lui, ne sait tirer du banjo la note plaintive ; nul, non plus, ne sait si bien éventrer le spleen du bout de cette savate géante qui ressemble à la chaussure de Méphistophélès, épatée de la semelle, allongée du museau ; elle scande la mélodie en claquant sur le plancher comme, à la parade, une badine de saltimbanque sur un tableau.

La boxe, c'est de rigueur, agite ses poings gantés de bourre dans ce pays de pugilistes ! Aussi y a-t-il presque dans tous les music-halls un couple de faux nègres (toujours des nègres), qui simulent des assauts pour rire. Mais, dans un cadre bouffon, ils font entrer une fureur de fantaisie, une audace de bonds que jamais n'ont eue les acrobates français. C'est ébouriffant d'imprévu, effrayant de hardiesse, laid comme les contorsions d'une guenon et beau comme les sauts d'un tigre. Ils jouent leurs os tout comme dans une bataille, et un coup de fusil ne leur casserait pas la patte ou la nuque plus vite qu'un élan mal pris ou une chute à faux.

Côté des femmes, maintenant.

Les femmes sont la peste — rose — des cafés-concerts anglais.

Jolies à croquer, avec des prunelles qui luisent sous les frisons d'or de leur chevelure

LES BURLESQUES.

comme des perles bleues dans l'écume blonde, sachant rire, d'un rire qui tinte comme une piécette dans un bassin d'argent ; elles laissent pourtant froid sur sa chaise le Parisien habitué à la *morbidezza* de l'allure, au chatoiement du regard, aux promesses des lèvres.

L'artiste anglaise n'est pas *femme;* elle a toujours l'air d'un garçon en fille, d'un enfant de troupe ou d'un jeune fourrier qui se serait enjuponné pour jouer sur le théâtre d'un camp. L'éternelle marche *à la soldat !* Elle rappelle, par le port de l'habit et la dentelle du jabot, le sergent vainqueur des gardes-françaises, elle est folle des travestis, elle sait faire le geste de tourner la moustache — mais elle ne tournera pas la tête des gas de chez nous.

Elles sont ravissantes pourtant, ces statuettes de porcelaine fine ! Donnez à une Française les dents, les yeux, les tresses, la peau de cette miss, et vous verrez ce qu'elle en fera, la Parisienne !

Les femmes de music-hall n'ont que *trois* gestes, rien que *trois*.

L'un qui consiste à lever tour à tour le bras droit ou le bras gauche et à le laisser retomber sur la jupe avec accablement ; l'autre qui est le dandinement sur les jambes à la façon d'un petit canard qui ferait l'espiègle, et qui, chaque fois qu'il lèverait une patte, regarderait de côté, en clignant des yeux, les frères farauds du bord de la mare. Le troisième et dernier, qui arrive à la fin : la diva jette sa main par derrière, comme un homme forcé de rattraper tout à coup son pantalon qui tombe, comme un clown qui empoigne un autre clown par le fond de sa culotte pour le relever. Quand elle paraît sûre de ne rien perdre et de tout retenir dans sa main crispée, elle s'éloigne à reculons, comme une estropiée.

LA GIGUE.

En tant que chanteuses, elles n'ont point d'âme.

Par tradition et comme par ordre, leur voix est toujours piquée d'aigreur, trempée de vinaigre, accordée sur un miaulement. Elles font penser au matou égrillard ou irrité. Elles n'ont pas des airs de chattes, et elles ont des gosiers de chats.

Il y a quelques exceptions. Ces exceptions sont des phénomènes. Assez souvent une femme à tête olivâtre s'avance, et, après avoir vagi suivant l'usage, change tout d'un coup de ton et vomit des notes graves, aussi grosses que celles lâchées par les boulangers, chantres dans les églises de province. Hermaphroditisme troublant comme celui de la femme à barbe !

Heureusement, la *danse à la corde* est là !

Elles arrivent, dans cet exercice, à sauver l'insignifiance de leur structure par un jeu de pieds, une navette de sauts redoublés et hanchés qui les fait rivales des disloqués. C'est par le défi à la fatigue qu'elles empoignent le spectateur ; elles amènent les bravos par le même chemin que les mâles faiseurs de tours ; elles arrosent leur succès de gouttes de sueur de la grosseur du pouce et qui finissent par rouler sur leurs joues en dégringolade de larmes.

Le public se garde bien de crier : Assez !

LA CORDE DE FEU.

Le goût est écrasé sous ces brodequins qui semblent battre la mesure de l'épilepsie ; la grâce est étranglée entre les plis de cette corde qui se croise et se noue comme une couleuvre blessée. Mais le goût n'a rien à faire, la grâce n'a rien à voir dans les mœurs anglaises ! Il faut être fort, c'est là le premier don et la première vertu.

Avant d'être un peuple d'artistes, ils sont une nation de boxeurs.

Je ne méprise pas ces friands d'énergie, ces gourmands de vigueur.

Il faut se dire qu'on va au music-hall anglais comme dans un coin de gymnase ou dans la buvette d'un parlement, pour voir l'expansion de cette Force charnelle dont le culte est en graine dans le berceau de leurs moutards, en fleur dans le cœur de

leurs adolescents, et pour voir du même coup l'épanouissement de cette liberté qui pousse comme un arbre, même entre les planches de leurs bouis-bouis. Le public cueille le fruit tout vert sur la branche et le savoure, en riant tout haut, à côté du policeman qui, lui aussi, se tient les côtes. On vient de blaguer, de giffler peut-être ses chefs. Il ne sera pas, pour cela, forcé de marcher demain contre une émeute. La foudre des colères s'échappe par les pointes.

BOXEURS COMIQUES.

A la fin de la représentation, quand on a dévidé tout le chapelet, le *chairman* donne un coup suprême, et l'on entonne le *God save the Queen ?*

Voilà comment on assassine une soirée à Londres quand on a peur du théâtre et de sa mise en scène malheureuse, peur du club et de ses marionnettes funèbres, peur aussi du foyer anglais.

On pourrait aller « manger la soupe » chez quelques-uns qui mettraient les petits plats dans les grands pour recevoir l'hôte. Mais où est la joie des soirées, sinon dans l'intimité douce des entretiens au coin du feu?

Les Anglais ne *causent* pas!

La causerie, cette consolation et ce plaisir, cette chose délicate, ce jeu charmant, non, la causerie n'a pas cours sous les plafonds de Londres; et le Parisien qu'on invite

UNE SCÈNE DE : *LA COMPAGNIE D'ASSURANCES.*

craint de paraître impoli, veut payer son écot, — et parle! Il doit jouer tout seul la pièce, tourner comme un moulin, bavarder dans le vide... devant des visages de bois, sur lesquels se reflète seulement l'ombre du gaz, — masques de sourds et jamais têtes de camarades. Les braves gens font ce qu'ils peuvent, ils se frottent le ventre et disent : — *Oh! oh! — Dear — Yes! It is?* Mais l'effort leur a trop coûté, et ils retombent dans leur silence, naturel ou prudent, naïf ou goguenard, le coude appuyé sur la Bible, — l'inévitable Bible!

Quelquefois ils jasent beaucoup? c'est qu'ils sont pochards.

Le Français est au supplice et préfère encore l'isolement.

Dans les maisons mêmes où le confortable règne, *parce qu'on a été en* FRANCE, *parce que le cuisinier est* Français, *parce qu'on veut paraître* Parisien, les soirées sont lugubres et l'ennui vieut vous mordre au cœur.

La coutume exige qu'après le dîner les dames se lèvent et que les hommes restent seuls. Coutume navrante, qui coupe la verve dans sa racine et gèle le mot sur les lèvres ; qui fait ressembler les convives à un congrès de maîtres d'école ou de notaires, qui impose à la conversation tout de suite un tour pornographique ou pédant.

De quoi parler entre habits noirs?

Ah ! où donc sont les corsages frais, les chevelures blondes, les mains blanches,

UNE SCÈNE DE : *LA COMPAGNIE D'ASSURANCES.*

les oreilles fines pour lesquelles l'on sertirait des mots et l'on cisèlerait des phrases !

On fume, on crache, on boit, jusqu'à ce que l'on en ait assez, et l'on remonte au salon ; — mais la belle minute est morte. Mousse de champagne et mousse d'esprit, rien ne pétille plus ; et, quoique tout le monde parle français, comme on est loin d'une soirée de France !

C'est encore en plein carrefour qu'il y a le plus de gaieté et de vie! C'est en pleine foule qu'il faut plonger, ainsi que faisait Dickens; mais on n'y coudoie que les besoigneux et les chercheurs de caresses à bas prix.

Il y a des classes tout entières qui ne mettent pas le pied dans la ville à partir du moment où d'autres ont le loisir d'y descendre. Il est des gentlemen qui n'ont jamais foulé le trottoir des quartiers qui remuent et grouillent le soir.

Et, de fait, on y est cerné par la prostitution! Pays terrible!

Dans les rues qui vivent, la misère à chaque pas, l'ivrognerie à chaque porte — dans les rues éteintes, le vide, le vide immense, les fenêtres closes, la chaussée déserte... C'est un spectacle écrasant, au sortir de Londres qui flamboie et qui crie, celui du Londres colossal qui épouvante par la hauteur de ses forteresses, banques ou palais, et la profondeur de son sommeil... Ils sont donc bien sûrs qu'ils sont les maîtres et qu'on peut laisser s'amuser les esclaves!.....

TYPE DE CHANTEUR.

Minuit! La grande heure de Paris!

Que de fois, loin du pays, quand les douze coups sonnaient au bourdon de Westminster, j'ai vu mon souvenir monter à l'horizon, comme une étoile.

Tous ceux qui, dans la ville de combat, mènent l'existence libre et hardie; tous ceux qui représentent, sur ces pavés tant de fois soulevés, le génie même de la patrie; tous ceux qui vivent de passion en attendant qu'ils en meurent, sous ce ciel à chaque heure frappé par des cris de victimes, tout ce monde-là avait à ce moment la dernière conversation qui fait balle; on chargeait ses phrases avec l'émotion du soir, et l'on s'en allait en bande, ou deux à deux par la rue déserte — grande page blanche sur laquelle on marquait les impressions à coups de canne ou de talon. Tous ceux qui avaient un peu de flamme dans le cerveau restaient debout dans le grand silence, comme les réverbères qui éclairent les rues, et de leurs lèvres tombait la note du jour, comme de l'horloge tombait l'heure.

Il y avait, dans cette rôderie de minuit, la poésie du bivouac où, autour du feu qui s'éteint, quelques officiers, qui ont ôté leur hausse-col, causent de la tuerie de la veille et de la bataille du lendemain, et tout bas maudissent ou exaltent leur général, parlant des amours de Marceau, du rire de Kléber ou de la gale de Bonaparte.

Chaque jour fournit son événement dans le grand tourbillon de Paris.

Quelquefois c'est gai ; on ne fripe qu'une rose, on n'égratigne que du fard ; le plus souvent c'est mélancolique ou féroce. Les masques se dénouent dans la demi-obscurité. C'est alors qu'on voit des durs qui s'attendrissent et des doux qui assassinent, — c'est alors qu'on entend les poètes réciter leurs vers et les faux heureux conter leur tristesse.

AU MUSIC HALL.

J'ai passé des minutes fécondes à écouter ce qui se disait dans le vent, sous la lune, quand on était loin du patron ou du maître, quand on était *soi* dans ce calme écrasant, et que les hommes parlaient, le cerveau chauffé par l'atmosphère du salon ou du café, du théâtre ou du bal, le front rafraîchi par le froid de la nuit.

On s'accompagnait jusqu'à la porte, on revenait sur ses pas ; on recommençait ce manège dix fois ; — enfin, les groupes s'égrenaient ou l'ami partait ; mais il restait une trace de cette heure-là, — il y avait, au bout des réflexions qu'on faisait en rentrant dans la solitude, il y avait de vraies conquêtes de l'esprit ou du cœur ! On avait une idée de plus, une illusion de moins, de l'espérance quelquefois, quelquefois aussi du repentir. C'était bon pour les âmes des forts, ce confessionnal à ciel ouvert.

AU MUSIC HALL.

Et le tribunal des noctambules, dont chaque juge jetait à l'aveuglette son mot, diamant ou caillou, dans la balance, pesait à son vrai poids, entre ses mains baignées d'ombre, l'âme de la ville endormie.

C'est — ici comme à Paris — la gent théâtrale ou littéraire, le monde des acteurs ou des journalistes qui reste le dernier sur la brèche ; c'est dans ce milieu qu'on retrouve un peu le Paris de minuit — un peu seulement !

On se donne rendez-vous au restaurant de la Gaieté, dans le Strand, pour lancer un flot de vin de France ou de bière indigène sur la fatigue du soir. Ce verre, bu frais, fait l'effet de la pluie dans la poussière, cela lave la gorge brûlée par le gaz entre les décors ; le flegme anglais disparaît et glisse au fond comme un têtard mort.

On voit toujours le têtard, malgré tout !

Quelle différence entre le *minuittante* de Paris et le *minuittante* de Londres !

Ils consomment debout. — C'est l'escamotage du buffet de gare, ou la brusquerie du mastroquet. On se bouscule, on se pousse, on s'entasse ; à peine peut-on arriver au comptoir pour demander sa pinte, à peine peut-on s'écarter pour la siffler. C'est comme dans une auberge de foire, quoique les bouteilles aient des caleçons roses et que les colonnes soient corsetées d'or. — Allez donc secouer là-dedans le crible en cristal de l'ironie ?

AU MUSIC HALL.

Les Anglais ont tellement la manie de l'*isolé*, de l'*a parte*, du *pour soi*, que, dans ce café même, émancipé et qui a une odeur de France — (plusieurs parlent français mieux que moi) — dans ce coin d'irréguliers heureux et d'artistes en vogue, les trois quarts des tables sont faites *pour un*, comme des coins de mangeoire dans les *boxes* des chevaux ; on ne peut pas se mettre cinq ou six à saigner une renommée ou à accoucher une idée, les coudes sur le marbre, avec de la place pour la ripaille et pour le sacrifice.

Debout ! toujours debout ! La légende du *Juif errant !*

On n'était pas chez Lucullus au *Café des Mousquetaires*, mais l'observateur avait le temps de prendre son souper, qui ne valait rien, et ses notes qui valaient quelque chose. Le dessinateur pouvait croquer son homme et son bifteck sans se presser ; il y avait des échanges de mots, des mélanges de mœurs, une vie à saisir, une race à peindre.

Ces estaminets légendaires ont fait peau neuve ; mais, du Caveau des Halles aux salons de Peters, du Rat Mort au Café Anglais, il y a des relais de beuveries et de flirtage, vingt refuges où les traînards émoustillés trouvent toujours à siroter une chartreuse ou un paradoxe, à lorgner une donzelle ou un bock.

Londres n'a pas ces originalités qui sont comme une mouche de velours ou comme une tache de vin sur la face d'une cité.

Il y a bien les grandes tavernes, les chambres à huîtres — *oyster-rooms* — mais les tavernes sont meublées de bois de cercueil, tapissées de sombre, sans éclat de linge, sans fusées de parfums, sans gerbes de glaïeuls, sans les glaces qu'*Elles* griffent de leurs diamants, sans le lustre qui a l'air d'un soleil.

Les *oyster-rooms* sont des endroits communs qui n'ont ni le luxe du restaurant, ni la bonhomie du cabaret.

On ne voit pas arriver, à cette heure, cet essaim de créatures élégantes et fines, qui ont du goût jusqu'au bout des ongles, un entrain du diable, un appétit d'enfer!

Les filles d'ici n'ont pas la grande tournure et le grand bagoût des viveuses de France — comédiennes ou courtisanes en vogue qui traînent toutes un bout du jupon d'Aspasie, savent dérider Socrate ou émouvoir Alcibiade, amuseuses de faiseurs d'articles ou de faiseurs d'affaires, étoiles claires de minuit, satellites de la Lune d'encre ou de la Lune d'or !

Elles ont remplacé, en France, l'espèce ruinée et déshonorée des soupeuses de la Régence, qui étaient d' « honnestes » dames avides de s'encanailler, tandis que notre demi-monde part d'en bas et a pris les manières d'en haut !

Mais ces belles de nuit ne poussent point dans le terreau de Londres !

Il m'est arrivé de retrouver, parmi cette foule, d'anciennes sauteuses de Bullier, d'antiques val-

seuses de Mabille, gracieuses jadis ! Hélas ! l'Angleterre a déteint sur elles, et ceux qui les habillent ou les arrosent, qui les promènent ou les gavent, ceux-là les couvrent de robes criardes et de bijoux pesants, ceux-là demandent qu'elles engloutissent de l'ale et du pudding après qu'elles se sont régalées de champagne et de truffes. L'ivrognerie étant bien portée — même chez les Pairs — ils aiment aussi qu'elles boivent trop. Jusque dans le *dining-room* où le chef est Français et sait préparer des chatteries, ils restent Anglais, et leur voisine le devient peu à peu, sans le savoir, avec indifférence ou avec mépris.

Il faut d'ailleurs le coup de briquet pour qu'il jaillisse une étincelle, et l'*Englishman* ne sait pas le donner, ce coup de briquet.

Qu'on en fasse son deuil ! La vie de Londres doit être monotone et grise, désolée, aux heures où le Peuple a quitté le champ de bataille — le Peuple, seul grand dans son anonymat, fait de ceux qui courent ou qui rampent vers le pain, qui ramassent la pâture de leurs femelles et de leurs petits dans la crasse des bureaux ou la fange des rues, en carrick de cocher, en veste de porteur, en redingote de clerc ou en tablier de commerçant. Mais, comme nous sommes dans le pays de l'égoïsme, du flegme, de l'inconfortable et de l'ennui, quand il n'y a pas le brouhaha du travail, il n'y a plus que le cri du vice, du vice plat, lourd, qui hurle dans les assommoirs ou vomit dans les coins.

A minuit et demi, tout s'éteint ! *Time, gentlemen !* Il est temps, messieurs.

Pas un lieu public qui ait maintenant le droit de demeurer ouvert.

Jadis, certains établissements pouvaient ne renvoyer leur monde qu'à une heure, et ces établissements regorgeaient de buveurs de chocolat et de café, consommations innocentes. On n'en prenait que de ce calibre ; c'est même pour ce motif que ces maisons virginales avaient le privilège de survivre aux public-houses où l'on vendait les liqueurs qui brûlent et qui tuent. Aussi, buvettes italiennes, estaminets turcs, faisaient-ils fortune pendant ces soixante minutes de répit accordées à ceux qui avaient soif encore d'amour et de bruit, — bruit de bouge, amour de lupanar ! — On y coudoyait les Alphonses de haute ligne et les Rocamboles de bas étage ; on avalait l'odeur de chair rance et de poudre de riz qu'exhalaient les *marcheuses* du trottoir, qui venaient tenter leur dernière chance et jouer leur dernier atout.

M. Disraëli, en arrivant au pouvoir, voulut faire sa cour aux publicains. Il leur donna une demi-heure de plus, il enleva une demi-heure aux autres, et maintenant, débitants de cacao ou verseurs de brandy, tous ferment quand minuit et demi sonnent ! C'est fini !

Dehors tout le monde ! Plus de lumières nulle part ! Des Circés de raccroc, contre les bornes, demandent une demi-guinée pour les baisers d'une nuit. On les repousse, elles mendient alors six pence, — c'est toujours ça ! — elles auront quelque part un lit puisqu'elles sont trop laides, trop vieilles ou trop soûles pour que quelqu'un offre le sien.

Au coin de Totenham Court Road, est une maison fameuse, connue sous le nom de *Fer à Cheval : Horse Shoe*.

C'est, d'un côté, un hôtel et un café bien tenus ; il y règne presque le ton français. La salle est belle, les garçons sont polis, le propriétaire aimable. *Rara avis !* On peut y amener un ambassadeur ou une bourgeoise. C'est l'aile gauche.

L'aile droite, hélas ! traîne dans la vase. Il y a un buffet et un comptoir devant lesquels on a, pour le prix de partout, un verre de whisky ou une tranche de roastbeef, un pot de bière ou une salade de homard.

C'est là que vient échouer, comme un banc de sardines en détresse, le fretin de la prostitution en robe de soie. En France aussi, il y en a qui se vendent, et la honte n'a pas de patrie ! Mais regardez combien la plupart de ces Anglaises sont vulgaires et

LE BAR DU HORSE-SHOE.

lourdes ! On en distingue quelques-unes qui ont un peu de chic ; celles qui ont tâté de Paris ou des Parisiens, soyez sûrs.

Elles ont du linge blanc, les autres ont du linge sale ! Il en est peu qui oseraient, d'un geste gai, retrousser leur robe pour montrer un bas à jour ou des broderies de neige. Elles ont un col qui leur scie le cou, un chapeau à plume chauve ou défrisée, un corsage rongé aux aisselles ; — là-dessous la chemise est noire, quelquefois en guenilles, et il pend des bouts d'élastique, de fil ou de chiffon, comme d'une paillasse crevée. — Sans les déshabiller, un boulevardier devine ces misères, et il se rappelle malgré lui les cascades de toile, les flots de tulle, les gorgerettes dont les dents fines vous mordaient la peau quand vous aviez vingt ans, et qui à quarante ans vous grignottent encore.

J'ai vu des jupons qui éclairaient les trottoirs à l'heure de minuit, dans les rues de France. A Londres, la viande à plaisir se sert dans des loques. Lorsque la Carabosse de nos féeries jette son manteau, elle éblouit ! Là-bas, quand elle l'ôte, elle effraie, — les paillettes dessus, les haillons dessous !

Il reste encore des bribes de vie par ci par là : des voitures ambulantes, qu'illuminent deux ou trois bougies taquinées par le vent dans leurs fraises de papier. C'est la boutique d'un *costermonger* qui débite des coquillages — trois ou quatre molluscules blanchâtres, verdâtres, jaunâtres, lesquels ont l'air de crachats de poitrinaire dans une soucoupe.

Il saupoudre cela de poivre et de vinaigre ; il en faut pour l'avaler ! C'est l'huître du pauvre.

Le vendeur d'huîtres vraies n'a pas non plus fermé son magasin — qui ne ferme pas. Il fait payer ses *pieds de cheval* trois sous pièce. Pauvres bêtes ! elles se crispent, depuis le matin, sous le chaud ou le froid du ciel ; elles ont gobé le brouillard, la poussière, la pluie !

Souvent, à minuit, j'ai allumé mon cigare à ces chandelles grelottantes qui attiraient les vagabonds — papillons de la misère.

Souvent aussi, je me suis arrêté devant le marchand de pommes de terre rôties, qui a les doigts brûlés, le dos gelé, et dont le fourneau rouge luit dans l'obscurité, comme le brasier du maréchal à l'entrée du village. Ses patates sont croquantes, dorées, savoureuses. Je mange la peau avec la cendre, je m'échaude la langue, puis j'étouffe ! Rien à boire — tout est clos !...

Heureusement je sais un coin où une négociante en petit noir installe, vers une heure, sa crèmerie portative, — rendez-vous des sans-domiciles, relai des fourbus, mangeoire des déclassés, abreuvoir des filles.

Quelques bols sur un tréteau branlant que recouvre un dôme de bois, comme le crâne des chapelles au-dessus des calices. Un alambic, une bouilloire, je ne sais quel attirail de sorcière en dèche qui a mis les plus belles pièces de son laboratoire *au clou*, et qui n'a plus que des cornues sans bec et des pots sans gueule.

On se traîne de ce côté, quand il reste encore deux ou trois pence à échanger contre une tranche de pain mal beurré avec une goutte de café mal sucré. — J'ai quelquefois apporté le bonheur avec un schelling. Je faisais vivre et je faisais parler ces semblants d'êtres humains.

J'oubliais la tristesse des hôtes pour savourer la mélancolie et le calme de cette veille dans les ténèbres. Il y a un peu de gaieté partout où tremble une étincelle, et ce feu de gueux jetait une lueur sur ma pensée, comme la grosse lampe sous laquelle on travaille et autour de laquelle on rêve.

On croise, à cette heure-là, les musiciens de théâtre qui se sont attardés avec un ami dans le dernier public-house, et qui remontent vite vers le faubourg où ils perchent, et où leur femme inquiète les attend.

On trébuche contre des malheureux ou des malheureuses, échoués dans une embrasure, et dormant le sommeil de l'enfer, quelquefois avec un enfant dans les bras, qui a les yeux ouverts en cette nuit profonde. Que regarde-t-il de sa prunelle ronde et claire ? A quoi songe cette miette d'humanité ?

Le policeman lance le jet de sa lanterne sur ce tas de membres, regarde et passe...

Il y en a des centaines qui se sont abattus ainsi. Ils ne demandent pas l'aumône, ils cherchent le repos. Dès que la femme entend le pas de l'agent, elle étend, assoupie encore, sa main décharnée, et montre une boîte d'allumettes — vide, je crois, mais qui la protège contre le crime de mendicité.

— *Lights, sir !*

C'est une commerçante, la loi n'a plus droit sur elle.

Le policeman reprend sa marche monotone, en poussant les portes pour voir si les verrous sont mis. Il ne s'agit pas de s'inquiéter du mal des pauvres, il s'agit de veiller sur le bien des riches.

LA NUIT

J'avais pris pour cicérone un Anglais qui a été diable à tout faire dans le sabbat des orgies nocturnes, à l'époque où les forges à plaisir flambaient tout le long de Haymarket, comme des incendies.

— C'était le bon temps! monsieur, soupire mon guide — un petit homme qui a de grands souvenirs; qui non seulement est entré dans les maisons ouvertes, mais s'est faufilé dans les maisons entre-bâillées (*gambling-houses*) où accouraient se ruiner des officiers et des neveux de lords. — Moi, tel que vous me voyez, j'étais employé dans un de ces salons de jeu. On y faisait sa pelote.... et dodue, je vous assure! Il y avait du champagne, des femmes, une roulette dont nous étions sûrs.

— Vous dites?

— Je dis que nous avions notre piège à jaunets, qui obéissait au croupier : il pouvait gagner ou perdre, à volonté, suivant l'intérêt qu'il avait à perdre ou à gagner. Le Pactole, monsieur !

Et le petit homme de me conter, à sa manière, ces nuits de délire et ces heures d'ivresse, dont le tumulte et l'éclat firent saigner si fort la rétine et le tympan de quelques-uns de nos romanciers que, dans leurs livres, ils lâchèrent le boulevard de Gand pour le trottoir de Regent street et fouaillèrent les lions de Gavarni avec la légende féroce des saturnales anglaises.

On graissait la patte à la police qui fermait les yeux et point les portes. En haut lieu, on savait cependant à quoi s'en tenir. Mais le gouvernement d'alors ne jugeait pas qu'il y eut péril, et préférait peut-être ne point boucher ces soupapes à débauche, par où s'échappait dans l'ombre, à l'heure où dorment les respectables, une bestialité qui aurait pu en faire de belles au grand soleil : à cette époque surtout, où elle battait son plein, le tempérament britannique n'ayant pas encore été équarri par l'acier du glaive et de l'outil, par les Expositions et les Batailles, par les échanges de ballots et de boulets.

Enfin Gladstone vint.....

C'est lui qui, en 1861, souffla la chandelle, tourna le gaz et éteignit brusquement ce coin de ville, comme on crèverait les prunelles d'un fou pour que son regard luisant n'allume pas la folie dans le cerveau des sages. Les claque-dents donnèrent encore asile à quelques habitués qui venaient pour jouer, toujours jouer, sans regarder s'ils arrivaient, ainsi qu'autrefois, par un chemin illuminé et bordé de filles prêtes à l'assaut, en tenue de combat, en robe de défaite.

Mais c'était fini... La guerre de Crimée avait, par-dessus les frontières, atteint et blessé la chauve-souris des tripots. Elle lui avait envoyé de son plomb dans l'aile.

Les officiers, clientèle assidue de jadis, rappelés à l'honneur sur un coup de clairon, avaient rapporté de Balaklava et du Grand-Redan le mépris de ces fantaisies de désœuvrés. Les billes de la roulette avaient paru petites et viles à côté des balles qui étaient venues ricocher sur cet autre tapis vert des batailles, étendu — tout plaqué de sang — sur la neige russe.

La loi de 1861 bâillonnait, avec une affiche, la gueule de ces antres et coupait la gorge à ces coupeurs de bourse.

Quoi qu'il en soit, l'observateur a perdu un curieux spectacle, et il était intéressant d'étudier la fièvre du pays sur le pouls des agités qui s'amusaient à griller leurs poumons et à roussir leur âme dans ces fournaises.

Ils ont eu raison, les puritains ! Car le Londres de nuit, cuirassé d'impudence, cravaté de vices, pouvait, avec les falots de ses bouges, éclairer d'une lueur gênante le Londres de jour, ganté de *respectability*, masqué de vertu.

Donc, la légende est en terre, les bacchanales ont renversé leurs torches et défoncé leurs tonneaux.

La vie factice n'est plus, mais la vie réelle dresse ses batteries de défense et arbore ses emblèmes de combat.

On aperçoit, debout à leurs stations, sentinelles géantes, les échelles à incendie,
— escaliers de salut badigeonnés d'écarlate tout comme cet escalier de mort qu'on
nomme l'échafaud.

LES ÉCHELLES A INCENDIE.

Dans une cabane couleur de feu et pas plus large qu'une hutte de berger se tient le
fireman. Sa lampe brûle jusqu'à l'aube, et, de loin, la petite luciole blanche qui scintille
derrière la vitre enchâssée de pourpre fait songer à un diamant tombé dans de la braise.

8*

Quelques grosses lanternes, rouges aussi, rappellent celles des commissariats dans Paris. Mais ici c'est le phare pour ceux dont l'existence menace de couler bas : l'enseigne des *surgeons*. Pour les femmes en mal d'enfant, pour les êtres en mal de mort, pour les pâles, rayonne ce globe de sang.

Pour eux encore s'éclairent les fenêtres des hôpitaux en deçà desquelles leur insomnie compte les minutes et aune le temps — le temps, cette étoffe dont est faite la vie et que l'on essaie de raccommoder pour quelques-uns, dans les lits où des usés et des troués agonisent.

Voici justement qu'un fiacre arrive, apportant un mourant sur ses coussins.

On l'a ramassé au fond d'une impasse, la face dans la boue, le crâne pilé; les éclats tiennent à peine dans un mouchoir que le policeman a noué autour de cette tête — réverbère aux carreaux fêlés où vibre encore un peu de flamme.

Rien ne bouge.

Mais là-haut où souffle l'aquilon, je vois, par les ténèbres mêmes, émerger au-dessus des toits le génie du peuple anglais !

Deux silhouettes : une carcasse de zinc, une carcasse de bois.

La carcasse de zinc est une girouette qui tourne à tous les vents, comme la bonne foi de la loyale Albion.

La carcasse de bois, avec sa peau de toile et ses nerfs de chanvre, avec sa voile et ses agrès, au-dessus de l'école à mousses ou de la taverne à matelots, c'est la gloire de la nation qui crève le ciel.

Aux angles de quelques rues, à la hauteur du premier étage, brillent, sur la pauvreté des façades, trois boules d'or en triangle, pendues là par Shylock, pour attirer le bétail humain au râble duquel il enlèvera des livres de chair avec le poil ou la laine collés dessus, habit ou chemise. C'est l'armoirie de leur Mont de piété où l'on prête à vingt-cinq pour cent, où les déguenillés subissent publiquement le taux, qu'en France les fils d'Israël imposent, en cachette, aux fils de Crésus !

Ils ont pris leur enseigne dans le sac d'un banquiste, ils font miroiter ces boules comme un jongleur fait danser ses oranges, ces bateleurs de la philanthropie !

Après l'ironie, la menace !

Un bras tendu, un poing fermé sortent, par ci par là, de la muraille : le bras du frappeur d'or qui brandit le maillet au-dessus du passant, image du capital qui courbe les intelligents sous sa loi et fait plier les reins des travailleurs.

Chose curieuse, que, dans les profondeurs de la nuit anglaise, on distingue avant tout cette couleur de sang caillé sur l'arête des échelles de sauvetage et cette autre, d'or terni, devant les cavernes d'usurier.

Nulle part l'ombre n'est zébrée par une raie de lumière claire mettant un sourire à la bouche du soupirail par où l'on peut guigner les geindres. Les caves ne sont point bâties pour cela ; le mitron anglais a des effarouchements de rosière.

D'ailleurs, le *cant* lui jetterait sur les épaules sa camisole de force, dût-elle le gêner pour son métier. Les promis, las encore des caresses échangées sous l'auvent des portes, crieraient à l'indécence et feraient murer l'ouverture par où montent la lueur douce et la senteur tiède du four.

Puis il vaut mieux que les affamés ne respirent pas cette senteur-là. Elle pourrait les griser comme du gin, un matin de jeûne, et, du même coup, tomberaient dans le pétrin le respect de l'autorité et le culte de la vertu.

On ne voit donc pas comment Londres brasse son pain ; mais, en revanche, on ne voit pas non plus comment il vide ses entrailles.

Sa pudeur a du bon, cette fois, et fait honte à l'impureté de Paris, souillé à chaque aurore par le passage des fourgons emportant la lie des digestions humaines à travers la ville empestée, — cette ville qui, le jour, est folle des parfums et folle des fleurs, qui encadre son blason de lilas et de roses, et met des branches d'acacia, avant et après la bataille, dans le canon de ses fusils.

Londres empile son linge sale en famille. Le *dust bin* est là, et il n'est pas besoin des voituriers nocturnes, pas davantage besoin des chiffonniers. Rien à glaner pour le biffin dans ces voies que n'encombrent pas, chaque soir, les pourritures et les déchets, maculant la boue, violant la neige, fermentant au soleil.

Du reste, une odeur domine les autres, et en fait oublier le souvenir : une odeur franche et saine, forte et salée, que j'avale par les narines et que j'aspire à plein gosier, tant elle me semble l'émanation du sol et de l'âme de l'île.

Propriétaire du verger de la mer, l'Angleterre sent son fruit, partout et à toute heure. Aux ruelles les plus envahies par la fange, l'Océan, sur le dos duquel ils vivent,

ces insulaires, envoie par bouffées victorieuses le parfum de ses algues et le fumet
de ses marées. Des quartiers entiers fleurent le poisson et la vague, et l'air semble lavé
au-dessus des rues où grouillent les *costermongers* et les prostituées.

L'air est lavé — non pas les murailles.

Ceux qui ont habité nos places de garnison connaissent les maisons de femmes à
soldats, avec leurs fenêtres basses, leurs volets honteux, leurs rideaux souillés — des
maisons comme des dents gâtées. Seulement, il n'y a que des coins de faubourgs qui
soient ainsi — coins peu dangereux sous leurs airs louches, car la police française a
l'œil sur la plaie : c'est elle qui prescrit et surveille ces vésicatoires du vice.

Londres, au contraire, a de ces vésicatoires sur tout le corps, et c'est le pus de
la misère — plus empoisonné, hélas! que le pus de la débauche — qui suinte le long
de ces *lanes* infâmes.

Parages où l'on arrête et même où l'on tue, à ce qu'on prétend.

Mais nous avons endossé un costume de circonstance, nous sommes faits comme
des voleurs. Les *roughs* nous prennent pour leurs frères et les policemen pour leur
gibier.

— Vilain temps, n'est-ce pas? fais-je à l'un d'eux.

Il me répond à peine et regarde de travers mon chapeau mou.

Si gueux que nous paraissions, des filles qui battent le pavé nous accostent;
celles qui, trop déguenillées ou trop repoussantes, n'ont pas osé *travailler* au gaz.

Elles nous avouent — ce que n'avouerait jamais une Française — qu'elles ont froid,
qu'elles ont sommeil et qu'elles ont faim.

De ces sirènes, l'une a treize ans, peut-être ; l'autre soixante, sans doute. Celle de
treize ans (ô crime des hommes!) nous dit:

— J'ai promis à ma logeuse de lui rapporter deux shellings. Je lui ai laissé en
gage mon enfant, qui a six mois et qui attend.

— Votre enfant !

— Vous ne me croyez pas?

Elle a écarté d'un geste son corsage en lambeaux et montré sa poitrine de fillette
que sillonnent, en effet, les rides et les mâchures de sa précoce maternité.

Et devant notre frisson :

UNE RUE, LE SOIR, DANS LE WAPPING.

— Vous ne voulez pas de moi? Non?... Alors, donnez-moi un penny, pour aller nous jeter par-dessus le pont de Waterloo.

C'est une allusion à la vogue dont jouissait ce pont de Waterloo — pont payant. Les pauvres aimaient à lancer leur sou vert-de-grisé à la tête du père Tamise, le vieux charrieur d'or!

L'employé était là, avec son tablier blanc, pour recevoir le *toll*, au nom de la

SANS LOGIS.

Compagnie, et livrer passage au suicide. Le mot *péage* était le dernier qui frappait la vue de ces misérables.

Ils jetaient de l'argent à l'eau en gentlemen, ces gueux qui n'en avaient pas pour vivre et qui gardaient un denier pour mourir.

Plus triste que jamais, par ce ciel brouillé, sous l'ondée qui la troue, cette Tamise! — énorme ruban de deuil que l'écume frange d'acier autour des piles du pont. Elle pousse des grognements contre les marches qu'elle lèche, comme un chien qui gémit. Un bateau cogne la berge et tire en pleurant sur sa chaîne.

Mais où donc reposent ceux qui n'ont pas demandé l'hospitalité au fleuve, et qui, cependant, n'espéraient pas d'autre lit?

Il court, de par le monde des errants de toute race et de tout pays, une légende qui affirme que ceux de Londres trouvent au fond des parcs l'oreiller d'herbe et l'alcôve de feuilles, qu'ils sont libres de coucher à la belle ou à la sale étoile!

Eh bien, non !

Rappelez-vous cela, vous, les sans-logis et les sans-souliers, les traîne-la-patte et les crève-la-faim, rappelez-vous qu'on vous a menti, et que vous autres, hommes, vous n'avez pas ce droit qu'ont les bestiaux, d'aller ruminer votre mal ou étendre votre lassitude, la nuit, sous les grands chênes à l'ombre desquels les moutons et les bœufs mangent à l'aise et dorment au frais.

Rien que la rôderie éternelle sur la zone pelée qui fait ceinture à ces oasis défendus ! Il ne vous reste, pour dernier asile, que la route banale par où l'on passe pour couper court, et au bord de laquelle sont quelques bancs, canapés de bois qui achèvent de vous rompre les côtes. Encore n'est-ce qu'une tolérance. Car, sachez-le, il y a, en Angleterre aussi bien qu'en France, une loi sur les vagabonds, et le policeman vous fait grâce en ne vous arrêtant pas.

Nous avons traversé, le long de Saint-James, un de ces dortoirs en plein vent.

Un être, un seul, était étendu là ainsi qu'un crucifié, les bras écartés, les yeux grands ouverts, regardant courir les nuages. Seul, dans ce silence, sous la lune de rouille ! Elle s'est voilée tout d'un coup, la nuée a crevé, et l'eau s'est mise à tomber là-dessus comme sur un fagot de bois mort !

Il est pourtant des refuges où les fourbus peuvent s'abattre, souffler un moment, les bêtes lasses, et même dormir leur dernier sommeil.

Oui, et il en est qui gardent de douloureux souvenirs.

12, HANOVER STREET LONG ACRE

Je n'éparpillerai pas la vermine, je ne concentrerai pas l'odeur de mort, je ne clouerai pas les hiboux par l'aile sur le papier. Non. J'aime mieux vous conter le drame qui s'est joué derrière la porte de ce lodging-house.

Sur ce qui sert de lit un homme est étendu, roulé dans une couverture grise. Il est arrivé chancelant, les jambes lui rentraient dans le corps, et il a pu à peine se traîner jusqu'à ce grabat et monter sur cette paillasse. Il n'a pas ôté ses vêtements — charpie qu'il ménage — ou plutôt parce qu'un geste de plus le tuerait.

— Bill, le reconnais-tu? c'est le gentleman d'il y a six semaines, celui qui s'en est allé en oubliant un livre.

— Oui, celui que nous avons vu depuis, assis, la tête dans ses mains, sur les marches du pont, la nuit qu'il neigeait.

— Ah! mon Dieu!

C'est le nouveau venu qui a laissé échapper ce soupir, et sous ses guenilles on entend un hoquet et l'on voit, pour ainsi dire, se soulever un sanglot!

— Bill, il va mourir!

— C'est de faim qu'il crève, dit un grand gars. — Eh! Woten, eh! le singe! qu'est-ce que c'est que cet habit noir?

Car il a un habit noir, celui qui est là, muet depuis deux jours.

— Il est arrivé samedi, au soir, répond le logeur. Vous vous souvenez, quand Bob a cogné Sam? Il est resté depuis ce temps-là sans rien dire. Nous sommes à lundi, et il est quatre heures.

— Et il n'a pas mangé, pas bu?

— Non.

— Il a bu l'eau de ses yeux, dit une espèce de philosophe, un vieux à barbe grise et pieds nus, je l'ai entendu pleurer.

— Il faut qu'il mange!

Ils sont cinq, six, qui ont la fièvre de la pitié. Que tous les vices qui les rongent, que tous les crimes qu'ils ont commis leur soient pardonnés pour cette minute de charité!

Ils s'approchent du malheureux.

— Vous avez faim?

— Oui...

Il l'avoue; s'il y avait encore de l'espoir, il n'avouerait pas. On a de ces fiertés sous l'habit noir.

C'est qu'il sait que c'est fini, qu'il n'y a plus chance de remonter à la surface, de sortir de la boue; qu'il n'aura pas le temps de tuer les poux dans la couture de son collet, et qu'il sent déjà les vers du cimetière!

Il ouvre les yeux, mais son regard ne dit plus rien. Il ouvre toute grande sa bouche, que semblent tirer, comme deux fils élastiques, ses lèvres violacées.

On verse du thé tiède dedans — ainsi que de l'huile dans la lampe qui meurt — mais c'est en vain. Ce n'est pas du thé, mais du sang qu'il faudrait dans le creux de ses veines appauvries.

A peine en reste-t-il quelques gouttes dans le cœur; quelques gouttes — une ou deux qui roulent!

— Il faut aller chercher le médecin! crient le maître du logis et les locataires effrayés.

Car ils ont la peur de la mort, ceux qui n'ont pas la peur de leur vie affreuse. Ils n'aiment pas voir finir pour toujours une souffrance, eux, les lâches souffrants!

On court à un poste de police; on demande le médecin. L'ordre est donné d'amener le malade au Strand-Union.

— Mais il ne peut pas marcher!

— Vous ferez venir un cab.

Les *roughs* ont pris ce *gentleman*, les voyous ont pris ce monsieur — plus pauvre qu'eux — et l'ont hissé dans la voiture.

On ne voyait plus de lueur dans ses prunelles, et il voltigeait à peine un souffle sur sa bouche.

On avait peur que le vent éteignît cette chandelle quand on passerait la porte.

Non, au contraire. L'œil se rouvre, les lèvres s'agitent, la main essaie de se soulever quand, au workhouse, on lui demande son métier. Il trouve la force de dire:

— Journaliste.

— Journaliste!

— Oui...

Il s'arrête, puis il reprend:

— Journaliste et avocat.

. . . .

Nous sommes dans l'amphithéâtre de l'établissement, le soir, à la lumière crue du gaz. Un docteur montre à son élève un cadavre près duquel traîne un habit noir — toile d'araignée où ne tressaille plus la mouche morte de faim.

Le praticien fait une dernière observation.

— Tenez, dit-il, on pourrait voir au travers. Les estomacs de ceux qui périssent d'inanition sont souvent ainsi, comme des lanternes. Mais voici l'heure de l'enquête. Au revoir, retenez ma remarque — du reste, la famine ne chôme pas, j'aurai encore l'occasion de vous faire observer cela sur d'autres sujets.

L'enquête s'ouvre *sur le corps* de M. John Haddy, fils d'un ministre non conformiste, avocat, âgé de 47 ans, mort au workhouse.

On appelle les témoins, M. Hugh Weightman le premier.

M. Hugh Weightman est un homme déjà vieux, petit, modeste, boutonné jusqu'au menton; il dépose d'une voix émue, avec un geste triste :

— Je reste numéro 1, Mitrecourt Temple, je suis *barrister* et *Maître ès arts*. Il y a environ neuf mois, je passais dans *Fleet-Street*, quand je fus attiré par une affiche, placée à la fenêtre du *Discussion Forum*, qui annonçait que le débat serait ouvert par un Anglais des colonies. J'entrai, et je vis à la tribune celui qui est là. C'était lui que signalait l'affiche. Nous liâmes conversation quand il eut fini de parler. Il m'apprit qu'il était originaire du Cap de Bonne-Espérance, l'aîné d'un révérend, et qu'il était venu en Angleterre pour prendre place au barreau. Voyant que le décédé (on dit le décédé, *deceased*, en langage d'enquête anglaise) était malheureux, je lui donnai un peu d'argent pour qu'il pût aller coucher quelque part. J'appris, les jours suivants, que son dénuement était affreux, et qu'il avait passé et passait encore par des épreuves terribles. Je l'ai rencontré fréquemment, et je l'ai aidé souvent. C'était un garçon d'une érudition profonde ; il parlait plusieurs langues vivantes et les langues mortes lui étaient familières. Il n'avait pas de *chambers* (bureau des avocats), personne ne savait où il vivait, mais il faisait envoyer sa correspondance chez le jardinier du Middle Temple. Je l'ai vu au *Discussion Forum* à la fin de l'autre semaine. Il paraissait épuisé. Je ne l'ai pas aperçu depuis.

M. John Anderson, médecin préposé au service du Strand-Union, s'exprime en ces termes :

— On a amené John Haddy le 19 novembre, il semblait anéanti, il était horriblement malpropre, couvert de vermine, et avait beaucoup de peine à respirer. Je lui fis prendre sur-le-champ du bouillon, du brandy et de l'eau, et j'ordonnai qu'on le lavât avec soin. Il expira cinq heures environ après son entrée au workhouse. De l'examen *post mortem*, il résulte que le poumon droit était détruit par l'inflammation et collé à la paroi de la poitrine (glued to the wall of the chest). La plèvre était enflammée, et quoique l'estomac fût sain, il *était absolument vide*. Rien n'indiquait qu'il eût des habitudes d'intempérance.

M. Weigthman, à ce propos, intervient encore pour affirmer que le défunt était d'une sobriété parfaite, absolue.

Cruelle ironie du sort ! Malechance d'un natif de Bonne-Espérance ! Pendant que l'avocat sans causes râlait sur le lit de l'hôtel de nuit, et à l'heure où il mourait dans les draps du workhouse, une lettre l'attendait, à l'adresse qu'il avait donnée chez le gardien du Middle-Temple — une lettre d'une brave vieille femme demeurant dans le Devonshire, qui se mettait à la disposition du déclassé, l'avertissant qu'elle viendrait à son secours désormais et qu'il échapperait à la misère.

Hélas ! il n'avait pas eu le courage ou la force de descendre. Il s'était vu trop sale, il s'était senti trop faible. Peut-être il devait à ce portier, peut-être effrayait-il les enfants quand il paraissait ?

Il n'avait point été chercher la lettre. La mort était venue le trouver. Il avait échappé à la misère tout de même !

Le patron du lodging-house a donné quelques détails encore.

Le malheureux, trépassé dans les poux, l'estomac transparent comme une lanterne, ce malheureux-là avait dû avoir quelques sous jadis, puisqu'il avait pu suivre les cours et se faire inscrire au barreau, en juin 1856. Il avait alors trente et un ans ; moins jeune que la plupart de ceux de sa promotion, moins âgé cependant que bien des gens entrés dans la vie sous une aussi pâle étoile.

Mais le pauvre homme, après seize années — seize ! — de Chancery Lane était plus à plaindre qu'au premier jour, — sans ouvrage, sans gîte, sans pain. Les plaideurs n'étaient pas venus !

Ce qu'il avait d'éloquence (il en avait, paraît-il) s'évaporait dans une taverne, où le talent trouve seulement la fumée des pipes, où c'est par hasard, un soir, que quelqu'un entre, parce qu'il pleut peut-être, vous entend, vous trouve curieux, applaudit, allume son cigare, relève le col de son paletot et s'en va.

M. Weightman avait fait plus. Il était resté, avait confessé l'orateur mal mis et lui avait donné de quoi ne pas coucher dehors. Mais M. Weightman — auteur

de livres estimés, installé dans Mitrecourt, *respectable man* — n'avait pas le temps
de se faire l'ange gardien de cette détresse.

.   .   .   .

.   .   .   .

.   .   .   .

Écoutez ! la scène a changé. Nous sommes au tribunal.

L'huissier crie : Silence !

La cour est pleine d'avocats qui causent tout bas, en se montrant d'un air de
compassion un homme un peu vieux, qui rougit et baisse les yeux. — C'est l'accusé.

La cause est maigre pourtant.

Trois transcriptions du *Recueil des lois américaines* ont été apportées en Angleterre
par MM. Stevens, les *libraires de droit*. L'une de ces copies a été envoyée à Gray's
Inn, une autre à Lincoln's Inn, et la troisième à Inner Temple ; on les a placées
dans la bibliothèque des *barristers*. On s'aperçoit, au bout de quelque temps, que
l'exemplaire d'Inner Temple manque ; — plus tard, on le retrouve à l'étalage d'un
libraire, offert comme livre d'occasion.

Interrogé, le libraire se rappelle avoir acheté l'ouvrage à un gentleman, pour
10 shillings. On reconnaît le tome à certaines marques, et il est prouvé que la
personne qu'on soupçonne a fréquenté la bibliothèque d'Inner Temple pendant les
jours qui ont précédé la disparition. L'homme ne répond rien. — Se trompe-t-on ?
N'est-ce pas le même individu ? Est-ce un autre volume ? — Hélas ! les témoignages
sont écrasants. En vain, l'archevêque Manning et d'autres grands personnages
viennent-ils déposer de l'honorabilité du prévenu. Le jury prononce le mot : « coupable », — *guilty !* — mais il réclame l'indulgence pour le malheureux qui, hier
encore, méritait le salut de tous.

En effet, la Cour, qui pouvait condamner à la *servitude pénale* pour cinq ans,
prend en considération les antécédents de l'accusé, sa vie passée, sa situation, son titre,
et ne lui inflige que six mois de prison.

Le condamné est un avocat, qui a même écrit des traités de droit ; il a des *chambers*
dans Middle Temple. Il n'est pas comme John Haddy, lui !

Le reconnaissez-vous ? Nous l'avons vu ensemble ; il s'agissait de John Haddy,
justement.

Il s'appelle Weightman.

Weightman ? Est-ce celui qui est venu déposer de la misère du mort ; celui qui l'avait rencontré au *Discussion Forum*, qui avait fait l'aumône à ce lamentable ?

C'est lui, c'est bien lui, Hugh Weightman *barrister*, 57 ans. On vient de prononcer le jugement. Le chef du jury fait appel au cœur du tribunal.

— Avez-vous quelque chose à ajouter ?

— Oui. Je demande qu'au lieu de m'épargner on m'accable, qu'au lieu de diminuer ma peine on l'aggrave ! Pourquoi cette pitié ? Je ne mérite ni pitié ni pardon. J'ai droit à cinq ans de prison. Je les veux...

Il s'arrête un moment, et, le geste dur, la voix grave, relevant sa tête déshonorée, se redressant au lieu de se courber, il reprend ainsi :

— Je ne souffrirai jamais physiquement dans vos prisons autant que j'ai déjà souffert ! Jamais... J'ai passé des semaines et des mois entiers sans dîner, vivant d'une croûte et d'un peu de thé. J'ai ôté mon habit de mon dos et ma chemise de ma peau, et je les ai vendus pour parer à la faim. J'ai, comme Haddy, couché dans les lodging-houses, en cachant mon nom et mon visage !... Pourtant, j'ai travaillé dur !... Sur les rayons de la bibliothèque même d'Inner Temple, il y a des livres dont je suis l'auteur, dont j'ai fait cadeau à cette bibliothèque, moi, le gueux, et qui valent plus que le livre qu'on dit que j'ai volé. J'ai fait tout ce qu'un être humain peut faire pour gagner honnêtement son pain, et l'on a vu, par quelques témoins, si j'étais estimable. Maintenant je suis perdu. C'est fini, fini ! Je pourrai encore moins trouver de quoi vivre, de quoi manger, moi qui, déjà, ne mangeais pas !... Donc, je vous somme de me donner la plus forte peine, le plus long châtiment. Avant que mon temps soit expiré, j'espère que la mort viendra et que je trouverai dans le fond de la tombe le repos que j'ai en vain poursuivi dans le monde. J'avais pensé qu'après tant de souffrances j'étais arrivé au moment où je pourrais faire reculer la misère et ne plus avoir les mêmes angoisses ; désormais, tout est à bas ! Enfin la question n'est pas là, elle est que je ne veux pas de grâce de vous, entendez bien !

Il étendait le bras en parlant ainsi et regardait fixement le juge, mais il reste Anglais dans sa douleur et sous son infamie.

— Je supporterai ma peine, dit-il, avec la résignation d'un chrétien et le courage d'un homme bien né, en *gentleman*.

Et il se rassied pour entendre lire l'arrêt.

Six mois.

Il n'a que cinquante-sept ans ! Il ne vieillira donc pas dans la compagnie des galériens, qui le vénéreraient; il rentrera dans le monde, qui l'appellera « voleur ».

Voilà l'histoire telle qu'elle m'est contée par des gens qui avaient porté le pauvre Haddy dans le cab.

Voilà ce qu'a pu voir un lodging-house anglais. Si vous ne me croyez pas, lisez le *Times* de novembre 72, d'avril 73, ou plutôt allez au lodging-house, 12, Hanover court Long-acre, on vous dira que c'est vrai, et vous apercevrez dans les coins un homme ou deux qui essaieront qu'on ne les voie pas, — frères de Haddy, graine de Weightman...

UN DIMANCHE ANGLAIS

Vous souvenez-vous, aux heures tragiques de Paris, comme certaines rues étaient désertes, muettes, profondes?...

Sur le chemin vide que les boulets allaient fouiller, le soleil étendait sa nappe jaunâtre, les maisons closes montraient leurs volets fermés, leurs yeux morts. Pas une cage contre un mur, pas une fleur sur un balcon ! — un monde fini, une ville éteinte ! Mais on entendait au moins les hoquets du canon, un râle d'agonie.

En Angleterre, on n'entend rien dans le calme horrible du dimanche.

C'est le silence, sans un bruit qui le raye ou le hache, le silence avec le psaume des cloches seulement, un beuglement sourd, un pot-pourri de mélancolie mystique, — l'écrasement d'un peuple par une caste, des humains au nom d'un Dieu.

Tout est fermé par ordre.

Rien ne vient heurter le ciel en ce jour de sainteté affreuse ; il n'est menacé ni par les cris de la foule qui peine ou qui mendie, ni par le hurlement des monstres à gueule d'acier qui mâchent le métal et mangent les hommes : rien que cette éternelle bouderie, cette sempiternelle complainte des clochers qui seuls ont la parole dans cette paix funèbre !

Ah ! mieux vaut le grondement de l'artillerie, la clameur de la guerre que ce son lugubre ou criard, et j'étais moins triste dans la désolation de la défaite que le dimanche, dans leur Londres énorme, tout d'un coup sans geste et sans voix, comme un géant paralysé.

Gas de Paris, gens de France, comprenez-vous ? Comprenez-vous qu'il y ait un peuple, un peuple qui ait accepté de trimer, de suer, de tirer la langue et de plier l'échine du lundi au samedi pour être, le dimanche, condamné à l'isolement, au mutisme, à la mort? On l'accule dans les églises, on le chasse des musées et des ménageries, on lui défend de voir jouer les singes !

Il ne faut pas qu'on entende sa voix : elle se perd toute la semaine dans le ronflement des rouages, n'est qu'un *han* de bête de somme — et le jour où la forge s'arrête, où l'homme est libre, l'homme ce jour-là doit retenir son souffle ; il n'a que la ressource de s'enfermer dans sa tanière pour caresser sa femelle et lécher ses petits — ou le droit au meeting : le droit de rôder en troupeau, comme les moutons dans le parc, avec Panurge pour meneur.

Avant 1 heure.

Jusqu'à une heure, rien ne bouge. A peine, par-ci par-là, se lève une paupière — la devanture d'une petite boutique où l'on vend des glaces, un verre de limonade, du café au lait. Encore ces boutiquiers sont-ils des Italiens, des Suisses, des Savoyards, et combien en tout? Trente, quarante peut-être, avec une buvette pas plus large qu'un mouchoir de poche, au milieu de ce Londres immense.

Mais la taverne, le bar, le restaurant sont fermés à triple tour.

Songez donc !

Le matin, après avoir embrassé sa femme, passé sa chemise blanche, John Bull pourrait aller dire bonjour aux voisins, et quand on serait cinq ou six bons drilles, on parlerait de boire la goutte, non pas celle qui graisse, aux heures de besogne, les ressorts de la machine à travail, mais celle qui mouillerait, à ces heures de dévotion, la corde de la blague impie et même sacrilège. En tuant le ver, on cause, on rit. On rit de la Reine, peut-être, de Dieu, qui sait ! — personnages qu'aucune assemblée n'a encore osé pendre en effigie aux branches fourchues du Reform Tree.

Car, il faut le dire, si l'on a laissé la liberté des assemblées au peuple anglais, on s'est arrangé, en revanche, pour que les prolétaires — ceux qui sont le nombre et la force — ne se sentent pas les coudes, ne s'asseyent pas en camaros, quelques-uns à une table, autour d'une pinte et d'une idée.

La familiarité des mœurs, l'abandon aux jours de loisir, les causeries avec ceux qu'on

UNE RUE LE DIMANCHE.

a à peine entrevus et qui, soudain, par-dessus un pot de bière, lancent un mot comme un éclair, les serrements de mains et les échanges d'opinions, c'est ce qui affranchit les esprits, élargit les âmes, donne une portée à l'ironie — c'est surtout là ce que l'Angleterre aristocratique et religieuse ne veut pas, sachant bien que de ces rencontres d'inconnus il jaillit des étincelles.

Le cabaret de la mère Grégoire, le café des Brigands de la Loire, la goguette de

UNE RUE CONDUISANT AUX DOCKS, LE DIMANCHE.

Ménilmontant, la guinguette de Romainville ont réuni les cœurs et fait s'assembler les fusils au moment des *glorieuses*. On avait trinqué sous les lilas, on s'est retrouvé sous un drapeau. On a parlé de sa joie le dimanche et de sa peine le lundi.

Des réunions familières de simples se dégagent toujours des lueurs de sensibilité : la sensibilité, mère de la justice, âme des rébellions honnêtes !

A Londres, impossible.

Toujours séparés comme des divisions de prisonniers, comme des régiments de la même arme tenus à distance !

Il n'est pas un endroit public où les compartiments ne soient étiquetés. Ici les loqueteux, — là les pauvres — les bourgeois de ce côté.

Encore une fois il ne faut pas que les vaincus se mêlent, que l'intelligence de l'un puisse suppléer à l'ignorance de l'autre, que le déclassé éloquent fréquente l'artisan robuste, que celui qui a faim fasse honte à celui qui n'a que soif.

Le dimanche, ils pourraient échapper à cette architecture de *public house*, à cette tyrannie de l'isoloir, car ils ont du temps, la paie de la veille. — Eh bien non ! Nulle part on ne peut choquer les verres à la santé de la Sociale.

Car c'est bien là ce qu'ils redoutent, les dirigeants ! Ils ont tellement conscience du danger, qu'ils incorporent leurs craintes jusque dans le bois des cloisons.

Donc, tout s'est arrêté ; la poste ne fait point le service ; pas de journaux, pas de nouvelles ! Ce serait justement le jour où l'on aurait besoin de peupler ce désert, cette Angleterre vide, avec un bout de souvenir de France.

Rien n'arrive et rien ne part. Confier son chagrin à une lettre ? Mais on aime à jeter toute chaude son impression dans la boîte — elle y gèlerait : c'est après-demain seulement que l'ami ou l'aimée recevraient ces lignes ou ces pages inspirées par le regret ou le désir... Est-ce bien la peine d'écrire ? On repousse l'encrier, on éloigne la plume, et l'on se débat dans cet état d'accablement et de dégoût qui s'appelle le spleen anglais — maladie sans souffrance aiguë, sans fièvre et sans délire, qui nous tuerait, nous, gens de France, si nous n'avions pour peupler cette solitude nos désespoirs nobles et nos souvenirs de convaincus. Il n'en reste pas moins un lamentable ennui.

Pas un Bougival, un Meudon ; point de gibelotte, pas de friture !

En Angleterre on ne s'amuse, on ne folichonne, on ne blague jamais ; mais, le dimanche, il est indécent de n'être pas triste.

On peut trouver des arbres, devant la Tamise il y a bien du vert et du bleu, mais dans la campagne il faut, ce me semble, que les femmes — les vraies femmes, joyeuses et « bon enfant » — mêlent leurs parfums aux odeurs des prés et leur rire aux siffleries des merles, il faut que les fantaisies ou les mélancolies s'embrassent, dansent ou soupirent en chœur, comme les branches se croisent, comme les fleurs se cherchent. Si, en pleine nature, c'est de même qu'en plein tumulte — toujours la cellule avec quelques brins de feuille en plus, — à quoi bon se donner la nausée du printemps, la nostalgie du carrefour et le dégoût des roses !

1 heure.

A une heure, un peu de mouvement : Londres étire une patte, risque un œil.

Les *public houses* s'entr'ouvrent ; on faisait queue depuis dix minutes, cruchon en main. Il n'y a pas à dire, on ne peut point changer l'heure de son repas suivant l'appétit ou le caprice, pour aller plus tôt ici ou là, par monts ou par vaux, par les rues ou les bois... On doit attendre que le publicain ait le droit de servir — cela dure d'une heure à trois.

Les trottoirs sont pleins de fillettes qui viennent chercher le pot de *stout* ou de *six-ale*.

Il faut les voir se dresser sur la pointe des pieds pour se hausser jusqu'au comptoir, puis retourner à la maison en essayant de ne rien verser, surveillant la bière qui danse, se cognant avec les autres en route...

Minute gaie, avec un grain de naïveté, une saveur de famille !

C'est le moment aussi où l'on va reprendre le plat cuit au four chez le boulanger, qui n'a fait qu'entre-bâiller sa boutique. On entre sans bruit, on part sans bousculade. Pas de mitrons en chemise, avec de petits yeux noirs comme des grillons dans la farine et des barbiches blondes comme de la croûte, qui filent avec des airs de vieilles en camisole pour s'offrir le vin blanc sur le zinc.

Au moment réglementaire, le cuiseur ouvre sa porte, lâche les rôtis, referme vite, et l'on ne renifle ni le pain chaud ni la braise.

Défense d'enfourner, remarquez ! On doit manger la miche de la veille sur laquelle, ce soir, on se cassera les dents. Il n'est permis que de déposer des morceaux de viande, dans un vase en terre ou en fer-blanc, sur la pierre brûlante, comme on couche une soupe sous un édredon.

Les gamines ou les grand'mères emportent, en trottinant, le *roast beef* carré qui a l'aspect d'un pavé de barricade, ou le gâteau de rhubarbe qui, avec ses bosses et ses gonflements, ressemble à un ventre bourré de hernies. Cela fait tout de même passer un peu de France devant les yeux, rappelle un coin de province — mais comme ça sentait *plus bon* chez nous !

Ceux qui n'ont pas de « chez eux » mangent dans quelque trou. On arrive à être parfois quatre ou cinq qui oublient Londres pour parler de Paris ; mais la pendule sonne : — il est trois heures — à trois heures, le service du temple commence et le service de

11

la gargotte finit. On vous rejette dehors, les barres de fer glissent sur la devanture, et vous voilà de nouveau errant en chien perdu.

Pas une maison ouverte, ni qui veuille s'ouvrir !

Un jour qu'une bourrasque avait emporté mon chapeau dans la Tamise, je dus revenir tête nue, comme pour une procession, et courir de l'Est à l'Ouest, du Sud au Nord, pour découvrir un magasin qui voulût me vendre une toque ou un gibus. Je n'en trouvai pas. J'avais ameuté toute une population en hélant les chapeliers.

Il fallait retourner au quartier français, j'en étais à deux lieues. J'appelai un cab ; mais on n'a jamais vu un homme sans couvre-chef dans une rue de Londres, et pas un cocher ne m'accepta. Pendant deux heures, je marchai en pèlerin. Ceux qui me rencontraient croyaient que j'étais un échappé de Bedlam ou que j'avais fondé une secte et que j'allais, découvert devant le Dieu de mon cœur, prêcher ma religion.

Que la coiffure s'envole, que la culotte craque, que l'on ait la pépie ou la fringale, qu'il faille un parapluie ou un parasol, des jarretières ou des bretelles, un boisseau de charbon, une feuille de papier, une plume, un timbre, rien, rien ! Tout est en quarantaine, comme dans une ville qu'aurait ravagée un fléau.

La voilà donc, cette capitale ! Elle est étendue dans son silence comme un grand sphinx perdu dans les sables ; avec un tas de croix qui reluisent à faux sous le ciel blafard au-dessus de cet amas de pierres.

Partout la désolation biblique !

Sur les murs qui encaissent des rues semblables aux chemins de ronde des centrales, on lit en grosses lettres blanches : « Pouvoir de la prière. »

Sur des tablettes noires, plus hautes que des potences, on affiche aussi aux portes des chapelles des recommandations pieuses. Les mots ont l'air de larmes de catafalque ou d'épitaphes de cimetière.

Elles sont sinistres à voir, les casernes où ils emprisonnent leur Dieu.

Restent debout, à côté des églises, devant les monuments, les statues de leurs illustres, — ces endimanchés de la gloire — la plupart en bronze, quelques-uns en marbre.

Cette sculpture fait saillie dans la platitude du jour sacré comme un dolmen dans une lande désolée de Bretagne ; mais toujours des érysipèles de boue, des eczémas de

ENTRÉE D'UN TEMPLE, PRÈS D'EUSTON-ROAD.

suie, des gales de moisi ravinent ces visages, qui gardent d'ailleurs, sous ce masque de crasse, les grands angles et les grands reliefs du type anglais.

On remarque bien, dans certains quartiers, un peu de mouvement et de bruit, mais ce sont les domestiques et les voyous qui font tapage — filles de cuisine, garçons d'écurie, empestant le graillon ou le crottin, et vous lapidant de leurs plaisanteries obscènes et de leurs jurons crapuleux.

Et si l'on tombe, par hasard, aux abords d'une gare, dans un lot de braves gens qui reviennent de la campagne en famille, ils ne vous apportent point, avec l'odeur des champs où ils ont couru, la gaieté du verre qu'ils ont vidé. Ils n'ont pas lampé le sang rouge des vignes, mais le jus jaune du houblon.

Leur arrivée est morne ou violente. Ils sortent du wagon grillé, qui n'a pas d'impériale comme sur les lignes babillardes de Joinville-le-Pont ou de Chaville-les-Bois !

Où donc êtes-vous, faubouriennes, qui revenez en chantant gaiement? L'homme porte le moutard sur l'épaule et l'on rit à pleine gorge, avec des cerises en pendants d'oreilles et des moitiés d'arbres en fleurs, paralunes de feuilles.

On se bouscule dans les salles d'attente, on se perd sur le quai, on s'interpelle d'un train à l'autre ! — *Ohé! Lambert!* — Vive Paris !... Entends-tu, joyeuse Angleterre !

Au lieu d'une cacophonie bruyante, d'une scie en chœur — tous au refrain ! — c'est la psalmodie d'un cantique nasillé en plein air, qui, soudain, vous attriste comme la lamentation d'un pauvre.

Tout le monde a entendu parler des prêcheurs qui s'installent au tournant des rues, sur le pavé, et qui se mettent à commenter et chanter leur Dieu pendant ce saint jour du dimanche !

Ils ont une tribune à roulettes qu'ils promènent aux bons endroits, chaire ambulante du haut de laquelle ils versent la parole de vie sur les têtes alourdies par l'ivresse, fêlées par la boxe, ou grosses du vent des superstitions. Les faces des prédicants sont dures ; mines d'employés consciencieux, ou de convaincus qui ont pour tout dé bon la *maladie de foi*. Chez nous, le croyant a des airs de médaille, et parfois on dirait son profil coupé dans une hostie. Ici l'Église a les favoris et la barbiche, l'aspect brutal.

La simplicité crue du protestantisme m'effraie plus que la grâce enivrante et enflammée du catholicisme. Les clergymen ont plutôt le masque sec de l'homme d'affaires que le masque bistré ou pâle du visionnaire.

L'encens et les bouquets font presque oublier Dieu dans les chapelles embaumées de France, — et mieux vaut encore, aux yeux de l'impie, la religion mondaine avec ses extases qui touchent à la passion, ses parfums qui rappellent ceux de la vie d'amour, que cette religion anguleuse et rigide. Les cultes les plus redoutables sont ceux

LES PRÊCHEURS EN PLEIN VENT.

qui assemblent les gens dans les hangars et n'accrochent pas de fleurs au front de leurs idoles.

Tristes dimanches, ces dimanches de Londres, pendant lesquels il est défendu de travailler et de gagner son pain, comme il est défendu de rire et de danser — où tout un peuple est sous le verrou de la Bible!

LE SOHO

Les Anglais, quand un étranger malmène ou blague leur orgueil, accusent ce rieur ou cet irrité d'être quelque voyageur de passage qui a jeté, en courant, des notes brèves sur un carnet, ou quelque bohême qui, ayant perché trois jours dans Leicester square, croit avoir, du haut de son nid crotté, embrassé l'horizon.

MARCHAND D'ALLUMETTES.

Il faut bien avouer qu'il était fait pour nous déshonorer, ce Leicester square tout gras de la fange de France !

Le Soho, l'infâme Soho !

Que de hontes et de crimes ont échoué ici !

Combien de notaires sont venus y manger la chair des paysans dépouillés jusqu'à l'os ; combien de faussaires sont venus y chercher une chambre sombre, pour graver des planches nouvelles et voler encore une banque ; combien de meurtriers sont venus laver leurs mains rouges dans les cuvettes de ces garnis !

Venez avec moi flâner autour de Newport Market et de Ryder's Court; c'est tout bordé de restaurants borgnes et d'hôtels louches.

Voyez rôder ces gens que pas un proscrit ne connaît, qu'on croit avoir entrevus sur le banc des assises ou dans un grouillement de Barbillons et de Tortillards un matin d'exécution, place de la Roquette ! Ils errent généralement à deux, comme des compagnons de chaîne ; ils ont peut-être bien, pour s'évader, rompu celle du bagne, mais la misère en forge une autre, que le vice rive — on ne la brise pas, celle-là !

Parmi ces hommes qui traînent la jambe, il en est qui ont du sang aux manches. Mais ils sont rares.

Ce qu'on rencontre surtout, rampant de ce côté, c'est le malfaiteur à pattes molles ou à doigts crochus, au regard fuyant, qui a abusé de ces simples qu'on appelle des enfants ou des pauvres. Les hardis tombent sur le champ de bataille, les salisseurs d'enfants ou les rongeurs de pauvres s'échappent, et viennent traîner par ici. D'ailleurs, l'extradition n'atteint pas leurs saletés vénielles.

Ce n'est point que dans mon voyage à travers ces cloaques je n'aie pas rencontré d'assassins !

Hôtel de Versailles. — C'est là qu'étaient logés les trois tueurs de Marseille qui avaient mis le macchabée dans une caisse jetée à la rivière; la caisse surnagea et ce furent les trois coupables qui firent le plongeon dans le panier de Charlot.

On les arrêta à cette encoignure en face de Dean street, regardez !

A ce bar, là, tout près, est venu longtemps un homme dont le couteau de l'exécuteur avait éraflé la nuque.

Condamné à mort, enfermé dans la cellule qui sert de garde-manger à la guillotine, il s'était enfui avec la complicité de son *mouton*. On met toujours, au chevet de ces moribonds pleins de vie, un camarade de geôle pour les empêcher de se suicider ou de se sauver, de se dérober à la machine qui venge — pour recueillir aussi les aveux qui peuvent échapper à leurs remords ou à leurs rêves.

Le gardien d'agonie avait remarqué qu'un barreau tenait mal ; il le dit à l'agonisant — et tous deux filèrent ensemble. On fit grand bruit, jadis, autour de cet incident.

M. Floquet écrivit — dans *le Temps* — un article où il demandait en grâce à qui aurait des nouvelles de l'évadé de ne pas rendre ce malheureux au bourreau. La

LEICESTER SQUARE.

justice avait laissé glisser sa proie, — il ne fallait pas la lui ramener par le cou et donner une chiquenaude à une tête si peu d'aplomb.

J'en sais un autre qui a assisté à un drame où le sang coula comme de l'eau. Bachelier ès lettres, ès sciences, mieux que cela — mais je n'en dirai pas plus — il a gardé de son épouvante une pâleur d'ivoire, l'air d'un crucifié qui a bouché ses trous saignants avec de la crasse. Il était innocent, mais il tenait par un lien au crime, et il s'est échappé — forçat de la misère — sur le sol étranger. Il mourut n'ayant jamais eu sa minute heureuse et n'ayant pas révélé son secret.....

DANS LA RUE.

C'est dans le Soho que Lamirande, le caissier, débarqua tout droit le jour où il vit qu'on allait découvrir ses malversations à la Banque de Poitiers. On a beaucoup vanté l'habileté des agents qui pourchassèrent l'homme au bout du monde. L'inspecteur Mélin avait dû faire ceci, cela, sans compter les luttes contre les avocassiers de New-York, pour l'extradition.

On eût évité tous ces frais aux poursuivants si l'on était allé, simplement, le lendemain du scandale, dans les estaminets de Leicester square, où un inconnu nippé à neuf, frais débarqué, payait des prunes de quatre sous avec des billets de cent francs, et des prostituées d'un louis avec des billets de mille.

D'où venait l'or?... Il sortait d'un sac éventré, il coulait d'un tonneau débondé.

— Encore du champagne, encore des filles! C'est moi qui régale!

Qui donc n'aurait pas deviné un escroc?

Oui, quand on recherche un coquin, après un viol ou un vol, la police française n'a pas besoin de trier ses agents sur le volet et d'inventer des malices cousues de fil blanc ; elle n'a qu'à frapper à quelques maisons du Soho et à s'installer là.

A une heure, on va au café ; le soir, on traîne dans Regent street.

Celui qu'on guette, s'il est à Londres, est en train de jouer aux dominos ou de courir le guilledou dans le quartier. S'il n'est pas rencontré ce soir, il le sera demain ou dans trois jours, ou dans six : c'est fatal. IL FAUT QU'IL PARLE OU ENTENDE PARLER FRANÇAIS. Il se fera prendre inévitablement, et je ne dis pas que la crainte du danger ne l'attire pas un peu ! Il est de France, après tout, ce misérable !

BAR-MAID.

On distingue vite les soutanes salies et les vestes de prison retournées.

C'est plein de policiers, d'ailleurs, et j'ai revu là des faces infâmes. Pourquoi sont-ils ici ? Ils ont retiré leur masque et laissent voir l'espion. Oui, au lieu de cacher qu'ils *en furent*, quelques-uns le crient, en ajoutant qu'ils ont quitté parce qu'on voulait leur faire accomplir de trop ignobles corvées ; ils se vantent, sans mentir peut-être. Ils *en sont* encore, sans doute ; on ne casse pas ainsi la bretelle à laquelle la carte de mouchard est cousue.

En descendant l'échelle des condamnations, on arrive à la famille des boursiers et des changeurs.

Reconnaissez-vous celui-ci, grand, brun, voûté, grosses lèvres, l'œil creux, front qui surplombe, tignasse dure, mâchoire bestiale?...

Il a été un des banquiers connus des hommes de lettres ; il donnait des fêtes, prêtait de l'argent, avait un journal, entretenait une actrice, allait au Bois. Il va *au pain* maintenant, il cherche un sou par terre. Il marche seul, traîne la cheville comme s'il y avait le boulet, tout échappé qu'il soit. Il y a dans son regard je ne sais quoi — du dégoût et de la haine, — il fait moins pitié qu'un autre, parce qu'il fait plus peur.

A côté des boursiers contumaces, il y a les tripoteurs moisis.

Dans de certains coins du Soho, on n'entend parler que livraisons, douane, docks, chèques et warrants. C'est la bande des faiseurs qui tend ses filets dans l'eau trouble. Elle arrête au passage des barriques de vin comme des bouteilles de naufragé, ou ramasse des boîtes de bijoux comme des épaves. Elle rôde sur la marge de la *Cité*, ainsi que les Bretons pillards en face des écueils, pour recueillir des débris de tempêtes et même provoquer des sinistres. Les Bretons attachaient des lanternes au front des bœufs, pour égarer le capitaine qui se perdait à regarder les feux; — ils attachent, eux, des faux, avec des épingles, sur des traites de filou.

Un de ces gars s'est rendu populaire an Soho par une opération financière d'une simplicité hardie, qui indique un teneur de livres ferré et sérieux, en même temps qu'un commerçant pénétré des grandes traditions.

Il commanda à une grosse maison de France mille pâtés truffés. Il inventa des *références*, mit dans sa manche des gens qui semblaient avoir pignon sur rue — il en est qui font ce métier moyennant commission ou partage.

On lui envoie les mille pâtés, qu'il emmagasine, non sans en éventrer quelques-uns qu'il arrose d'un verre de champagne acheté au même prix.

Les vendeurs apprennent qu'ils sont floués, que les garanties sortent d'une caverne, et ils dépêchent deux hommes qui rejoignent le *négociant*.

— Rendez les pâtés !

— Jamais de la vie !

On le menace, il gouaille.

— Si vous m'embêtez, je les jette sur le marché à vil prix. J'offre pour cent sous ce que vous vendez dix francs, et je vous coule. On dit que vos produits baissent, que vos truffes sont en mérinos, ou que vous avez besoin d'argent pour ne pas crouler.

Les émissaires restent atterrés ; ils font bravement la part du feu.

— Nous vous donnons deux cents francs !

— Nenni.

— Cinq cents?... mille !

— Ah ! çà, Messieurs, êtes-vous commerçants ou ne l'êtes-vous pas? Je vous ai acheté mille pâtés dix mille francs. Et vous voudriez que je vous les cède au prix d'achat! Je veux bien me contenter d'un modique bénéfice, mais il m'en faut un. Je vous les céderai à onze mille francs, mais parce que c'est vous, et pour cette fois seulement. A bon entendeur salut.

Les pâtés allaient rouler à l'aventure, compromettre la marque, faire jaser sur la maison, déshonorer les truffes ; on lui donna les onze mille francs. Il voulut aussi qu'on déjeunât, ils déjeunèrent.

J'étais à une table voisine avec un réfugié politique.

— C'est un tel, leur dit, en montrant l'exilé, quelqu'un qui prenait son café à côté.

— Ah ! c'est cette canaille-là ?

Et tous trois se détournèrent.

C'est dans ce même café que Muller, l'assassin, dépensait ses loisirs. On dit qu'après le meurtre il vint faire sa partie. Son adversaire lui fit compliment sur son nouveau chapeau. C'était celui de l'assassiné.

Il en avait simplement rogné les bords ; ce qui lui fit rogner la tête.

MARCHAND DE MOURON

Tel est le Soho !

Tel il était plutôt, car, dès que les hasards des révolutions jetèrent sur le sol anglais des Français qui avaient simplement commis le crime d'être vaincus, sur les limites de cette cité de lépreux, des êtres sains et indemnes s'établirent.

On s'est instinctivement écarté du quartier maudit : c'est du côté de Charlotte street, de Fitzroy square, que les proscrits plantèrent leur tente. Certes, il reste encore dans le Soho de braves gens qui cachent leur honnêteté dans tous les coins — infime minorité qui a, dans ce cloaque, son honnête gagne-pain, mais qui ne parvient pas à purifier l'air autour d'elle.

Le Soho ! lieu d'asile non pas des blessés, mais des flétris, bouche d'égout de l'évasion !

LES ANGLAIS CHEZ EUX ET CHEZ NOUS

Celui qui, emportant la patrie à la semelle de ses souliers, est venu patauger dans la boue anglaise et a usé ses talons sur les trottoirs de Londres, le Français que le flot humain qui mugit dans le Strand et la Cité a, pendant des années, roulé comme un galet, ce Français-là ouvre de grands yeux quand quelque compatriote, qui ne connaît que les Anglais de Paris, se prend à s'étonner de l'insolence et de la brutalité qu'ils déploient chez nous.

Elle est voulue, cette insolence, et voulue cette brutalité.

Qu'on ne s'y trompe pas! L'Anglais n'est point vulgaire de naissance, il ne l'est que par intention et de parti pris. Le dernier clerc, même le dernier laquais, semble avoir avalé l'épée de Wellington et se tient droit autant qu'un duc et pair. Autant qu'un duc, aussi, il sait porter le col raide, le vêtement gênant, qui constituent l'élégance classique du high-life.

L'Anglais, toujours un peu homme de cheval et toujours étouffant de la joie d'être Anglais, peut paraître et paraît distingué quand il lui plaît. C'est fait de vanité et de raideur, la distinction. Or, ils en ont à revendre de la raideur et de la vanité, les excursionnistes d'Angleterre.

Aussi, ne vous y méprenez pas : ces « complets » défraîchis ou bizarres que les Anglais traînent dans nos rues, l'incivilité qu'ils affichent, leur sans-goût, leur sans-gêne, tout cela est l'expression criarde de leur sourde hostilité.

Ils prennent des mines d'impertinents, voire des tournures de palefreniers, comme des jaloux toussent au théâtre ou font tomber leur canne pour faire tomber la pièce, en gênant les acteurs; comme dans une réunion publique les adversaires du bureau imitent le chant du coq ou le cri de l'âne. Ils ne veulent pas avoir l'air charmé ou ému; ils ne veulent pas se noyer dans le torrent de la foule; ils ne veulent pas faire l'honneur, à leur hôte, d'une marque de reconnaissance ou d'admiration. Et ils se promènent, cocasses et violents, à travers les galeries et les spectacles; mais ils ne se plaignent point d'être accusés d'impolitesse et de grossièreté. Ils y visent et demanderaient à être ridicules, si la cabale du ridicule devait troubler, un moment, la marche triomphante de la grande comédie parisienne.

Ils se le disent ou ne se le disent point. Ils ne savent peut-être pas ce qui, tout bas, les pousse à être désagréables ou grotesques. Mais inconsciemment, sinon par volonté, ils affirment ainsi le dédain de John Bull.

Il faut que leur bouderie se trahisse; il faut que leur réputation de flegme reste intacte; il faut qu'ils ne semblent pas étonnés ou enthousiastes; il faut qu'ils écrivent quelque part le *nil mirari* anglais. Et ils l'écrivent sur leurs habits et sur leurs chapeaux, exprès négligés, ainsi qu'un paillasse coupe la solennité de la piste en exhibant une drôlerie au derrière de son maillot.

Nés au pays de l'orgueil et de la pantomime, ils font servir l'une à l'autre; ils soufflent la farine du clown au front de la ville radieuse et lui tapent sur le dos avec la batte d'Arlequin. Ils crachotent sur les flammes de l'apothéose.

Et c'est pourquoi, tant qu'il y aura des Anglais dans une de nos fêtes, ils meurtriront de leurs coudes la poitrine des *Frenchmen;* ils écraseront nos orteils sous leurs gros souliers de touristes.

L'Anglais poli ! A quoi bon ?

Nous lui paraissons des lâches avec notre manie de saluer. Il garde, lui, son chapeau vissé sur sa tête : avocat ou ramoneur, banquiste ou banquier.

Il ne demande jamais pardon dans une foule où il passe broyant ou broyé. C'est la lutte ! Que les femmes restent chez elles, si elles ont peur des bourrades ! *Self defense !* Chacun gare ses cors et sa fortune, et rentre chez lui silencieux, les pieds meurtris ou la poche vide, mutilé ou failli.

Je ne veux pas insulter l'Angleterre.

C'est le patriotisme presque maladif de l'Anglais qui fait la belle santé britannique, et la brutalité de John Bull n'est que l'écart d'un grand volant.

Il y a là, amarrée au milieu de l'Océan, une machine terrible qui coupe le bois, lamine le fer, vomit l'or, écrase les pauvres ! Il y aurait bien autre chose à dire qu'à se plaindre de l'impolitesse qu'elle crache — ces crachements-là ne sortent que des cheminées colossales.

Il faut avoir vécu dans cette fumée. J'ai passé dix années douloureuses et fécondes entre les murs de la Ville noire, n'ayant véritablement de haine et de mépris que contre le Sohko.

Cette déclaration une fois faite, après avoir parlé nettement de cet îlot à fleur de boue, émergeant de la Cité et envahi par les écumeurs de chez nous, je vais parler franchement des coins d'Angleterre que j'ai bien regardés et que je crois avoir bien vus.

On me récusera comme juge en ma qualité d'étranger, on criera à l'incompétence ou à la partialité.

Au reproche d'observation en l'air, je répondrai : « N'eût-on passé qu'un an en Angleterre, on la connaîtra mieux qu'un Anglais. »

Les Anglais ne peuvent pas savoir qui ils sont, ce qu'ils ont dans la poitrine ou dans le ventre, ce que tisse l'araignée dans leur plafond, ou ce que chante l'abeille sous leur bonnet. Aussi bien pourrait-on demander aux habitants de Mazas quel est le caractère de la population qui végète, étouffée et triste, entre les murs jaunes, dans les divisions silencieuses.

Or, le visiteur qui va de la cave au grenier voit mieux la prison que le détenu qui rêve dans sa cage, le front contre les barreaux.

Les Anglais vivent en cellule dans leurs coffee-shops, dans leurs coffee-rooms, dans leurs public-houses, partout! Ils restent, du berceau à la tombe, isolés, marmottant entre leurs dents, emboîtés dans des compartiments comme les Chinois dans des cangues.

J'ai cherché à pénétrer l'âme de cette nation dure, et elle m'a paru redoutable et haute, mais sans que j'aie pu toucher du doigt le vrai ressort de sa grandeur.

Je voudrais savoir quelle est la qualité dominante des Anglais.

Toutes les races ont leur *vertu maîtresse*, comme dirait M. Taine.

Les plus malheureuses, celles qui sont finies et qui vont être mangées, ont le courage pour relique et savent bien mourir ; des Slaves d'occasion traînent sous les tables d'hôte, mais combien sont tombés sur les champs de bataille ! Si l'on compte les saignées qu'ils ont faites au crédit et à la banque, a-t-on compté les blessures qu'ils ont reçues, ces cosmopolites de l'aventure et du combat ?

Les Allemands, ceux qui ont coupé à la patrie ces deux mamelles, la Lorraine et l'Alsace — dont le nom nous rend tristes — ces Allemands ont la manie philosophante : il y a de l'élévation encore dans cette manie-là.

Les hommes des races latines ont leur éclat d'artiste et leur gaieté ensoleillée, de l'entrain, l'esprit généreux...

Mais qu'a donc l'Anglais ? Il est excentrique, point téméraire ; il est froid, point raisonnable ; il est morne, point rêveur.

Encore une fois, quelle est donc leur vertu maîtresse ?

Leur vertu, c'est ce qu'on appelle notre vice à nous, c'est l'amour féroce du drapeau, la fierté d'être Anglais, c'est le *chauvinisme* affreux et héroïque. Oui, héroïque, non pas seulement jusqu'au sang, mais jusqu'à l'abnégation monastique. Chez ces buveurs de gin, ces affamés d'excentricité, l'idée de patrie est forte autant que la foi chez les prêtres, et leur ferait faire des miracles, croyez-le, si jamais quelque autre Caton criait, en les regardant : *Delenda Carthago*.

Ils sont capables de tout, au nom de la nation.

Voyez avec quelle prestesse leur brutalité cache tout d'un coup ses poings, rentre ses griffes dans le gant fourré de la diplomatie ! Ces grossiers par nature, ces impolis par orgueil, ces casseurs de nez, ont une politique cauteleuse et rusée.

En vérité, je vous le dis, j'ai peur de leur visage de convention encadré dans les plis de leur étendard !

Ils ont, pour les étrangers, une pitié sans limites, profonde comme les abîmes, large comme l'Océan ; — ils regardent le monde entier de la cime de leurs grands mâts, et, voyant flotter leurs couleurs sous tous les ciels, ils crachent leurs dédains sur qui les discute ou les blâme.

Mais, de tous les peuples, celui qui est le plus antipathique à leur génie national, c'est le nôtre.

Qu'on le sache bien, l'Anglais a la haine instinctive, aveugle, de ce qui est français. Chaque habitude de Paris le blesse, et il va contre, prend la chose à rebrousse-poil ou fait le travail à l'envers.

Nos cochers conduisent à droite, les leurs conduisent à gauche ; le bout de nos cuillères est recourbé en dedans, le bout des leurs en dehors ; nos fourchettes ont quatre dents, les leurs n'en ont que trois, — et mille autres détails gais ou graves. — C'est d'instinct, *dans le sang*, dans ce sang qui ne coule pas comme le sang latin avec des reflets de pourpre au soleil, pour l'honneur ou le châtiment, sur le terrain ou l'échafaud, mais qui s'extravase sous le coup de poing ou sous le bonnet du pendu, dans le ring ou à la potence.

Notre esprit gaulois est leur mortel ennemi ; nous avons l'ironie qui flambe et celle qui calcine, le rire de Beaumarchais et de Proudhon. Nous sommes des trouble-fête, les enfants perdus de l'idée, nous dérangeons les équilibres établis par les siècles.

Aussi nous sont-ils hostiles de toute la force de leur tristesse et de leur patriotisme religieux et glacial. C'est le brouillard furieux qui en veut au soleil ; c'est le rire blême qui en veut au rire clair ; c'est le duel de la bière et du vin !

LE CONFORTABLE

Je n'ai passé que neuf ans sur le pavé de Londres, mais, avant d'avoir achevé mon bail d'exil, je savais une chose que je vais apprendre aux Anglais : c'est que, parmi les légendes qui courent le monde, qui dansent sur les lèvres des banalistes ou sous la plume des gazetiers, la plus effrontément fausse est la légende du *confortable anglais.*

La vérité, la voici :

L'Angleterre est le pays du mal-vivre, du mal-loger, du mal-manger, du mal-s'asseoir, et du mal-dormir.

Si je n'avais qu'une ligne pour indiquer les tendances de cette nation dans un Dictionnaire qui traduirait le caractère essentiel en cinq mots, je dirais :

L'ANGLETERRE A L'HORREUR DU CONFORTABLE !

Une horreur obstinée, comique, sans relâche.

Le *confortable anglais !*

S'il est quelque part, c'est là où ils naissent, où ils vivent, où ils meurent dans leur coquille, dans leur foyer.

Entrons.

Non par l'escalier de côté qui mène à la petite porte dans le mur.

Ce n'est point le chemin des gentlemen, ainsi que l'indique le mot *Servants*, écrit en rond sur la plaque de sonnette, comme le nom de *Gendarme* sur les vieux fers à repasser. C'est la route des domestiques et des fournisseurs.

Nous devons sonner à droite — on y lit « *Visitors* » en guirlande autour du bouton. Il faut tirer fort, taquiner le carillon, avoir l'air de se moquer d'eux, d'être le patron qui joue, le maître qui rigole ou le chef qui se fâche.

La bonne arrive.

LA BONNE.

Elles sont toutes vêtues de la même façon, ces bonnes anglaises ; d'une robe lilas, — du lilas frit dans l'huile — et saupoudrées d'un petit bonnet au crochet qui semble une pincée de sucre, et qui tient sur la tête comme une soucoupe. Ce n'est point laid à voir. Été et hiver, elles ont, sous ce ciel, dans cette boue, cette robe lilas et ce petit bonnet. Les maîtres se donnent ce régal de printemps crotté, représenté par la maigre Jessy ou la grosse Polly.

Polly ou Jessy tire la grille et vous introduit avec les égards dus à votre rang — c'est-à-dire en vous toisant du haut en bas, si vous êtes râpé, en se gonflant, si vous avez l'aspect cossu, — et vous n'avez plus qu'à attendre.

On pénètre ainsi dans les maisons qui ont un portique et un perron. Mais devant celles qui n'ont pas cette mine solennelle, ni une servante commune aux locataires — où chacun vit à son étage, — devant celles-là, il faut faire un stage, prendre sa tête dans ses mains et se gratter le crâne, réfléchir et méditer. Car, au lieu des deux sonnettes de tout à l'heure — l'une pour les gens bien, l'autre pour les gens de rien — il y a toute une échelle de boutons. Quel est le bon ? Malheur à vous si vous tirez le n° 1, quand c'est au n° 2 qu'il fallait se suspendre ! Vous avez dérangé une famille ; si elle était en train de prendre son thé, c'est une haine pour la vie, peut-être une boxe tout de go.

Ah ! qu'on me ramène aux concierges !

Ils ont leurs torts, ils commettent des crimes, mais ils sont au bout d'une allée ouverte ; j'ai, au moins, chance d'être renseigné par eux et de savoir où je vais, si c'est de plain pied ou sous les toits, si l'ami est là, s'il est sorti, s'il a déménagé ou s'il est mort. Ici, rien !

Mais admettons que nous soyons entrés.

Entrés, — nous le sommes à peine. Il est si rare qu'on vous introduise dans une pièce et qu'on désigne un fauteuil ou qu'on tende une chaise ! On vous laisse vous morfondre dans le couloir sinistre, entre le porte-manteau, gibet des pardessus, et l'*umbrella-stand*, où les riflards pleurent de tristesse.

Si vous avez l'air d'un Parisien, vous attendrez un siècle.

On vous abandonne là, près des habits, ainsi qu'un cadavre à la Morgue. — L'Anglais viendra quand il aura fini ses affaires ou qu'il croira avoir assez blessé l'étranger ; il ne vous fera même pas la politesse menteuse d'une excuse.

Ils mettent leur fierté, je vous l'assure, à n'avoir pas de courtoisie — ils la confondent, dans leur brutalisme, avec la servilité — moins les cosmopolites qui se sont frottés à la France, y ont vécu. Mais c'est le fond de la nation que nous voulons étudier, et non pas ceux qui nous copient, tout en nous méprisant, et qui nous prêtent des tas de vices après nous avoir emprunté des tas de vertus !

Procédons par ordre, avec l'impartialité de celui qui constate, du commissaire priseur qui fait toc toc sur les armoires et les placards, sans se plaindre de la poussière ou des punaises.

En bas, ce qu'on nomme un parloir : une grande salle sur le devant, une cellule sur le derrière.

Sont-ce les pièces de réception ?

— Monsieur Smith, c'est le salon ?

— Oui, fait M. Smith, dont les favoris se tordent d'orgueil.

Ah ! c'est le salon ?

Un store, qui est jaune comme leur rire, ou blanc comme leur linge un peu gris. C'est triste à voir, cette loque qui pend, d'un seul morceau, et qui met une taie sur les yeux de la maison, un emplâtre froid sur la fenêtre.

Le store est quelquefois relevé à moitié, et l'on voit alors, de la rue, le dos d'une chaise, une jardinière de dix francs ou bien, sur une console, un bouquet en papier couvert d'un globe, semblable aux touffes d'oranger que mettaient sous cloche les bourgeoises de Paul de Kock et aux ornements de pacotille qui déshonorent les cheminées des garnis. Les huppés ont un petit aquarium.

Contre les murs, quelques sièges perdus — au milieu, une table couverte d'un lambeau d'étoffe poudreuse, terne, vert sale ou rose pisseux.

Dans ce sanctuaire de famille, rien qui rappelle la vraie vie de famille, la fête de l'enfant ou de l'aïeule, un bonheur de jadis, un plaisir de hasard, un achat dans une foire, une cueillette dans un bazar, une visite à la boutique à treize, — à défaut d'un voyage chez Barbedienne.

Pas d'étagère avec des brimborions et des luisants, pas une seule inutilité charmante.

Si, pourtant. Il y a le fermoir de la Bible et sa marge rouge avec une croix de vieil os sur velours flétri ; c'est là comme une tête de mort ou un livre de prières pour les agonisants.

Quelquefois un antique clavecin.

Ce serait affreux de tristesse si ce n'était pauvre, chétif, minable ; on aurait envie de pleurer si l'on n'avait pas envie de rire.

Le confortable anglais !

Remarquez que les fauteuils, les chaises, le canapé éventré, s'il y en a un, ne sont pas seulement coupables de vieillesse ou de vulgarité, mais ils sont moelleux comme la pierre, commodes comme un chevalet de torture. S'il y en a de bons, ils viennent de France — je comprends qu'on la déteste, cette France !

UN COIN D'INTÉRIEUR.

Le luxe consiste dans un tapis à terre. — C'est un carré de je ne sais quoi, le plus souvent malpropre, rongé, et dont la trame disparaît sous des rosaces dessinées par l'inconduite naïve d'un enfant, la fuite d'une théière ou d'un petit chien.

C'est le drapeau de leur CONFORTABLE, cette guenille clouée sur le plancher! On n'aura pas de crin sous le séant, mais on aura ce haillon sous les pieds. On prendra au derrière du fauteuil pour mettre au ventre du tapis, dût-on voir les sutures, la marque du cordon, le trou du nombril.

La cheminée est étriquée, large de trois doigts, en bois peint. Elle n'a pas le grand rebord des nôtres, où les plus pauvres peuvent mettre toute la coquetterie d'un superflu de quatre sous ou de cinq francs.

Les gens cossus, eux, ont des cheminées de marbre, vastes, trop vastes alors, sur lesquelles ils entassent des pendules. Les pendules abondent, — ils ont l'heure, l'heure exacte, — *time is money!*

Passons dans la chambre à coucher.

La chambre à coucher d'une Française, grisette ou millionnaire, fleuriste ou comédienne, faubourienne ou patricienne, qui met des serpents vivants pour bracelets, aux bals des ambassades, ou qui noue son mouchoir autour de sa taille pour danser à Montmartre (*En avant-deux les quat'z'autres! Balancez vos créatures!*), c'est un coin où toujours quelque chose brille et fleurit, turquoise de Beaucaire sinon topaze du Cap, gardenia qui grelotte dans du cristal de roche ou violette qui tiédit à la gueule d'un gros verre.

On y trouve une image, un médaillon, un coffret de coquilles, quelques brins d'ivoire, un magot qui tire la langue, un lapin qui remue la tête, des rideaux aussi blancs que la neige et une courtepointe sur laquelle grimpent, tout le long, des marguerites ou des roses peintes. L'ensemble vaut un louis — moins peut-être, si on le revendait en un jour de misère, — mais il ne rôde pas pour un louis de *riens* dans la chambre à coucher d'une élégante Anglaise.

Il n'y a pas non plus, dans les ménages, la richesse de la grande armoire, l'héritage plié sur les rayons de chêne, les douzaines de draps et de nappes qui sont la fortune des plus simples et l'honneur même des paysannes dans les plus modestes maisons de France.

Ils n'ont pas le culte de la toile, le respect des saintes lessives, la religion des pyramides bâties par les mains couturées des aïeules et qui racontent tout un passé de travail. Quand elles s'écroulent, c'est qu'il est arrivé un malheur!

Pas de linge, pas de meubles.

J'ai couché dans des bivouacs, j'ai ronflé dans des postes, j'ai eu la borne pour oreiller, avec le bourdonnement des obus en guise de mouches — mais c'était la guerre !

En Angleterre, voilà longtemps, ce me semble, qu'on ne s'est pas battu ; alors pourquoi le lit anglais est-il aussi dur qu'une couchette de hasard sur les pavés en tas ou les fusils en croix ?

Dur comme les canapés, les fauteuils, les chaises ; triste comme le store !

On ne peut y rêver, enfoncé dans la plume, les matelas sont en fer ; on ne peut s'y cacher entre les flots de tulle ou de damas.

Il n'a jamais d'édredon à robe soyeuse, ni de baldaquin à fines guipures ; il est là cynique, tout nu, la tête au mur, les pattes en avant, sans rien qui l'enjolive et qui le voile.

Le confortable anglais !

Pour meubles de toilette un lavabo pesant, immaniable, perché sur une sorte de trépied, comme un hydropique sur ses jambes grêles.

Il n'y a pas de tables de nuit ! *Il n'y en a pas !*

Oh ! je sais bien que l'on criera au mensonge ! Le rôle de l'observateur a ses périls et les masses veulent, avant tout, de la bonne foi. — On dira que je calomnie gratuitement un peuple, que je prends une revanche déloyale de Waterloo....

On dira ce qu'on voudra.

Je crois de mon devoir d'avertir mes contemporains, je les avertis. *Il n'y a pas de tables de nuit.*

Soit ; c'est une révolution : j'en suis.

Moi, proscrit, je me range cette fois du côté des proscripteurs, et j'applaudis à l'exil de ce réceptacle indécent.

Eh bien ! voilez-vous la face !

Là-bas, énorme, pansue, voyez-vous resplendir au ras du sol la lune de faïence, Phœbé consolatrice qui, chez nous, ne déserte pas l'autel avant la nuit profonde et attend que tout se taise pour écouter Endymion, mais qui là-bas, commère impudique, dont la bedaine luit à toute heure et pour tout le monde, tend ses joues, non pas seulement aux familiers, mais au visiteur inconnu que ce *pst !* déconcerte — et émeut.

Ils ont supprimé le tabernacle, mais offert le calice à la perpétuelle adoration des fidèles. Qu'on nous rende le tabernacle !

Notez en outre que les maisons — non pas celles où l'on travaille, qui sont des forteresses d'affaires, mais celles où l'on vit, qui sont l'oasis du soir, — notez que ces maisons branlent au vent comme des châteaux de cartes, ont des murs de papier mâché. L'épaisseur des cloisons est un mythe ; d'une chambre à l'autre on s'entend causer, murmurer, *réfléchir.*

Joies du *home*, triomphe du bien-être, terre du confortable !

On ne peut même pas conter ses malheurs ou ses désirs, embrasser sa femme ou la battre — on est à la merci de toutes les oreilles.

Pour la mangeaille, on est à la merci de tous les yeux. Il n'y a qu'une cuisine pour tout l'immeuble, quelquefois deux, mais alors la seconde touche à la première. C'est en bas, tout en bas, dans le sous-sol, que doivent se rendre, pour y cuire, les roastbeefs de tous les locataires.

Il n'existe pas, en Angleterre, le logis de chez nous, qui, à chaque palier, a son bout de fourneau et sa petite salle à manger, avec le foyer qui flambe ou le poêle de faïence qui ronfle.

La Française n'a pas besoin de faire un voyage, chaque fois, pour aller préparer le dîner de l'homme et des gamins ; on n'est pas tenu à dégringoler les escaliers, à plonger dans le noir, à avoir froid quand on descend, froid quand on remonte — supplice bête qu'il faut accepter ici, à moins de se résigner à empester et à salir un appartement qui n'offre pas d'abri pour y fourbir les casseroles ou y surveiller le pot-au-feu.

Piteuse alternative : transformer en cuisine, à chaque repas, un morceau de son logement, ou accepter la promiscuité de l'officine commune où l'on se dispute les marmites, où chacun tire à soi le couvercle, où l'on met sa vie à nu devant des ménagères jalouses, criardes, qui voudraient, les unes étaler leur richesse, les autres cacher leur misère, où le lard a honte de se frotter au rumsteak, où le saumon s'empresse d'humilier le hareng.

Il faudrait avoir sa maison à soi et la garder pour soi seul ; mais ce serait compter sans la vanité anglaise.

On a bien le bail et l'on est *landlord*, on l'écrit à ses parents, on s'en vante devant ses amis, et le Directory (Bottin de Londres) vous inscrit à la colonne des *house-holders*. Mais, pour payer ce loyer, on est forcé de prendre des sous-locataires que l'on couche et que l'on nourrit, à qui l'on vend du jambon le matin, du jambon le soir.

Que sont donc devenus l'orgueil anglais et la liberté farouche ?

Il s'agit de faire les lits et de cirer les bottes.

Pour sauver son indépendance, on s'est fait aubergiste ; on l'est peu ou prou, mais on ne garde pas son foyer isolé et calme. D'autres viennent s'y chauffer les pieds, y porter leurs ridicules, y traîner leur ennui

Admettons un instant que l'on soit assez à l'aise pour demeurer seul et n'être point devenu hôtelier.

Vous voilà, vous Français, venu ici par hasard, qui n'êtes ni pauvre, ni riche, plutôt riche que pauvre, installé dans la maison anglaise. Vous pouvez la remplir comme il vous convient, mettre des tentures à votre couche et à votre fenêtre — faire l'excentrique : avoir une table de nuit — jouer au sybarite : acheter un traversin de laine et un édredon de plume... si vous en trouvez — vous allez vivre à la mode de la patrie.

Vous croyez?

Mais non, les Anglais ne le permettent pas, le pays le défend!

Ils ne veulent point qu'il y ait un coin où l'on puisse se venger du brouillard, lutter contre le spleen, oublier leurs déguenillés, en causant autour d'une table à nappe blanche, dans un intérieur propre comme un sou et rembourré comme un nid.

On dirait qu'ils redoutent tous les matins l'invasion, et que la pensée de Napoléon — le débarquement sur les côtes — les poursuit toujours. Dans cette crainte, ils ont pétri leur vaisselle et bâti leurs fourneaux de façon à épouvanter les Français!

Nous arrivons, avec nos provisions, dans leurs cuisines, ainsi que des artilleurs viendraient au canon avec des munitions qui ne seraient pas de calibre. Il y a de ces trahisons en campagne quelquefois. Ici, en temps de paix, la trahison est éternelle!

IL N'Y A PAS DE CASSEROLES.

Pas de tables de nuit en haut, pas de casseroles en bas!

Il y en aurait, que leurs fourneaux ricaneraient encore — de leur gueule de fonte

— à notre nez ; ils ne veulent cuire que le roastbeef national. Haine aux ragoûts ! Malheur aux sauces !

On est condamné, sauf appel au pays natal, sauf achat d'appareils parisiens dont le cuivre vaut de l'or, on est condamné à leur cuisine infâme !

Et qu'en dire, alors, de cette cuisine ! — bête et froide, triste et grossière — faite pour désespérer, à chaque repas, non pas seulement le palais, mais les yeux, non pas seulement l'estomac, mais le cœur !

Le calvaire de la cuisine anglaise est parsemé de stations devant lesquelles le goût français ne peut que verser des larmes et étouffer des sanglots.

Qu'ils ne parlent donc plus de leur CONFORTABLE : c'est insulter les matelas de crin, les draps de toile, les murs de pierres, les tables de nuit, les rideaux de lit — la pudeur, le linge et l'amour !

CHRISTMAS

PETIT VENDEUR DE HOUX.

Noël! Noël! voici le Rédempteur!

Je vois encore la cathédrale de ma petite ville pleine de paysans à grands chapeaux et de paysannes à grandes coiffes, qui apportaient dans l'odeur de l'encens celle des étables, plus sainte, ce jour-là, que les senteurs d'église. N'est-ce pas dans une étable que la légende fait naître celui qu'elle appelle le Fils de Dieu? C'est avec du fumier que le catholicisme — habile flatteur du peuple — a doré les pieds du berceau. Il y a un bœuf, un âne, des moutons, les bêtes des champs, devant la crèche où dort le Jésus de cire — une cire qui a un peu fondu depuis Voltaire!

C'est presque une fête de la nature, à laquelle la religion romaine ajoute son luxe à demi mondain; comme si, à côté du berceau, elle voulait faire apparaître les joies du paradis, plein de musique et de lumière.

Le temple réformé est froid et nu à l'heure solennelle — (*Minuit, chrétiens*). On ne va pas enivrer sa piété de mélodie et de parfum, sous l'œil strié de rouge des grands vitraux.

En France, on part en bandes, par un ciel plaqué de noir ou criblé d'étoiles, et au retour, commencent les joies des ripailles.

Les protestants anglais ne plantent pas la bougie du réveillon dans le chandelier tout chaud de l'agonie des cierges.

Leur Christmas n'en a pas moins la gaieté d'une noce et l'éclat d'une cérémonie.

C'est d'abord la fête des enfants — à Londres aussi bien qu'à Paris, — et l'Angleterre, qui a tant de défauts, les rachète tous d'un coup, à mes yeux, par son respect de la liberté et de la gaieté de l'enfance.

Au jour de Noël, la *respectability* et le *cant* abdiquent devant la souveraineté des marmots, avec une belle humeur et une bonne grâce qu'on ne soupçonnerait pas chez ces mamans qui ont l'air si insignifiant et si froid, chez ces papas qui aiment tant à avoir le menton scié par leur col, les dents crispées, l'air grave; — les dauphins sont rois!

Les Anglais aiment la marmaille — petits garçons, petites filles — à la bonne manière; on les laisse jouer, crier, s'empiffrer, se battre : tant pis pour eux! On ne leur fait pas la leçon et on ne les gronde pas — dans leur intérêt — comme en France.

LES IMAGES DE CHRISTMAS.

Race charmante, cette race de moutards élevés sans entraves, depuis le berceau, où nul n'est emmaillotté, jusqu'au *school-room*, où l'on reste si peu, qui a toujours la porte ou la fenêtre ouverte pour laisser s'envoler leur jeunesse. Ils sont gracieux d'allure, francs de geste, ouverts, hardis : — la liberté les fait ainsi! Les fillettes sont aussi diables que les garçonnets, et l'on n'en voit pas qui jouent à la *grande dame*. Jusqu'à quinze, seize, dix-huit ans, elles sont enfants, étourdies et vives, rieuses et ravissantes. Il y en a qu'on pourrait marier, mais qu'on ne peut empêcher de monter sur les tables ou de grimper aux arbres.

Quelle fête autour des cadeaux de Christmas, devant les belles gravures et sous le dangereux *mistletoe!*

Le noir de la vie anglaise, l'inconfortable douloureux ont disparu pour tout le temps de la Noël joyeuse.

On a collé des images, jeté du bleu, semé du rose; et l'aspect minable qui caractérise les intérieurs bourgeois — là même où l'on a dix mille francs de rente, — cet aspect s'efface; il pleut des couleurs et des bouquets; sur les canapés durs, sur les tables à tapis râpés, sur les commodes de bois blanc, il traîne des paillettes de gourmandise et des étincelles d'or. *Merry England!* Oui, *Merry England!*

Où trônaient hier la tristesse vraie et la gaieté fausse, règnent aujourd'hui le tapage et l'abandon, *bon teint*, avec des redondances et des explosions de bonheur.

Il n'y a pas que les enfants qui aient des images, ce jour-là! Depuis bien longtemps fleurit une littérature, dite la littérature de Christmas, qui jette, comme un cadeau dans les familles, un livre à sensation.

C'est un éditeur aventureux qui, un matin, eut l'idée de publier ce qu'on appelle aujourd'hui *Christmas Number*, — un numéro de Noël, — et le succès répondit si bien à la tentative, qu'aujourd'hui les recueils périodiques qui ont un nom publient tous, ou presque tous, une nouvelle burlesque ou touchante, écrite dans le ton de la maison, et qu'on savoure dans le silence, après que les enfants ont beaucoup sauté et beaucoup crié, qu'ils se reposent ou qu'ils sont loin — les demoiselles près de leurs mères, madame près de monsieur.

CRIEURS DE JOURNAUX.

La couverture est bariolée, tachetée de vert, d'indigo, piquée d'or, lamée d'argent; on a songé d'abord à attirer les yeux, à se faire remarquer dans le cadre des affiches, aux devantures de boutiques, ou sur les murs.

Le titre fait la roue en paon qui étale sa queue, et il y a une gravure significative, caricature ou médaillon, tête de gnôme ou de jeune fille, masque de clown ou face de baby, qui surgit à travers la porte ou se met à la fenêtre et sourit au passant; l'humour pétille, comme un feu de sarment tisonné à coups de crayon et à coups de plume.

Le crayon s'y brûle le bec, la plume s'y roussit la barbe; car cette littérature prend les revenants par le pan du linceul et se plaît à hanter les endroits déserts où glissent les lanternes sourdes, où zigzaguent les éclairs; il y a des bruits de grelots ou de tonnerre dans le fond... On voit, tout au moins, des cavernes de fées, peuplées de génies qui ont des diamants partout — comme des verrues ou des cors aux pieds — et qui battent des ailes dans une apothéose.

15

C'est Dickens qui a mis ce fantastique à la mode, et quelques-uns ont, après lui, dans ces journaux de fête, laissé tomber des gouttes d'encre fines autant que des perles, tièdes autant que des larmes.

J'ai feuilleté plus d'une histoire où l'on n'entendait pas le vol des esprits, mais le battement des cœurs. Devant la lampe mourante, on lisait le conte avec un frémissement doux; il y avait à rire et à pleurer.

Mais le *Christmas Number* de tout le monde, celui que tous regardent, qu'on cherche derrière toutes les vitrines et qu'on rencontre sur toutes les tables, ce *Christmas Number*-là sort de la maison du *Graphic* où de l'*Illustrated London News*.

C'est le numéro de l'étranger aussi bien que celui de l'Anglais. Le dessin parle aux yeux bridés du Chinois, comme aux yeux en amande du Catalan. Aussi traverse-t-il les mers et va-t-il au bout de l'Europe, au bout du monde!

Le *Graphic* a fait plus : il a voulu que son envoi de Noël parût en Amérique le jour de Christmas même. Affaire d'orgueil, direz-vous — génie de commerçant, répondrai-je. L'administration vend son numéro original, vierge encore, et l'on assure que les frais énormes que nécessite ce tour de force sont déjà couverts par cette opération au delà de l'Océan.

Quant à ceux qui ne regardent pas l'image et ne se soucient pas du roman, ils n'ont qu'à se tourner du côté des porcs, des dindes, des moutons, des bœufs. Cela grogne, coincoine, bêle, mugit aux portes de la ville! Il en arrive par milliers; le sang va couler à torrent sous le coutelas des bouchers et jicler dans la rigole du boudin.

Effrayante, la statistique des hécatombes!

Je ne vois que des oies jaunes sur la roche Tarpéienne des étalages; on dirait des ventres de gens malades, et les becs ont l'air de vieux bouts de flageolet. Je suis tourmenté par des souvenirs de croupions en l'air qui ressemblent à des bouches faisant la moue.

Aussi vénérables que la tête de saint Jean dans le plat de Salomé, des têtes de veaux bleuâtres regardent passer les faméliques, l'œil morne, avec du persil dans les narines et un citron aux dents, comme un mauvais rire.

Partout des colis de mangeailles qu'on traîne par les intestins, les oreilles, le cou, la queue...

Le repas de Christmas! — Il y a des plats de fondation, le *pudding* célèbre, le *mince-pie* moins connu.

APRÈS LE PUDDING.

C'est de l'honnêteté mise au four, la sollicitude de la mère penchée, avec des airs de statue antique, sur le plat qui cuit. Une mère qui *rate* un pudding descend, quoi qu'on en dise, dans l'amour de ses enfants; le respect subsiste, mais l'admiration s'envole. En revanche, celle qui sait garder au *mince-pie* son caractère presque sacré, celle-là prend un empire qu'on ne renverse point. Les gendres mêmes s'y soumettent.

Pour faire fondre ces loupes de graisse, pour faire glisser ces lots de viande, il faudra boire.

On boira!

Les public-houses ont leur père Christmas bon enfant et leur mère Grégoire bonne fille qui, le verre en main, appellent le buveur à travers la vitre. C'est une image à couleurs bavardes rappelant celle du remplaçant qui buvait la bière de mars — vous en souvenez-vous?

A côté traîne encore l'écriteau jaune collé il y a six mois et qui porte en grosses lettres noires : *Notre Club de Noël est ouvert.*

Voici ce que cela veut dire :

Les pauvres ne sont pas sûrs d'avoir, tout d'un coup, ce qu'il faut pour la gaieté du grand jour : les besoins ou la soif de chaque soir dévoreront les sous à mesure qu'ils arriveront. Mais le maître du cabaret est là ; et il recevra pièce par pièce, penny par penny, de quoi faire un fonds, pour bâfrer à en éclater, pour se saoûler à en crever, la nuit de Christmas.

Assurance pour l'indigestion et l'ivrognerie !

Il y a, disons-le, en dehors des pochards, de braves gens qui prennent leurs précautions par misère. Laissez-les passer, et qu'ils aillent porter à cette caisse d'épargne pour quelques centimes de joie à venir ! On décrottera une carcasse d'oie et les petits s'en pourlécheront les babines comme des fils de lords.

Passez, Jack ! Passez, Nelly !

On n'a pas oublié ceux du *workhouse*, les orphelins, les vieux, ceux qui vont souffrir, ceux qui vont mourir. Par la voix des journaux, on demande pour eux un bon dîner, du pudding, des oranges... J'espère qu'on ne leur fera pas sentir trop durement cette charité.

Mais voici que l'on prépare les fourches fleuries du *misletoe ;* le mistletoe aux baies rouges, sous lequel on embrasse toutes celles qui passent, — tant pis, tant mieux ! C'est charmant comme une légende slave et coquin comme une idée de France.

BOXING-DAY

La veille, c'était le recueillement devant le Crucifié maigre et le dindon gras, l'apoplexie sainte et l'indigestion profane.

On s'était enfermé dans la cuisine ou le *dining-room*, et il y avait eu des duels terribles entre les choses cuites et les êtres vivants. Depuis des mois, on s'était préparé à cette bataille.

Ce qui a été mangé et bu pendant ces vingt-quatre heures, nul ne saurait le dire! L'Angleterre met sa gloire à se bourrer et n'a pas honte de sa goinfrerie. Elle ne ressemble point au Spartiate, qui cachait le renard lui mordant les entrailles.

Je viens de traverser les rues où cette populace a rôdé au sortir de table, pour se sentir au front un peu de fraîcheur, vent, neige ou pluie. Elle n'a pas été Spartiate, — oh! non! — et l'eau du ciel n'a pas suffi à laver ses souillures.

Il ne peut en être autrement dans un pays triste, et le jour où des barbares, des nègres ou des pauvres s'évadent de l'esclavage ou de la détresse pour se ruer en pleine liberté, pour avaler de la chair qui se mâche ou du feu qui se boit, ce jour-là, c'est le branle-bas; les estomacs sautent comme des saintes-barbes — et même, il coule du sang le long des verres; il y a des étoiles rouges dans le fumier de cette étable où la Raison morte a remplacé le Dieu vivant.

A tous les coins, des femmes arrachent leur toque de paille noire piquée d'un ruban fané (il en tombe parfois un chignon de crin) et retroussent leurs manches en criant.

Elles demandent un *fight*. — Allons! une tournée d'égratignures ou d'étranglade! — Elles ont la peau verdâtre, le regard blanc comme un cul de fiole ou une goutte de gin.

Les hommes, de leur côté, débraillés et décoiffés (quand un Anglais n'a plus son chapeau, c'est qu'il n'a plus sa tête), se démènent, comme des fous, entre les bras des amis qui veulent les retenir, mais en vain, quoique les prenant aux cheveux et leur tordant un peu les membres. La force de résistance contre la douleur est une des vertus de l'Anglais.

Il trouve même une joie sauvage aux mêlées aveugles, aux poussées terribles. Une caboche d'*Englishman* peut supporter des coups de poing, gonfler, saigner, et rester, malgré tout, menaçante, garder un branlement de défi. L'ivresse exagère encore cette vigueur et affole cette bizarre fierté.

Mais il n'est pas besoin des spiritueux pour que son goût de la violence, son mépris des horions, son amour de l'*écrasement* éclate en un jour de liesse.

Au Boxing-Day, les policemen ont pour mot d'ordre de ne se faire ni les argus ni les bourreaux de la gaieté publique, de n'arriver que dans les cas suprêmes et de laisser à chacun la responsabilité du voisinage choisi. — Si l'on doit se cogner, de ce côté, que ceux qui craignent les coups s'en aillent, que ceux qui les aiment courent les chances des nez en compote et des mâchoires en bouillie !

Ces licences-là mènent à mal quelques brutes, mais mènent à bien une nation qui y gagne un fond d'hommes résistants et durs.

Si les policemen n'apparaissent pas dans le débat quand il n'y a que des trognes en danger, ils interviennent, en revanche, avec une énergie terrible, quand ils y sont contraints par l'appel d'un faible ou le remous de la foule. Si c'est contre eux que l'ivrognerie *moutonne*, ils attaquent le flot, tête basse, comme on tirerait un coup de canon contre une vague ; ils font une besogne de bélier, sans merci, sans pitié !

Gare à l'innocent ou au curieux ! Malheur aux faibles !

En ces heures de saoûlerie féroce, l'Anglais brutal ne se fâche pas de la brutalité ; on lui laisse la liberté de ses vices, il comprend que la loi ait droit de défense et ne regarde pas si la pesée est fausse — même si les poids écrasent un homme, quand la police remue la balance.

PANTOMIME.

Mais allons plutôt du côté où ils s'amusent. Les christy-minstrels encombrent les rues, et leur habit de polichinelle se trémousse derrière la rédingotte sévère des révérends mêlés à la foule. Le *Boxing-Day* est le jour des *pantomimes*, et la pantomime est un des spectacles favoris de l'Angleterre. Je sais pourquoi.

Le clown représente l'ironie ou la force. L'Angleterre est tout entière là-dedans. Elle est ironique à la façon des dédaigneux, et elle adore la force, parce que c'est le succès.

Son pitre est un farceur, qui vole comme un faiseur de la Cité, et passe à travers les trappes, comme un *business man* à travers la loi. Il est adroit et vigoureux, il ne respecte rien que la proie qu'il dérobe ; il court, saute, rampe et bondit : il se moque des sots et il roule les faibles.

Les Anglais rient quand ils voient un homme volé parce qu'il est niais, et rossé, parce qu'il est lâche. Ce n'est pas amour de l'indélicatesse, éloge du filou, excuse du vol, — c'est mépris de la sottise et de la faiblesse.

Le clown est un coquin, mais point un imbécile, et il fouaille l'imbécillité à tour de bras ; il la marque d'un fer rouge — au derrière — avec son *poker* justicier comme un pal.

Il ne faut pas se laisser *refaire*, point se laisser battre. Ce pître-là, c'est le *Væ victis*, avec le rire aux lèvres, le fouet au poing ; serpent à la peau gaie bariolée de

LES CHRISTY-MINSTRELS.

rouge, zébrée de bleu. Un animal habile — un peu hypocrite aussi, cela ne peut déplaire à la perfide Albion.

Puis le **ton** *criard* des costumes, l'étincellement des paillettes, la crudité de la lumière que verse l'électricité sont des coups de couleur donnés aussi furieusement que des coups de couteau.

C'est une revanche contre la fatalité grise, contre le climat noir ! Enfin, on chérit l'or, comme à Carthage : il y en a des bribes cousues partout sur les habits et sur les décors.

La pantomime d'Angleterre est devenue, à vrai dire, la féerie classique de notre pays.

La farce funambulesque s'appelle l'arlequinade et est jouée à la fin. Rien n'y manque : les petits cris, l'ahurissement, l'hébètement, les tartines léchées, le gigot volé, la table qui marche, les planches cassées sur le crâne ou sur les reins.

C'est Drury-Lane et Covent-Garden qui sont toujours, le soir du *Boxing-Day*, les champs de bataille de la pièce à grand éclat.

Il faut voir la salle, ce jour-là !

C'est plein jusqu'aux combles, — le paradis surtout a la parole, et l'on se jette à la tête des écorces d'orange et des épluchures d'argot. Le parterre répond comme il peut à cette fusillade de gros sel.

Le balcon, lui, reçoit une pluie de journaux, canards à l'aile cassée, qui planent, volent et s'abattent gras parfois comme s'ils étaient rôtis, et faisant peur aux toilettes des dames...

C'est le soir du peuple, l'heure de la foule ! On le savait. — *Fallait pas qu'y aille !*

A Londres aussi, il y a des refrains populaires comme le « Fallait pas qu'y aille », et qu'on entonne à pleine voix, au *Boxing-Day*, avant le lever du rideau — le chef des chœurs a souvent les jambes pendantes en dehors du paradis, et il marque la mesure avec une bouteille vide.

Quand l'orchestre arrive, tumulte et clameurs. On l'interpelle, on le somme, il faut qu'il joue l'air national qui répond aux idées du jour ou à l'éternel orgueil. — Et les chauts formidables de la multitude accompagnent les musiciens, ainsi que jadis, dans les tragédies grecques, parlait le chœur antique.

Écoutez, écoutez ! — Un cri jaillit du parterre et du paradis !

— *Hot codlings ! Hot codlings !!!*

Une traînée de poudre.

Cela veut dire : *Pommes cuites !*

— *Hot codlings*, Charlie, *Hot codlings ! my boy !* — Pommes cuites, pommes cuites !

Hot codlings ! sur l'air des lampions. — *Hot codlings ! Hot codlings !*

Écoutez :

> Il y avait une vieille femme,
> Elle gagnait sa vie
> En vendant des pommes cuites
> Bien chaudes, bien chaudes, bien chaudes!
> Les pommes étaient très chaudes,
> Le temps était très froid.
> Elle ne croit pas faire mal,
> — Contre le frisson et la famine, —
> De prendre une goutte de.....
> *(Au paradis et au parterre.)*
> Gin ! gin ! gin ! gin !
> *(Le clown)*
> Ri-fol-tiddy-iddy iddy-iddy
> Ri-fol-tiddy-iddy-ri-fol-lol...

CATTLE-SHOW

Tout Londres remonte à Islington. Les omnibus changent de route pour aboutir au *Cattle-Show*.

CATTLE-SHOW.

On voit ces deux mots écrits en gros caractères sur tous les murs. Un bœuf énorme, au dos droit comme une crête de toit, se carre au milieu de l'affiche.

Cattle-Show veut dire : exposition du bétail. Les jurés couronnent la graisse, les bouchers l'achètent; et dans les carcasses ouvertes on va pendre des guirlandes de fleurs, on fera des boutonnières au poitrail pour y passer des marguerites de papier, on chatouillera les côtes avec la tige d'une rose, on nouera à la queue froide une cocarde, comme un ruban à la natte d'une miss.

Cattle-Show signifie, surtout pour les provinciaux, quatre ou cinq jours de bombance et de gala. On vide la cagnotte, et l'on vient en bandes voir les curiosités de la capitale...

Il y a des trains de plaisir sur toutes les lignes. Les restaurants apprêtent leurs plus gros puddings, les *public-houses* renouvellent la bière des caves, et les filles retirent du mont-de-piété leur chapeau à chou rouge, leur jupe verte, leur caraco bordé de lapin.

Elles font la haie sur la chaussée d'Islington depuis le coin de l'Angel jusqu'à

Agricultural Hall, et les célibataires ou les maris qui s'échappent viennent là voir fondre — sous la pluie dans la rue, ou à la buée des haleines devant le bar — le fard que ces malheureuses ont plaqué sur leurs joues fanées.

Mais on ne pense pas à être triste, dans cette espèce de foire aux catins voisine de la foire aux bêtes.

Avec la marque de Bass pour triangle, la franc-maçonnerie de l'ivresse égalise les insouciances aux jours du *Cattle-Show;* et de bon cœur, les lèvres humides, la Province mâle lutine le Londres femelle; le paysan riche lance son or de tous côtés,

EN ROUTE.

sur l'étain des comptoirs, dans la boue des gaietés violentes, avec la vanité lourde des parvenus et des dégrossis qui ont ramassé leurs rentes dans le fumier.

Pour ne pas paraître rustauds, tous ces campagnards et ces visiteurs font les diables, gigotent et beuglent.

L'Angleterre des champs, en rupture de village, jette au nez des Londoniens la largeur de son gros rire qui m'a fait plaisir, quand, arrivant des quartiers solennels et guindés, j'ai débarqué dans ce milieu plein de lueurs aveuglantes et de bruits barbares.

Des jets de gaz, comme s'il pleuvait du feu.

Sur les charrettes ambulantes qui portent du poisson, des fruits, des verroteries, de la faïence ou de la ferraille, les lampes de naphte agitent des panaches de flammes. Des cris de camelots, la parade des saltimbanques — on se croirait presque à Paris !

Mais non, tenez, voici le *horse-play* qui passe...

Ils se sont mis une vingtaine, le n° 2 posant les bras sur les épaules du n° 1, le n° 3 faisant de même au n° 2, ainsi de suite jusqu'au dernier ; et ce bélier humain entre dans la foule, trouant en face, écrasant sur les côtés.

Broyer les enfants et les femmes en route, jolie joie ! charmant plaisir ! Puis on boxe dans un coin ! Il y a un œil qui pend et un nez qui gonfle — l'assistance jubile.

J'entre dans Agricultural Hall. C'est immense et tout incendié de lumière.

Pauvres bœufs qui, au lieu de l'air vif des prés, respirent cet air surchauffé et malsain ! On en voit qui soufflent et halètent, comme des agonisants. Colosses qui étouffez dans le cuir de vos robes, je n'ose vous regarder couchés sur ce foin sec, les yeux morts et sans rêves !.....

A CATTLE-SHOW.

Et ces machines !

Adossées au mur ou traînant sur les galeries, elles ont l'air de disloqués énormes, que le Barnum d'un cirque de monstres a jetés là et qui attendent pour se dénouer que la foule ait crié : Assez, assez ! — C'est de l'huile et de la braise, le grand espace aussi et l'immense horizon, qu'il faut pour que ces leviers et ces bras de métal se relèvent, s'abattent et fendent le vent, coupent la terre, scient le brouillard ou la moisson !... Les gens du métier, seuls, peuvent juger de la vie de ces géants de métal en sommeil, de même que les vendeurs de viande, seuls, peuvent, en passant leurs mains dans le poil ou la laine, dire le prix et deviner le triomphe de ces phénomènes à quatre pattes, qui traînent leur embonpoint comme un squirre.

Mes yeux se détournent et vont de la bête au berger.

Il porte une grande blouse blanche, mi-pèlerine, mi-manteau, — moitié roulier et moitié vacher — un peu grisâtre et rappelant le vêtement breton.

Il paraît moins intelligent que l'animal qu'il garde; mais aussi il est moins bien soigné et moins bien nourri!

Le laboureur anglais, l'homme de campagne!

La grève commandée par Arch nous a révélé ce qu'était le sort de ces êtres qui vivent entre la soue à cochons et l'étable à génisses. Pas de pain à manger. Quelques schellings par semaine pour tout salaire..... et pour se suffire à huit ou dix souvent — on feuillette la Mère Gigogne, on ne lit pas Malthus sur les oreillers de hameaux.

A côté de ces moutons qui étouffent, de ces bœufs qui halètent, il fallait exposer les paysans hâves, abrutis ou décharnés pliant sous le joug, — comme leurs traîneurs de charrues.

Ce qu'un pays libre peut contenir de détresse humaine à côté de ce que le bétail peut soutenir de graisse! — c'eût été un pendant joyeux, et je suis sûr qu'il y aurait un tas de gens qui auraient bien ri!

A CATTLE-SHOW.

LES DOCKS

Quatre cent cinquante acres de superficie, des bassins pour douze cents navires, des magasins pour cinq cent trente mille tonnes de marchandises — voilà ce que représentent les docks de Londres sur la rive gauche du fleuve.

Pauvre rive gauche de la Seine, comme elle fait pitié avec ses méchants bateaux, transporteurs de cornes et de pommes, quand on la compare au père Tamise!

De l'autre côté de la rivière triste, s'allonge encore toute la file de vaisseaux empilés dans les *Surrey*, les *Commercial* et les *East Country Docks*. Encore des richesses innombrables dans des coques de bois et de fer.

Mais c'est vers les bassins voisins de la Tour et voisins de la Monnaie qu'il vaut mieux tourner les yeux si l'on veut voir éparpillées les entrailles du monde, et entendre grogner les entrailles de Londres. Là viennent se placer en rang d'oignons, chaque matin, tous les spécimens de la désolation et de la famine, tous les échantillons de la faune humaine qui rôde, le jour, la nuit, dans les antres de la ville noire, qui rôde sans mugir!

Terribles à voir, roulés dans leurs guenilles et adossés contre les murs, ces silencieux à qui il ne sert à rien d'être des mâles, qui n'ont jamais tenu une guinée à eux, bien à eux, dans leurs mains, et qui promènent leur cadavre entre le *Mint* où l'or ruisselle, et ces docks qui s'appellent du nom de la sainte qui ne veut pas d'hommes, Sainte-Catherine, — ceux qui rôdent dans son voisinage sont si laids et si décharnés!

Ou a écrit des dithyrambes en l'honneur de ces entrepôts qui, dit-on, font penser à Sidon et à Tyr. Ils me font songer, moi, aux grandes famines de l'antiquité, aux sièges affreux, aux lendemains des déroutes jonchées de blessés, sur la poitrine desquels passent les chariots ou les canons, sans qu'ils jettent un cri, parce qu'ils sont épuisés et las de se plaindre ; à quoi bon !

Je suis entré dans ces docks prêt à l'admiration, sur la foi des autres ; j'en suis sorti éreinté, des souvenirs mornes dans l'œil et comme de la colère dans le cœur !

Je n'ai pas plus l'amour des vaisseaux au repos que des énergies humaines en sommeil. Un navire qui croupit dans le port m'attriste comme le déchargeur qui chôme et piétine dans la boue auprès d'un public-house. La forêt des mâts sans voiles est triste comme un bois de sapins sans feuilles et sans murmures ! Il faudrait là-dedans la grande musique du vent.

Et je ne sais rien de mélancolique comme les bruits lents qui flottent au-dessus de l'eau endormie : bruit de pompe ou de sabot vidant les écoutilles ; bruit de chaîne qui s'étire et qui grince, fredon d'un marin qui chante un refrain du pays, juron étouffé d'un homme de peine qui ne peut éventrer ou traîner un sac, sanglot du fleuve, soupir de l'être ! Des oiseaux pilleurs de crottin effleurent de leurs ailes les mâts contre lesquels les grands traverseurs d'océans, albatros et goëlands, ont tournoyé dans la tempête.

Cuvette de pierre, coffre de briques auxquels l'on est tenté de montrer le poing quand on a fini l'expédition.

Eh ! quoi ! voilà ce qu'ils font de leurs travailleurs, ce qu'ils demandent à leurs laborieux, ce qu'ils obtiennent des affamés !

On se croirait dans une maison centrale où les habits de geôle n'ont pas encore été déballés et livrés, où la soupe est en retard, où le choléra est venu, où le tortionnaire a passé ! Tous ces remueurs de colis ont des mines de condamnés, mis au pain et à l'eau depuis un mois, à qui l'on fait prendre l'air pour qu'ils ne meurent pas dans leur cachot.

LE DÉBARQUEMENT.

17

A travers les croisées on aperçoit la flotte débraillée et sale.

Dans les ateliers, on coudoie des hommes à l'œil éteint, au geste lâche, qui font leur besogne à regret et ne dépensent de sueur que juste ce qu'il faut pour que le contre-maître, en flairant, sente qu'ils sont là.

Jamais un entrain, une fièvre, jamais !

Ceux qui n'ont qu'à déplacer les choses n'ont pas la vitalité de ceux qui les métamorphosent ou les créent, et il faut au roulier et au charretier les hasards du chemin, le claquement du fouet, le grand air, l'amour de sa bête — avec sa part de responsabilité, le brutal, il va en avant sur les routes !

Le portefaix du dock, lui, ne fait pas plus de chemin que le cheval qui tourne, les yeux voilés. Il n'a pas un bandeau de cuir sur les prunelles, mais il a sur toute la face le masque de poix de la misère, et il fait mal à voir, ce lent, ce maigre, ce résigné !

Puis ce qu'il éventre, ce qu'il cloue, ce qu'il descend, ce qu'il monte est terne et laid comme lui, c'est la plante avec son fumier, la graine avec sa boue : les parfums, le sang et la sève du monde en cailloux et en grumeaux, liés de cordes, cerclés de fer et qu'il faudra casser ou éplucher comme on casse les pierres, comme on épluche l'étoupe au workhouse.

A L'ATELIER.

Le produit vaut l'homme comme habit ; il a dans sa camisole, sous son écorce, le même aspect que l'autre dans sa souquenille avec sa peau tendue et raidie par la faim !

La chambre d'indigo est curieuse peut-être.

On dirait des éclats du ciel dur qui coiffe Londres de son bonnet d'acier par les jours sombres. On dirait aussi une rivière de diamants noirs.

Un des ouvriers nous dit que les gens qui travaillent dans cette chambre salivent bleu.

Nous voyons une bague précieuse au doigt d'un homme vêtu d'un habit fané. C'est un riche négociant qui vient de changer sa redingote neuve contre ce paletot usé, dans une salle voisine où il retournera se décrasser et trouvera brosse, peigne et savon, quand il aura fini de tourner et de retourner, de lorgner et de mirer les morceaux d'indigo qu'il a là, devant lui, sur un plateau où vient tomber un jour ménagé exprès, — il lui faut la même franchise de lumière qu'au peintre pour fixer les nuances sur son tableau.

A côté de l'indigo, la gomme; à côté des dattes, les amandes; à côté de ceci, cela! Des chiffons dans ce coin, avec un corset d'acier pour leur tenir les côtes. Le café, le thé !

Et après?

C'est la grandeur bête de l'entassement, un cimetière de sacs, une nécropole de fruits, un Mazas de parfums et de couleurs. Les produits, d'abord prisonniers du navire, puis déshabillés, fouillés, flairés, portés enfin dans le panier à salade des intermédiaires et expédiés aux grands négriers blancs, compromettent le champ et la forêt dont ils ont l'air d'être l'ivraie et la scorie.

La fleur d'un penny que je viens d'acheter à une fillette en haillons qui l'a ramassée dans les déchets de Covent-Garden, embaume plus que tous ces aromes des îles, étouffant dans les tonneaux, se cognant dans les caisses, et le cœur de cette rose-thé

UN NÉGOCIANT.

fait, dans le noir de la chambre du dock, l'effet d'un rond de soleil dans une grande cellule.

Nous sommes seuls.

Il est une heure, les *labourers* sont descendus pour manger. Ils ont trente minutes à eux. C'est assez de temps pour boire le thé qui est dans le vieux bidon de fer, pour manger le morceau de pain fourré dans le mouchoir.

Ils peuvent, s'ils ont des *coppers* de reste, acheter un gâteau d'un sou dans cette boutique qui a l'air d'une chaire à prédicateur, et où s'est abattue, mouette aux ailes blanches, une sœur de charité qui a la permission de dresser là sa pâtisserie et son convertissoir.

C'est presque insolent, ne trouvez-vous pas, l'installation de cette religion fainéante dans cet enfer, avec cadeau de simagrées et vente de sucreries à ces avaleurs de boue, buveurs de larmes, à ces martyrs, à ces parias. Bénir leur brioche à ceux qui n'ont pas, la moitié du temps, ce maudit morceau de pain sans lequel ou meurt !

La demi-heure est passée.

Ils remontent aux ateliers. Nous en suivons un qui est employé au sucre, à la cassonade, dans la mélasse — ah ! oui ! dans la mélasse jusqu'au cou ! Il a chez lui, dit-il, quatre petits qui n'ont pas de souliers et l'attendent pour manger.

— Ce n'est pas vrai, *humbug, humbug,* nous soufflé un officier de l'entrepôt. Ne vous y laissez pas prendre, ne vous laissez pas poisser non plus !

Il nous écarte du mélassier et de son tonneau, nous allions y laisser des schellings et salir nos basques.

Essuyons nos larmes et nos semelles.

Où aller maintenant ? Où trouver sous un plafond ou une voûte quelque chose qui ne soit ni poussière ni glu ?

Franchissez ce pont — il y a, de l'autre côté, le soleil de France et le soleil d'Espagne enfermés dans des foudres d'où s'échapperont champagne et bourgogne, porto et xérès, dès qu'une piqûre aura été faite qui laissera le rayon rose, rouge ou doré, jaillir et s'éparpiller dans la tasse d'argent.

La bonne odeur des caves! le bouquet des celliers!

Mais on est vite las d'une promenade à travers les tonneaux à la panse terne; il faudrait les fioles coiffées de pourpre, enguirlandées de vert, même encapuchonnées d'or et vous lorgnant par leurs goulots; il faudrait le tintement du verre, le saut du bouchon et le glou-glou!

On n'entend rien, on voit à peine.

La cueillerée de flamme qu'on vous offre à l'entrée des *vaults* pour y voir clair ne peut pas, de son jet court, éclairer les profondeurs, et l'on n'a qu'à croire sur parole l'homme qui vous guide.

— Vingt et un milles de rails, dit-il..., tant de tonneaux... le contenu vaut tant... Voulez-vous un autre verre de malaga, une goutte de sherry, une larme de *claret?*

On regarde les rubans d'acier qui raient la terre blanche; on prend son dé de bordeaux ou de lacryma-christi.

Le guide n'a pas fini.

Il vous fait toucher du doigt le fungus des voûtes, mousse noire qui pend en grappes molles au-dessus de nos têtes. Cela rappelle les bouteilles de derrière les fagots, au col spongieux et gonflé comme les nez d'ivrognes, celles qu'on a cachetées le jour où le fils est né, et qu'on débouche le jour où il se marie, ou bien quand un oncle à succession a *vidé sa tasse*, cassé son litre.

Ici, 60,000 grosses barriques de brandy qui valent, en moyenne, 70 livres pièce.

Puis huit celliers comme celui-là, peuplés presque tous de crûs apportés par des vaisseaux ancrés aux docks de West-India.

Encore du cognac, du vin, de quoi faire un lac sur lequel on courrait des régates! Mais toujours la même régularité, implacable et désespérante, l'ennui de la grande route, la fatigue d'additionner!

On veut nous faire le compte des chats après celui des tonneaux.

— Nous en avons trois cents..... Combien peuvent-ils bien tuer de rats?

Et l'homme se gratte la tête, fait des suppositions tout bas, des calculs tout haut, finissant par déclarer que s'il n'y avait plus de rats, son oncle, le vieux John, ne pourrait pas se piquer le nez comme il le fait.

— Il a une livre par vaisseau qu'il débarrasse, savez-vous bien? Il prend les bêtes vivantes et les vend deux pence pièce, huit sous la paire aux sportmen qui aiment le jeu du *Rat-killing*.

Je connais ce sport.

Au fond d'un obscur publichouse, on lance les chiens, on lâche les rats, et les spectateurs parient sur le massacre. Comme dans un navire qui a sa cale vide il y a des promenades de deux cents rongeurs, le chasseur de queues fait parfois des affaires d'or.

LA BIÈRE.

Il porte, comme enseigne de sa profession, une écharpe de peau de chats sur laquelle rôdent des rats de cuivre. Dans une boîte, il a une odeur qui attire les rats vivants.

Voilà pourquoi le vieux John a de quoi s'arroser la dalle jusqu'à plus soif de temps en temps.

— Vous trinquez avec lui, ces jours-là, ai-je dit à son neveu au nez pâle.

— Moi, je ne bois que du thé. Si en dehors des caves je me laissais aller à siffler une goutte de *spirit*, j'aurais peut-être la tentation de boire ici — et l'on est chassé pour une gorgée tirée d'un tonneau.

Nous avions fini notre voyage ; il reprit nos lampes, nous rendit nos paletots, empocha son pourboire, ce buveur de thé, et nous remontâmes les marches en cherchant dans l'espace devant nous un rideau de vignes ; l'horizon était noir et il n'y avait que des grappes de déguenillés pendus au mur, fungus de la société anglaise !

Nous partîmes, sans que le chef des caves devant qui nous avions passé déjà en le frôlant, parce que l'entrée est étroite, eût l'air de s'apercevoir que nous étions venus et que nous nous en allions. Il n'avait pas bougé les lèvres, remué les yeux, tourné le col — bouteille humaine fermée à la machine, capsulée de plomb ! Ah ! ce n'est pas notre gardeur de vins, pauvre ou riche, en chapeau de soie ou en chapeau mou, en redingote de drap fin ou en tablier de cuir. Celui qui reste à côté du tonneau, chez nous, a le rire large, l'œil humide, la lèvre rouge et le pif trognonnant.

Ici, ce sont les hommes qu'il faut *légender ;* les hommes qui, comme des arbres morts, emplissent et obscurcissent de leurs squelettes tout le fond de l'horizon.

Ils ont, ainsi que les navires à termites, des trous plein les poumons, des lésions plein la gorge, des veines rompues comme de vieux agrès. Leur vie fait eau de toutes parts, et ils vont sombrer si le vent ne souffle pas dans leur voile. Qu'il passe une bise aiguë et dure sur leur dos, ils auront un frisson de malaise, suivi d'un frisson d'espoir. L'air qui secoue leurs cheveux secoue aussi le vaisseau qui est sur mer et le pousse, avec sa cargaison, du côté des docks.

Mais il ne faut pas que ce soit le vent d'est qui fasse rage — les navires en ont peur et n'entrent pas.

Aussi ont-ils les yeux tournés vers le large et dressent-ils l'oreille pour entendre parler l'Océan ! Suivant ce que disent les vagues, hurlantes ou tranquilles, l'homme sait si l'on mangera chez lui ou si l'on ne mangera pas.

Naufragé sur un écueil où il y a deux mille églises et quatre millions d'âmes, il attend qu'un brick étranger le ravitaille dans le pays où l'on a, avec du travail, des habits et du pain !

Il a peur du ciel où l'avenir des siens roule dans le ventre de quelques nuages ouatés de blanc ou chargés d'éclairs — le grain d'en bas c'est la moisson ; le grain d'en haut, c'est la misère ! Il regarde la nue, ce mécréant, dans l'attitude d'un saint qui, de ses prunelles tendues, veut trouer la porte du Paradis !

Il faut que les Docks s'emplissent pour qu'à la maison les estomacs s'emplissent
aussi. Trois schellings deux pence par jour ; avec cela on peut ne pas mourir de

UN COIN DES DOCKS.

faim. Sept heures de travail en hiver, huit heures et demie en été, voilà ce qu'on
taille dans l'étoffe de leur vie. En avril, ils arrivent à sept heures et demie le
matin ; en décembre, à neuf heures seulement, pour sortir à quatre heures en toute

18

saison. On a encore le temps de trouver un *job* le soir, de décrocher six pence ou un schelling, pour quelque travail d'occasion et de force.

Souffle donc, vent d'ouest, pour que le *Dock's labourer* fasse sa journée. Ne crève pas, nuage, puisque les *jobs* sont plus rares dans les rues noyées d'eau et gluantes de boue !

Ils viennent de tous les coins de Londres, ces lamentables. La plupart n'habitent pas le quartier, mais alors même que les bassins sont vides et que l'ouvrage manque sur toute la ligne, ils restent là, en face des murs immenses et sombres, parce qu'ils ne savent où aller, parce qu'ils s'éreinteraient à trotter pour rien à travers la ville, parce qu'ils ont les jambes cassées — et la volonté aussi ! Ils peuvent, à la rigueur, faire le travail méthodique et mou du déchargement — qu'importe pour cela qu'ils n'aient pas de semelles à leurs souliers et que la crasse de leurs pieds soit rayée de sang !

Mais ils sont incapables d'une initiative et ils s'accotent au mur, hébétés, attendant ! — Attendant quoi, ces fakirs du chômage !

Oh ! ce mur des docks ! Bête d'aspect, monstrueux d'allures : entassement de briques noircies et, pour ainsi dire, calcinées par le temps.

On prête volontiers un visage, on dessine un masque aux maisons qui tiennent une place large sur la chaussée de la ville et qui cachent un grand pan du ciel. On voudrait leur voir un front, des yeux, des lèvres, sous forme de toit surplombant, des fenêtres claires, des fentes larges par où rirait un peu de lumière — des rides ou des cicatrices, au besoin !

Non ! c'est comme une colossale bedaine de pierre, ronde, unie, à la peau brune et tendue.

Pas un bruit ne traverse cette épaisseur morne, pas une goutte de sang ou de sueur humaine ne coule, noire ou rouge, sur le jaune affreux de cette muraille. Rien n'indique qu'en deçà on bouscule toutes les richesses du monde, qu'on remue à la pelle l'ambre, l'ivoire, les drogues et les épices de trois continents, qu'on y trouve empilés blocs de glace et blocs de marbre, qu'on y fait le travail d'un peuple triant les ruines d'un tremblement de terre ou les épaves d'une Armada noyée.

Qui croirait que là-dedans on prend à l'abordage des navires auxquels il faut arracher dix mille caisses de thé, et d'autres qui ont huit mille sacs à fond de cale? Et se douterait-on que le levier des bras soulève des millions de kilos? Combien de gestes cela fait-il, qui dira le total des efforts, à quel prix est payée la balistique humaine?

Ils attaquent en bande l'ennemi; ils se mettent à vingt contre les dix mille caisses, à trente contre les huit mille sacs...

Avant que le soleil se couche, le bâtiment aura craché tripes et boyaux dans les mains de ces déguenillés; ils viennent à bout d'un trois-mâts bourré jusqu'à la gueule, dans l'espace d'un jour d'hiver. Et cela sans bercer leur fatigue d'un refrain qui les soutienne, sans faire un pas plus rapide que l'autre, sans faire han! sans dire ouf! Travail monotone et machinal!

On pourrait leur mettre un bâillon, leur crever les prunelles : ils feraient la besogne aussi bien; pourvu qu'on leur plaçât dans les mains le câble à tirer comme la laisse du chien entre les doigts de l'aveugle, ils n'auraient ni besoin ni envie de connaître à l'avance ce que le fardeau pèse, ne sachant pas et ne voulant pas user leurs nerfs dans un effort irrégulier et inattendu, mais manœuvrer seulement avec le balancement d'un métronome — ou d'un ours blanc!

Heureusement, flamboient de droite et de gauche des plaques de couleur, des taches de rouge, des traînées de jaune, tout le barbouillage à l'ocre, au carmin, au bleu de Prusse, au vert de mer, des affiches de Compagnies de paquebots.

En partance pour l'Australie, la Nouvelle-Zélande, le bout du monde!

Cela écorche et éblouit les yeux, cela aussi recule le paysage et ouvre à l'affamé un horizon profond. Il entrevoit le champ sur lequel on pourra vivre, peut-être, à mille lieues de la patrie — à laquelle, Scipion en guenilles, il ne veut pas même laisser ses os.

Il jette, dans le sillon de son rêve, le blé des moissons futures; il plante, entre les arbres géants d'une contrée lointaine le berceau de ses petits, et cherche, dans cette terre promise, le tertre gazonné où il aura sa tombe.

Il ne veut plus de la nature en ballots et en barriques — il la veut en jeunesse et en fleur.

Et il se fait inscrire comme émigrant!

Qu'a-t-il fait, le malheureux! On ne lui accordera son passage que sur un bateau pourri, et, arrivé sur la lande choisie — s'il y arrive — il trouvera le sol plus ingrat encore que celui de Londres, il mourra de mélancolie et de misère dans cette solitude où il n'entendra plus le *Big-Ben* de Westminster !

Il fouillera la mer, pour y découvrir un navire qui le rapatrie, d'un regard plus aigu et plus désespéré que lorsque son œil crevait la brume de la Tamise, pour deviner l'approche des caboteurs en marche vers les docks de Sainte-Catherine coiffés de noir et sentant le croupi. Il aura, cet exilé, la nostalgie de cette suie et de cette fange !

Quelquefois, sur le quai de ces docks, il n'y a pas à décharger que des choses mortes, la police arrive pour se jeter sur des vivants.

Vivants, ils l'étaient à peine, les matelots que ramenait, enchaînés à fond de cale, le trois-mâts américain, le *Jefferson Burden*.

Une nuit, trois hommes de l'équipage bâillonnèrent le mousse, se précipitèrent sur deux *mates*, les tuèrent, et les cadavres furent jetés par dessus bord. On essaya ensuite d'attirer le capitaine hors de sa cabine pour lui faire subir le même sort. Mais il eut un soupçon, et sauta sur son revolver. Il tint en échec les trois révoltés, tira dans le tas, les obligea à se réfugier sous le pont et finit par les amener, sous des décharges successives, jusqu'à portée de sa main.

Blessés, saignants, ils s'agenouillèrent et tendirent leurs poignets aux menottes. Les quatre matelots restés fidèles avaient descendu les rebelles à fond de cale, et le navire était entré au port sain et sauf avec sa charge d'agonisants.

Ils avaient comme une couronne de blessures autour de la tête et comme un chapelet de balles dans les côtes ! On les plaça sur un *stretcher*, ainsi que les femmes soûles, et on les emporta à l'hôpital, horribles à voir sous leurs bandeaux de linge gommé de sang caillé, sous leurs habits qu'avaient attaqué les rats dont la dent avait fait des ravages dans le drap comme les ronds de plomb dans la chair !

Une fois allégé de ce lot de viande humaine, le vaisseau s'allégea de sa cargaison consistant en tourteaux d'huile de graines avec lesquels on nourrit le bétail pendant l'hiver.

Un homme des docks, tout en faisant l'ouvrage, murmurait à un voisin qui, comme lui, avait dîné d'une croûte de pain sec et d'une gorgée de thé froid :

— Vois-tu, Dick, nous sommes moins heureux que les bêtes, nous autres ; moins heureux que les matelots, même que ceux-là qu'on emmène et qu'on tuera, quand ils seront guéris. Les bêtes, ça mange ; les matelots aussi ! Ils ont leur table mise tous les jours que Dieu fait, tant qu'ils courent leurs bordées ; et au débarqué, ils sont riches comme tout pendant une grande quinzaine. Nous, Dick, jamais nous n'avons été sûrs de notre ration de biscuit, de notre pinte de bière, jamais nous n'avons eu une veste neuve..... Ah ! tiens ! mieux vaut la potence ou l'abattoir !

LES RECRUTEURS

— Où sont les sergents recruteurs ?

— Au bout de la rue, vous les rencontrerez en chemin ; en tout cas, ils vont au public-house qui est plus loin, à gauche, à cent pas d'ici.

J'arrive au public-house. Le sergent recruteur est là.

Il a l'air d'un portier de collège qui, un 14 juillet, aurait cousu un petit flochon de soie tricolore à son képi — un képi qu'il ne porte pas à la crâne, pas plus qu'un pipelet de lycée. Dans sa tunique à collet groseille et son pantalon lâche, Il garde des allures tranquilles et une assez bonne figure.

En face de lui est un garçon qui a une culotte trouée, un chapeau troué, des chaussures trouées, et qui paraît bien las — oh! oui, bien las!

— Mettez-vous sous la toise.

Contre le mur cinq ou six lignes blanches sont tracées : elles marquent l'échelle des tailles ; sur un rayon, à côté, dans une vieille caisse à cigares, une fiche de bois qui sert de mesure : c'est d'une simplicité primitive.

L'homme s'est adossé à la cloison. Le sous-off hoche la tête.

— Il s'en manque d'un seizième de pouce.

Comme le pauvre gas semble triste !

— Je croyais pourtant faire l'affaire, dit-il.

Un silence.

— Allons, venez avec moi, reprend l'enrôleur. Et il monte l'escalier en faisant signe au déguenillé de le suivre.

J'apprends qu'il va auner la poitrine, tâter les os de ce malheureux qui a peur d'être trop court pour pouvoir manger le pain des casernes.

Et il a faim, il veut s'engager parce qu'il a faim !

Il a pu tenir jusqu'à aujourd'hui ; s'il lui faut subir encore vingt-quatre heures de jeûne, il est perdu.

C'est lui qui m'avoue cela, quand il descend. Il est plein d'espoir, on lui a affirmé qu'il sera assez grand demain matin.

LE PUBLIC-HOUSE DES SERGENTS RECRUTEURS.

— Plus grand demain que ce soir ?.. fais-je en regardant s'il devient fou.

— Oui, dit-il, parce que j'ai beaucoup marché et beaucoup pâti... J'ai abattu vingt-cinq lieues pour venir ici, sans rien avaler qu'un peu de porter et une tartine, qu'on m'a donnés. Et ça diminue le monde d'avoir faim et de marcher nu-pieds ! Dame, il n'y a pas de semelles à mes souliers, voyez-vous !... j'ai attaché le dessus avec des ficelles.

Ça diminue le monde ! — Oh ! mots de misère ! Éloquence de gueux ! Gouttes de sang qui parlent !

— Le recruteur assure que, quand j'aurai dîné et dormi, j'allongerai. C'est qu'aussi je pourrai me tenir plus droit. Je sens bien que je ne me tiens pas droit, mais je ne peux pas, non, je ne peux pas !

— Une pinte d'ale ?

— Merci, le sergent a averti qu'on m'en verse, il me fera servir à manger aussi, et j'aurai un bon lit ce soir. J'aurai la taille demain. Pas vrai, sergent ?

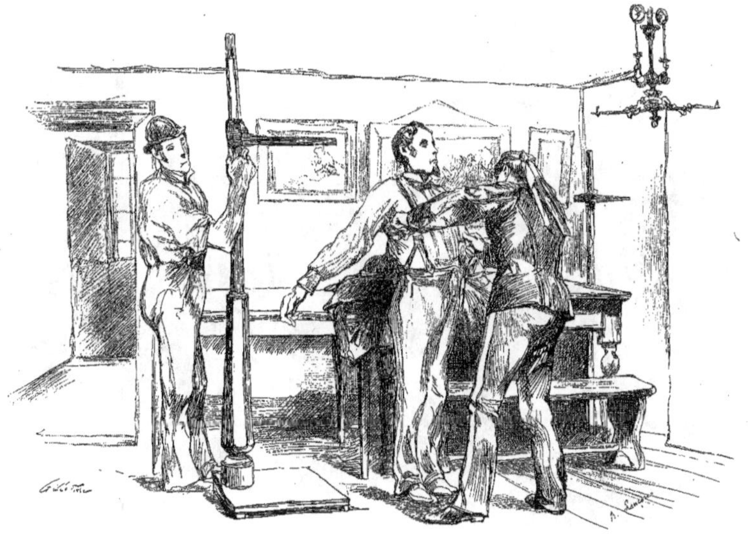

Celui-ci qui s'est rapproché de nous fait signe que oui et lui donne une tape sur l'épaule en guise d'encouragement.

— Eh! parbleu, c'est naturel. La fatigue tasse, la marche écrase; pendant le sommeil la chair se refait. On gagne ça, tenez, en une nuit.

Et il trace une marque sur le bout de son ongle.

— Puis, ajoute-t-il, il aura du roastbeef. Mère Chose, une belle tranche de roastbeef pour ce camarade-là !

La mère Chose tient le public-house depuis vingt ans. C'est la veuve d'un soldat de Crimée, mort à l'ennemi.

19

Elle me montre une sorte de tableau accroché au-dessus de sa tête, lequel tableau représente, dit-elle, la bataille où son légitime a été tué. C'est bleu, jaune, rouge, avec de la fumée.

Elle s'est remariée depuis, et son second époux est aussi parti pour l'autre monde. Comme veuve de militaires elle reçoit une pension de l'État.

— Mais, j'aurais bien droit au double, observe-t-elle. Savez-vous qu'il m'a passé

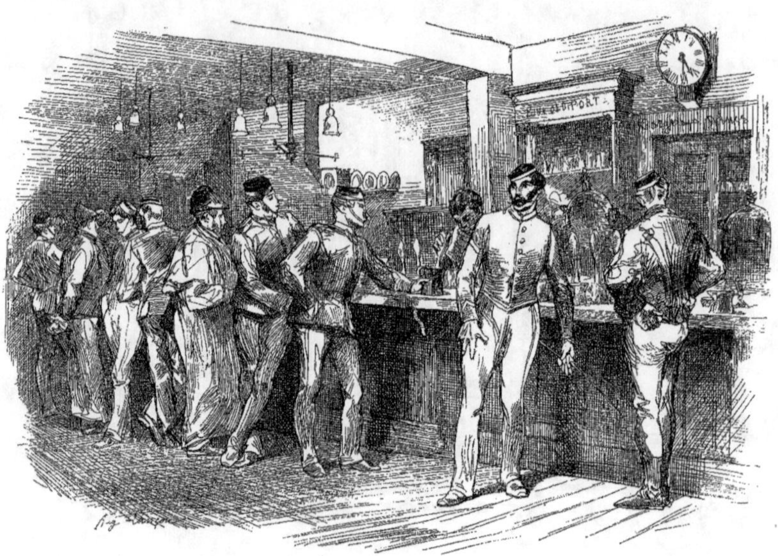

CANTINE A WOOLWICH.

devant les yeux 35,000 recrues! Il est venu 35,000 hommes s'engager dans cette maison, devant ce comptoir, oui, monsieur!

Elle sourit avec orgueil, et je profite de ce sourire pour entrer dans la place et l'interroger.

— Vous allez nourrir et loger ce malheureux qui est là-bas, lui demandai-je en désignant le fatigué.

— Oui, le sergent pense qu'il aura la taille demain matin, et il lui avance son boire et son manger, pour ce soir et cette nuit. — Je prends 4 pence pour le coucher, il y aura bien 1 schelling 3 d. de viande et de bière. — Ça fait 1 schelling 7 d. de perdu si le garçon est trop court après qu'il aura dormi. Mais tant pis! l'autre peut risquer ça, il gagne assez.

— Il a une forte solde?

— Je vous crois! Il a sa pension pour vingt-deux ans de service, soit 2 schellings par jour; comme recruteur, encore 2 schellings; donc 28 schellings par semaine: plus 25 schellings de prime par enrôlé.

— 25 schellings! Mais il doit se faire une fortune!

— Pas plus que ça,... pourquoi donc? (*Avec hauteur.*) Est-ce que l'Angleterre manque de soldats, est-ce qu'elle n'en a pas à revendre?

L'orgueil anglais!

Mais ça ne fait rien, la mère Chose ne me fait pas changer d'opinion. Je reste étonné d'apprendre que le sergent ne s'enrichit pas, et je le dis tout bas à mon voisin, encore un retraité de l'armée.

Après avoir fait son temps dans l'artillerie, il est sorti avec les galons et la paie de sergent, et, charpentier de son état, il se fait encore de belles journées en tant qu'ouvrier.

— Jack, vous êtes un chançard.

Jack ne se plaint pas de la vie. Comme il a coudoyé des Français en Crimée, il est affable et poli, il parle des Parisiens avec une reconnaissance joyeuse et met ce qu'il sait à ma disposition.

Il m'apprend qu'au bout de vingt-un ans on a la rente : avec un penny par chaque chevron, si l'on est sorti simple tourlourou; et tant, suivant le grade, si l'on était gradé.

Nous causons devant un tonneau planté debout sur le plancher, et assis sur les bancs du public-house. On s'assied, dans celui-ci. N'avons-nous pas vu qu'il y a des désespérés qui viennent s'abattre contre cette porte, épuisés de fatigue et de faim? L'engagement ne se fait pas d'un coup, on prend des rendez-vous, on exige des formalités.

Jadis, le schelling de la Reine scellait le pacte.

— Tu l'acceptes? disait le sergent.

— Oui, disait la recrue ; et sa main, en se fermant, était prise dans l'engrenage ; il avait les doigts cloués à la hampe, et sa chair était vendue.

Mais le recruteur grisait sa dupe et, le plus souvent, c'était entre deux hoquets d'ivrognerie que l'on avait topé. Tant pis ! c'était assez bon pour ce temps-là. On allait bien jusqu'à enlever les hommes dans les public-houses, et, en les étranglant et en les faisant saigner, on les traînait, désespérés et hurlants, jusqu'au navire où ils étaient inscrits de force et déclarés marins de la libre Angleterre.

Cela s'appelait la Presse, et existait, il n'y pas encore si longtemps !

Après l'abolition de la Presse, le schelling forcé continua à avoir cours. Aujourd'hui, on le prend encore, mais on n'est décidément soldat qu'après avoir passé devant le magistrat. Si l'enrôlé repentant peut prouver qu'il était ivre, l'enrôlement est annulé. S'il n'était point saoûl, mais s'il regrette ce qu'il a fait, c'est 21 schellings d'amende pour recouvrer la liberté.

Une fois son consentement légalisé, tout est fini. Pour un chiffre d'années convenu, il doit son sang à la patrie ; il lui faut vivre et mourir pour la gloire d'Albion.

Entre la démarche du recruteur et l'interrogatoire du juge a lieu la visite du médecin.

Le sergent payera une tournée demain si le malheureux trop court a paru assez grand sous la toise implacable du docteur. Il offre, pour le moment, un *gin* à un garçon en blouse de paysan qui, admis hier par la Faculté, a dit le oui suprême tout à l'heure devant la Loi.

C'est 25 schellings que le sous-off gagne, la mère Chose l'affirme, mon voisin Jack aussi, l'intéressé ne dit mot — et moi je ne garantis rien.

— John, vous allez avoir un nouveau maître, fait quelqu'un.

— Il me nourrira, au moins, celui-là, dit le campagnard ; mais chez nous il aurait fallu manger des pierres. Il y a beau temps que je n'avais vu une demi-couronne.

John a reçu une demi-couronne en plus du schelling.

Dès que le contrat est terminé, l'argent est compté.

C'est donc 3 sh. 6, — 4 fr. 35 c., — que touche, comme prime sonnante, le recruté anglais ; mais on lui réserve deux pence par jour jusqu'à la dernière minute de son service. On les lui payera d'un coup quand il quittera l'uniforme.

John et Tom (s'il est admis) feront de bons pioupious.

Manger des pierres, *diminuer* de fatigue, ce n'est pas une vie !

Mais de moins misérables, même des engagés riches, des volontaires mobilisés, — si un jour on devait recourir aux volontaires ! — seront aussi bien fidèles à la discipline et dévoués à la Reine, enfants ennuyés du pays du spleen !

Et la mère Chose avait raison, les soldats ne manqueront pas !

Les bataillons anglais sortiront de terre demain, au premier appel. Point n'est besoin de la conscription ! Il n'est pas nécessaire non plus que les officiers s'affublent d'épaulettes d'or, piaffent à cheval, ni qu'on les bombarde de croix.

Les soldats peuvent porter la barbe ou les moustaches, au choix, sans que le duc de Cambridge, commandant en chef, y regarde. Ils se promènent sans giberne et sans armes, avec une badine seulement à la main. Que le Français ne rie pas de cette liberté du poil, ni de ce bourgeoisisme d'allures, — de cette armée qu'on ne voit pas et qu'on n'entend point !

Les colonels anglais, qui ont honte de s'exhiber en uniforme dans la vie civile, demanderont à entrer en grande tenue au cœur de la mêlée, dans leurs habits couleur de sang qui servent de point de mire.

C'est un peuple de fiers, et, par conséquent, un peuple de braves. Prenez garde aux nations qui se préparent au combat, victoire ou défaite, ruine ou triomphe, derrière le manteau du silence !

LE WORKHOUSE

Tout Anglais, toute Anglaise de n'importe quel âge, a le droit au pain et à l'abri de par la loi des pauvres.

Il n'a qu'à donner la preuve qu'il est indigent et qu'il désire travailler : seront tenus de l'empêcher de mourir les administrateurs de la paroisse qu'il habite pour le moment ou dans le rayon de laquelle il a couché la veille.

S'il a eu là son grabat pendant un an, sans interruption, il est dit *irremovable*, c'est-à-dire qu'il est devenu un immobilisé de l'aumône. En cas de lacunes, d'hiatus dans ce volontariat d'un an au régiment de la famine, il perd pied. Les *guardians* jouent avec lui comme avec une balle faite de chiffons et le renvoient à la paroisse qui l'a vu naître ou à celle qui l'a vu vivre, vivre comme un loyal sujet de la Reine, payant bien ses taxes et imposé au nom des misérables.

Il en est qui, sans être venus au monde avec une cuillère d'argent dans le bec — *silver spoon in the mouth* — ont eu la cuillère d'étain qui suffit à manger la soupe chez les gens qui doivent servir des rentes au gouvernement, mais qui ont, en échange, l'honneur de voter. Ceux-là tombent petit à petit, *down and down*, grâce à la maladie ou à la fatalité.

Maintenant, on leur permet de ronger les miettes des guinées qu'ils ont payées pour le *Poor law;* ils peuvent venir frapper à cette porte percée dans le mur sombre, on leur ouvrira. Et les battants se refermeront sur eux pour le restant de leurs jours ; s'ils y tiennent, on les murera tout vivants et, à la dernière heure, on clouera leur cercueil.

Si bien que pas un être humain n'est condamné à mourir de détresse sous le ciel de
fer de l'Angleterre.

Et pourtant les rues de Londres sont pavées de cadavres, les hospices regorgent
d'agonisants, les tribunaux jugent les suicides au tas.

Destitués de leur rang d'hommes, *destitued*, ainsi dit le procès-verbal qui constate
la situation de ceux qui vont avertir les autorités qu'ils ne savent où dormir ce soir
et qu'ils n'ont pas fait un repas depuis une éternité.

Le *relieving-officer*, l'officier de secours, me fait l'effet d'un lieutenant nommé,
au lendemain de tempête, par les plus solides et les mieux armés des naufragés pour
distribuer les vivres aux malades et aux saignants du radeau — qu'on n'ose pas
fusiller, ni jeter à la mer, parce qu'en entrant au port on serait accusé d'assassinat —
mais qu'on nourrit juste assez pour qu'ils ne crèvent point ou n'arrivent pas à la folie
de la révolte.

C'est un ponton chargé de canons, mais aussi un radeau qui peut sombrer demain,
cette Angleterre, et je comprends pourquoi ils ont fait cette loi des pauvres qui semble
née d'un sentiment de justice et de pitié, et qui n'est qu'un expédient de navigateur
en détresse.

Le squelette de cette loi est debout, à l'avant du gouvernail — squelette aux os
durs et au geste funèbre !

Il est écrit dans les archives de la Chambre des communes et de la Chambre des
lords que l'on prêtera assistance et qu'on offrira un abri, même éternel, à tout être
oublié par leur Dieu dans la distribution de force ou de vertu qu'il faut à toute machine
humaine pour produire le travail qui s'échange contre des sous, des schellings ou de
l'or !

Mais on a promis cela comme jadis on promettait leur grâce à certains condamnés,
à condition que leur existence appartiendrait à des expérimentateurs impitoyables.

Tous les matins, il y a des centaines de noyés roulés par la Tamise, parce qu'on a
préféré se tuer que subir l'hospitalité du workhouse.

Tous les soirs des milliers d'âmes s'éteignent avec le jour et s'enfoncent dans le
néant comme le soleil dans l'invisible immensité, parce qu'elles ont eu l'horreur du
purgatoire humain où la charité d'État offrait de les recevoir, mais en les tenant
prisonniers.

Encore une hypocrisie inconsciente ou cruelle, une hypocrisie en robe de pierre, dont la jupe couvre de ses plis sombres le monde infini des misères, comme le manteau rouge de Richelieu couvrait un règne de sa traîne rouge !

J'ai traversé ce purgatoire, et l'ai trouvé plus affreux, dans sa sérénité, que l'enfer monstrueux du Dante ! Point de supplices — pas de tortures ; parmi les cris de reproche qui, devant moi, voulurent égratigner l'air lourd, pas un seul qui fût juste

ENTRÉE D'UN WORKHOUSE.

s'il attaquait la distribution des draps, des choux, de la viande, des uniformes gris. Tout est mesuré, compté, pesé, sans une faute dans les écritures, sans un faux poids dans les balances. Il n'y a pas à calomnier les employés du lieu, qui seraient cassés aux gages s'ils commettaient un vol ou une cruauté.

Les pauvres ont leur dû dans les proportions qu'a tracées la loi, dont le glaive s'est fait couteau de cuisine pour dépecer les parts.

Ne grognez pas, les bêtes ! chaque encagé a sa ration !

Oui, chacun a son compte de provisions contre la faim, mais point son compte de munitions contre le spleen, la honte et le dégoût. Mieux vaudrait avoir l'occasion de pleurer, le droit vrai de se plaindre, mieux vaudrait être mordu par tous les chiens du vice et de la misère que de rester là, en face de journées qui ont toujours le même visage, sinistre et muet, fantômes du temps qui passent et repassent autour de l'assisté immobile !

Il peut lever son bras, secouer sa tête, mais sa vie ne bouge point et sa pensée s'atrophie. Le cerveau meurt dans sa tête bouffie — seul, le cœur se démène et saigne dans la poitrine réengraissée.

Aussi faudrait-il inventer un terme pour peindre l'horreur que le Workhouse inspire aux plus lamentables !

Maison de travail — dit l'enseigne. — Mais ceux qui viennent s'y abattre ont coupé la moitié du mot ; ils en ont détaché le morceau avec leurs dents. Travail ? qui parle de travail ? Lorsqu'on travaille, on doit être libre. La tâche inutile et imposée comme un fardeau n'est pas le travail. Ils sentent que c'est insulter une chose sacrée et appellent cela la Maison, tout court.

C'est triste, ce nom qui rappelle foyer, famille, l'aïeule et l'enfant, la layette et le berceau, la maternité, l'amour, appliqué à ce bâtiment maudit où il n'est pas un pouce de plancher dont on soit maître, pas un pouce de mur qu'ils puissent rayer de l'ongle, où la chemise, les bas, arrachés de la peau d'un autre, sont également arrachés de la vôtre, quand vous partez.

A Paris, il y a la *Maison* aussi ; et quand on en parle les voix deviennent graves et l'accent douloureux. Je pensais que celle de Londres était une sœur du même lit et qu'on désignait de cette façon, chez eux comme chez nous, l'asile où l'on cache les enfants que les mères sont venues porter en rasant les murs, tête basse et les yeux pleins de larmes.

— Je ne puis plus le nourrir. J'en ai d'autres qui demandent du pain, a dit l'une.

— Je suis seule, mais mon père ne sait pas que j'ai fauté. Il en mourrait de chagrin, ou me tuerait, a dit l'autre.

Voilà la Grande Maison, car à ce refuge des tout petits on a accolé cet adjectif vague et profond comme le mystère dans lequel ils seront enveloppés, pauvres orphelins !

Des orphelins aussi, les pensionnaires du Workhouse ! mais de tout âge, depuis la fillette à la mamelle jusqu'à l'ancienne aux cheveux blancs, depuis le garçonnet de dix ans qui a des fourmis dans les jambes jusqu'au sexagénaire estropié de rhumatismes.

Oh! regardez donc celui qui vient d'entrer! Il a vingt ans, une forêt de cheveux roux; tâtez-le, la chair est ferme, le muscle est dur. On parierait cinq guinées sur son coup de poing.

C'est lui qui vient demander aide et protection? Mais il peut tenir encore huit jours contre la faim!

— Oui, et même il peut gagner ses trois schellings par jour, s'il le veut... Seulement, il ne le veut pas.

— Et les autorités le recevront?

— Elles ne peuvent pas faire autrement. On le renverra une fois, deux fois, peut-être avec un sermon qu'il écoutera en sifflant, mais il faudra bien en arriver à le prendre, s'il reparaît. Il n'a d'ailleurs qu'à se faire ramasser par les policemen. Nul ne doit rester dans la rue à l'état d'affamé et de vagabond.

Je vis cette jeunesse insolente et robuste s'engouffrer dans le corridor où des vieux se pressaient. Combien de temps y est-il resté? Était-ce un fou comme notre Lemaire qui criait: « Je préfère être guillotiné que travailler? » Peut-être s'enfuit-il, le lendemain, honteux d'avoir été si vil, son collet sur son cou de boxeur, et se sauva-t-il comme un criminel, dans un faubourg, loin, bien loin, d'où l'on ne pouvait voir le toit du Workhouse. Peut-être est-il encore dans la maison?...

On ne peut se défendre d'un mouvement de stupeur, d'un sursaut d'effroi en face d'une loi qui ouvre, à la fois, ces horizons de désespoir et ces horizons de lâcheté! On a envie de saluer celui qui, au lieu de venir chercher ici la paix morne et le repos vil, préfère jeter, comme le pugiliste, son chapeau troué dans l'arène, et dire à la société : « Défends-toi, je vais te casser les dents! »

Je préfère en tout cas celui qui, dans la Maison, se désespère et même se révolte, qui déchire dans une crise d'exaspération l'uniforme de l'État, afin d'avoir sur le dos, au lieu et place de cette casaque, une vraie veste de prison.

En prison, il sera soumis à une discipline terrible et enchaîné à une besogne autrement dure que celle qu'on accomplit en fainéantant au Workhouse. Mais il pourra garder l'orgueil de la lutte et, tout en se sentant supplicié et meurtri, rire au nez du châtiment. Puis il touchera un salaire, ne fût-il que de deux pence, sur son travail.

Là-bas au *Saint-Pancras*, au *Saint-Giles*, au *Marylebone* ou au *Lambeth*, on ne se foule pas la rate, on ne s'use pas les bras, des femmes feraient ce qu'ils font. Mais, en revanche, jamais un sou, jamais rien, rien !

Pourquoi ne travaille-t-on que pour la forme dans ce piège à pauvres, pourquoi ne laisse-t-on pas à ces assistés le droit de bûcher bravement en échange d'un petit pécule, pépite de cuivre qu'ils grignoteraient aux jours de congé ?

Une fois par mois, ils ont vingt-quatre heures à eux, vont au dehors et rentrent généralement soûls perdus. Si, par malheur, ayant le nez piqué, ils ont fait scandale au dortoir, ces potaches de la misère, on les met en retenue pour le mois d'après, on leur supprime une sortie.

Mais le consigné n'a qu'à déclarer que le pensum l'ennuie, qu'il préfère courir l'école buissonnière et reprendre sa course de vagabond — il est libre de partir, comme il est libre de revenir le lendemain, si l'envie lui en reprend. Existences morcelées et pourries. Encore une fois, les politiciens préfèrent des forces perdues à des forces hostiles.

Quelques-uns de ces parias sont nés, ont vécu et mourront dans ces ghettos de la mendicité. D'autres y sont entrés tout petits et les ont quittés, un jour, attirés et aveuglés par la lumière du dehors, trébuchant à chaque pas, poussés fatalement, les pauvres, dont les quartiers fangeux et souffrant dans cette boue, parce qu'à la Maison régnait une implacable propreté et que leurs souliers ne traînaient que sur des dalles lisses ou des pierres lavées.

Condamnés à revenir au Workhouse !

QUARTIER DES FEMMES.

Quel tapage ! on joue, on crie, on blasphème. Elles sont plus difficiles à mener que les hommes, vous le savez bien. Elles déchirent, comme des bêtes acharnées sur une charogne, la trame de leur esclavage affreux, elles aboient à la vie comme les chiens à la mort.

Elles auront toutes, ces cloîtrées, le même profil de médaille fruste au jour proche ou lointain où la mort fermera leur yeux sans flammes.

Toutes les différences s'évanouissent, les colères même ne survivront pas. Affaire

AU WORKHOUSE.

de temps — sa pierre-ponce use tout sans résistance, dans ces milieux horribles où la physionomie humaine n'est représentée que par des masques de pétrifiées ou d'arrivantes, et par les têtes dures et tracassées des officiers qui sont aussi les victimes de cette vie et les otages de leurs prisonnières !

Pas un coin, un recoin, où elles puissent, les malheureuses, s'éloigner du brouhaha des salles communes — ces salles blanchies à la chaux sur les murs desquels les souvenirs rôdent comme des mouches, sans qu'on ait le droit de les écraser ; cela ferait une tache, un point rouge, et elles regarderaient cette perle de jais ou de corail avec l'œil d'un hypnotique qui a des hallucinations et des extases. L'extase est défendue, l'illusion proscrite !

Elles seraient moins à plaindre si elles étaient folles — folles pour de bon. Dans les hospices d'aliénées on organise des parties de plaisir en l'honneur des détraquées, et celles qui ont gardé pour deux liards de raison peuvent encore avoir leur comptant de joie et de plaisir.

Mais ici elles ne sont démentes que par accès, à de certains jours — ceux surtout où la machine a encore un jeu plus lent, plus muet et plus morne, tels que le dimanche.

Elles se blottissent dans les cours, accroupies en groupes moitié vivants et moitié morts, ou bien elles rôdent de long en large, à deux ou trois, se frottant, comme des animaux sauvages, contre les grilles invisibles, mais infranchissables, qui les séparent de l'humanité.

Tout d'un coup, un vent de fureur les atteint, les secoue, et elles éclatent en rugissements comme les fauves, elles cherchent de leurs mains crispées le barreau à tordre, de leur tête en bélier l'endroit où faire brèche !

L'hystérie du Workhouse est un mal à part qui a son caractère précis ou ses origines connues, fièvre noire — noire comme leur ivresse !

Et ce n'est pas la nostalgie de l'ordure qui les empoigne ! ce n'est point le passé qui bout, ignoble, dans leurs veines et dont l'écume leur monte aux lèvres ! Car on a remarqué que ce sont celles qui ont franchi ce seuil, en brassière et en bourrelet, qui ont eu pour parrains les dignitaires honnêtes et graves préposés à la moralité du troupeau, on a remarqué que ce sont les poupons de l'autorité, les suceuses de son lait, les écouteuses de ses prêches, élevées sous son aile et prises dans ses pattes, qui sont les plus indignes — incorrigibles au sortir du berceau !

Quand elles ont été arrivées — à l'âge de raison — placées chez des gens respectables, presque toujours elles ont fait le désespoir de leurs patrons et la honte de leurs répondants, à moins qu'elles n'eussent la névrose de la religion, ce qui est l'avortement des âmes. Elles ne faisaient que changer de cage, échappant à la sacristie de l'aumône pour se réfugier dans le Workhouse du ciel !

Telles sont les conclusions de l'impitoyable statistique. Voilà ce que deviennent ces filles qui n'ont jamais eu de parents ou qui ont été séparées d'eux, que l'on a arrachées à leur mère — car on les arrache !

Quand une femme qui a des petits entre au Workhouse, elle a le droit de garder le dernier-né tant qu'elle le nourrit. Dès qu'il peut avaler la pitance réglementaire, il est conduit devant la gamelle commune et l'on plonge son museau dans l'auge banale.

Toi qui l'as conçu, mis au monde, allaité, tu ne le reverras qu'à des heures fixées par des hommes — et encore si tu es sage, entends-tu ?... Ou bien il te faudra le reprendre par la main, le planter à califourchon sur ton dos et le reporter au pays de la famine.

Elle sera déjà gâtée jusqu'aux moelles, ta fillette ; ton garçon sera mûr pour le *hard labour*.

Si l'on était ensemble, époux, épouse, gamin, gamine, on vivrait une vie de ménagerie, mais on aurait au moins les joies qu'ont les animaux domptés... Mais non ! quand une famille tout entière se présente, affamée et désespérée, on commence par trier le bétail.

— Par ici, dit-on à l'homme en le poussant par les épaules.

— Suivez-moi, fait la matrone, en tirant la femme par la manche.

— Enlevez les enfants ! commande le maître.

Et tous prennent trois chemins différents, après avoir eu à peine le temps de s'embrasser.

J'ai entendu un de ces pères de famille raconter ses souvenirs.

Il avait été professeur, avait perdu sa place après une querelle ou une maladie. Un soir il dut, avec sa femme et son enfant, venir demander la charité qui leur était due...

Je le laisse parler.

— Mon enfant, qui avait six ans, et qui était petiot et frêle, mourut — au bout d'un mois — de douleur, sans doute. Le désespoir de la mère fit pitié. Comme j'avais été maître d'école dans le pays d'un des *vestrymen* influents, on la nomma surveillante de l'infirmerie. Mais elle dut commettre toutes les lâchetés, avaler tous les affronts, boire tous les crachats. La directrice fit d'elle sa domestique et son souffre-douleur. Je la voyais, les dimanches matin, après la chapelle, elle me contait ses peines à voix basse ; mais nous décidâmes — du bout des lèvres, et en mangeant les mots — qu'elle devait courber la tête et tout supporter, car on l'aurait placée dans la division des femmes vigoureuses, avec celles qui avaient la santé robuste et à qui on faisait faire les travaux durs. Elle, qui était faible, en serait morte.

Il ajoutait que le moment le plus douloureux pour lui avait été celui où il avait dû quitter ses habits usés pour endosser le costume de la maison, n'ayant pas de miroir pour se voir, mais constatant sa honte et reconnaissant sa dégradation sous la personne d'un autre — ex-maître d'école aussi ! — dont il avait été l'ami dans les temps plus heureux, et qu'il retrouvait là, vêtu de gris, immobile, hébété.

— Je sentis, reprit-il, que j'étais semblable ou que je deviendrais semblable à lui. Je jetai un cri... Mais ce fut le dernier ! J'ai passé là cinq ans. Un héritage inattendu m'apporta le pain quotidien. Eh bien, quand nous sortîmes, ma femme et moi, j'eus comme le regret de ma cage ; elle aussi ! N'est-ce pas affreux, dites-moi ? Et nous éprouvâmes tous deux comme un frisson d'horreur quand nos bras se touchèrent et que, nous soutenant mutuellement, nous débouchâmes dans la rue, honteux l'un de l'autre... Je vous dirai autre chose encore : sous cet habit que vous voyez — et il secouait un *frock-coat* décent et presque cossu — sous cet habit-là, je sens toujours la chemise du *Workhouse !* Je suis un évadé et point un homme libre !

LE CASUAL WARD

On peut quitter le *Workhouse* au bout d'une semaine, d'un mois, de dix ans — rien qu'en signifiant sa volonté aux patrons de l'endroit. On n'est pas tenu de finir un travail commencé : on reprend les vieilles guenilles, et l'on part.

Mais il a une annexe, ce *Workhouse*, où l'on entre et d'où l'on sort sans avoir eu sur le dos cet uniforme dont l'odeur, suivant le frisson du maître d'école, ne s'en va jamais !

Le *Casual Ward,* asile d'un soir, abri d'une nuit, dont le marteau, comme celui de la grande porte, est à la merci de toutes les misères. La loi met son battant à la portée des mains ignobles comme des mains honnêtes, et l'hospitalité est due à quiconque n'a pas d'abri.

On dirait que cette loi a été écrite en temps de guerre et rédigée à l'usage des fugitifs ou des espions, un lendemain de déroute.

L'homme sera fouillé, et l'on prendra tout ce qu'il a sur lui. Si l'on trouve plus de six sous, prix d'un lit dans un garni, on le rejettera dans la rue. S'il a une tabatière, ou un couteau qu'il pourrait vendre, l'officier du *Casual* le chassera de même !

Il sera, dès son arrivée, plongé dans un bain. Si ses habits ont de la vermine, ils seront désinfectés. S'ils sont trempés, ils seront séchés.

Il recevra un morceau de pain.

Puis on le mènera dans une cellule, où il dormira sur un lit dur mais propre, jusqu'à ce que la cloche du matin l'appelle au travail.

Car il faut qu'il travaille, pour payer son coucher ! Un *Casual* ne peut demander sa décharge avant qu'il ait achevé une tâche fixée par le *master*.

On le descend dans une espèce de cul de basse fosse, on le dépose en face d'un paquet de vieux cordages ou devant un tas de pavés, et il épluche le chanvre et casse le silex jusqu'à ce que le surveillant dise : C'est assez.

Alors, il est libre.

Il salue, ou ne salue pas, et s'en va !

Bon voyage !... et ne reviens pas trop vite ! Il y a une pénalité pour ce crime-là !

Échelle du châtiment ! martingale de l'humiliation !

Pour être plus lourde que celle des pensionnaires du *Workhouse,* la corvée du *Casual* n'est pas, pour cela, accablante et douloureuse. Mais cette triture de l'homme met aussi sa pensée en charpie, comme les vieux cordages, et brise comme avec un marteau le ressort de sa liberté.

Lui qui a passé depuis hier à travers les compartiments de l'institution comme les bêtes de foire à travers les couloirs de sûreté des baraques, on l'enferme maintenant derrière une fenêtre à tambour ; il place son ouvrage terne et dur entre ses jambes,

DISTRIBUTION DE TRAVAIL AUX CASSEURS DE PIERRES.

comme un paysan sa soupe ; il a l'air d'un tronçon souillé et perdu, un tronçon du grand serpent des foules.

Il ne doit pas jurer, ni fumer : c'est encore dans la loi : *not swear, not smoke*.

Pas fumer!... Il n'a pas de tabac !

Pas jurer !... Et pourquoi non? Pourvu qu'il ne trouble ni les officiers ni les voisins, n'est-il pas en droit de mâcher des imprécations entre ses dents longues et de jeter sa vermine morte au nom du Dieu qui créa la vermine?

Longtemps la tâche fut la même pour tous, pour les forts et pour les faibles. Mais un matin d'août 1879, où l'on avait donné à un *Casual* sa tâche à broyer, on s'aperçut que la tâche avait broyé l'homme. Son bras était retombé tout d'un coup, le sang avait jailli de sa bouche, et il était mort sans avoir gagné son coucher.

— S'était-il plaint ?

— Non.

Ils ne se plaignent point, — pas plus les misérables que les riches, pas plus ceux d'en bas que ceux d'en haut. Ils vont, ils vont, jusqu'à ce qu'ils s'écroulent : depuis longtemps les racines étaient pourries, le tronc rongé.

DRURY-LANE

UNE HABITANTE DE DRURY-LANE.

Les maisons de Drury-Lane ne sont pas rongées, moisies, contrefaites et naines comme celles qui dans d'autres parties de Londres abritent les prostituées, les misérables et les matelots.

Elles ont, pour la plupart, trois ou quatre étages et ne ressemblent pas à des soupentes qui se sont effondrées, à des niches à chien où l'on a couché les petits à la place du dogue, elles n'ont pas l'air criminel et vil en tant que garde-viande humaine. C'est pourtant dans ce quartier-là que j'ai récolté le plus de dégoût et ramassé le plus de haine contre l'ignoble populace qui déshonore et gâte de son voisinage le peuple honnête et travailleur.

Je viens de voir sous la voûte de *Shorts-Gardens* une femme aux cheveux gris qui pleurait, grinçait des dents et serrait contre sa poitrine, avec un geste de folle, le vieux châle noir qui fait partie de l'uniforme des ivrognesses; elle en tenait l'étoffe avec ses neuf griffes. Elle n'en avait que neuf, car un des pouces était sans phalanges : quelqu'un l'avait avalé, un samedi.

On pouvait, au premier aspect, croire qu'on était en face d'un désespoir vrai, tant les larmes coulaient grosses dans le sillon des rides qui, lavées ainsi, semblaient des cicatrices. Mais soudain elle plongea, poings en avant, dans la foule qui faisait cercle autour d'elle, renversant des enfants, écrasant leurs poupées.

Elle s'ouvrit un chemin jusqu'à un vieillard adossé contre le mur, puis, une fois arrivée, elle le frappa à trois reprises en plein visage et le jeta à terre en hurlant.

Elle tomba avec lui...

On a relevé le vieillard dont le front avait un filet de sang. Elle, la gueuse, s'est redressée sans l'aide de personne, après avoir pourtant glissé et roulé plusieurs fois dans le ruisseau, ne geignant plus, et ricanant parce que ses jupes se retroussaient sur son visage et qu'on huait son obscénité. Mais, pas plus ici qu'au Wapping, les spectateurs ne semblaient pris de pitié et d'horreur ; il y avait de jolies et fraîches jeunes filles qui étaient là immobiles, tranquilles, avec des visages de vierge sur lesquels on ne lisait pas de l'indignation contre cette mégère qui se montrait nue jusqu'à la taille ! Elles s'étaient simplement envolées, comme des colombes de basse-cour, quand la vieille s'était ruée sur le vieux ; elles s'étaient rapprochées, le combat fini. Elles restèrent un moment encore, s'amusant fort d'un garçon de dix-huit ans qui, sortant d'une allée, s'en vint danser la gigue devant la pocharde, lui tirant la langue, faisant des grimaces et des entrechats.

Je condamnais cette farce lugubre.

— Mais c'est que c'est son fils ! me dit, d'une voix de rogomme, un voyou, sans doute un intime de la famille.

Et l'on eut l'air de me prier, cette fois encore, de ne pas me mêler des affaires des autres. Je voulus pourtant savoir quel était le vieux qui saignait.

— Le vieux ?... C'est un veuf à qui la vieille a demandé sa main et qui rechigne. Ça finira tout de même par s'arranger, pas vrai, eh ! Jim ?

Ça s'arrangea.

Tous les trois, le convoité, la convoitrice et l'aimable gas se mirent à chahuter l'un devant l'autre. Heureusement la femme s'abattit la première. Elle se traîna sur les genoux et sur les mains jusque dans un creux de muraille, où elle demeura tapie comme une vieille taupe à qui l'on a cassé les reins d'un coup de pelle.

Un policeman arriva, grogna : « *Go on, go on*, circulez, circulez. » On circula et ce polisson de Jim entraîna le jeune chahuteur au public-house, où il lui jura, je crois, tout en se rafistolant la trogne, que, décidément, son rêve était de l'avoir pour beau-fils.

Un peu plus loin, ce sont deux *girls* de seize à vingt ans qui, manches retroussées, le corsage en lambeaux, point soûles, mais échevelées, se jettent l'une sur l'autre et s'assomment, se tuent !

UN COIN DE PUBLIC-HOUSE DANS DRURY-LANE.

Elles se séparent trois fois, et trois fois se rejoignent, avec de l'orgueil plein la face, préoccupées de la galerie, maintenant, bien plus que de leur querelle ; ne pensant qu'à vaincre ; presque belles à voir, ces deux jeunesses ensanglantées et écumantes !

— Kss, kss ! hardi, mes poulettes !

De quel gosier rongé par un chancre et brûlé par le gin sort ce cri à la Jean Hiroux ?

C'est un homme sans nez qui, les bras plongés jusqu'au coude dans un pantalon à pont, coiffé d'une casquette graisseuse, se balançant en Alphonse de femme à soldats, avance son visage horrible et crache à travers ses dents vertes, par le trou de ses narines, cet appel à la barbarie.

UNE FAMILLE.

Pouces avalés, nez mangés ! — il doit en traîner par douzaines au coin des bornes de Drury-Lane ! C'est peut-être parce qu'ils sont moins tassés que dans les quartiers où les huttes sont basses et où les gens se pressent comme des portées de truie dans le même toit à cochons !

Il s'en faut qu'on soit aussi enragé dans le Wapping, ni à White-Chapel.

La promiscuité, dans ces régions-là, avachit les hostilités. Quand on est les uns sur les autres, il faudrait passer sa vie à se tuer — on préfère se soutenir et tituber, chacun son tour, sur le bras du voisin. Une espèce de familiarité vile, de sentimentalité bestiale imbibe toute la maison sale et basse.

Dans Drury-Lane on est plus sauvage, parce que, sans doute, il y a moins de misère que de vice, moins de fainéants que de travailleurs irréguliers, parce qu'on a affaire à de la graine de prison et de bagne plutôt qu'à de la graine de mendiants, parce qu'un homme est vite tué dans le brouillard de l'ivresse, et que la tuerie n'est regardée que comme une peccadille dans ce milieu.

Si vous aimez le spectacle de la férocité, allez par là. Vous y recevrez des éclaboussures de sang.

LE MARCHÉ DE COVENT-GARDEN

La petite boutique à café, perchée sur un bout de chariot qui vient s'arrêter toutes les nuits au coin de ma rue, est en plein coup de feu. Le brave bobby a le nez sur un bol qui fume et dont il sirote le contenu à petits coups, du bout de ses lèvres un peu fripées par la fatigue de la nuit. Il a pris le service hier soir à dix heures et il va être six heures du matin. Il est permis d'avoir les muqueuses desséchées quand on a été au grand vent tout ce temps-là. Un ouvrier en prend pour deux pence aussi, et une fille qui a dû passer la nuit comme le policeman — dans la rue — demande une tartine beurrée d'un sou.

Une chatte, à terre, lisse sa robe et refuse quelques gouttes de lait qu'on lui offre dans le fond d'une tasse. Elle a plus de lait qu'elle n'en veut, Blanchette, qui s'assied près de la boutique comme un petit chien et saute dessus comme un singe, quand la buvette reprend le chemin de la maison, une fois le fourneau éteint et la bouilloire vide.

L'agent me dit à l'oreille que le maître de la chatte battait sa femme si consciencieusement qu'elle en est morte, mais qu'il est très bon pour le *pussy*. « Très bon, Monsieur, excellent ! »

L'ouvrier qui a fini de laper son petit noir se joint à un couple de camarades qui passent ici chaque matin, mais qui ne s'arrêtent pas et ne demandent ni tasse ni tartine. Ils sont mariés et leur femme leur a mis du thé dans une bouteille de fer-blanc qui ressemble à un bidon d'huile, en même temps qu'elle a fourré un chignon de pain et une tranche de viande froide dans un mouchoir à carreaux. Entre midi et une heure il grignoteront et boiront cela ; peut-être feront-ils réchauffer leur thé près du brasier de l'usine, ou iront-ils dans un de ces public-houses qui prêtent leur fourneau à qui leur demande une demi-pinte. Le foulard de coton dans lequel est enveloppé ce déjeuner est presque toujours rouge, et, malgré moi, me fait penser à la bannière écarlate que leurs frères de France firent hacher dans une gigantesque bataille.

Mais ceux-ci ont la mise tranquille ! Ils portent leurs outils dans un panier de paille qui a l'air d'un cabas de vieille femme. C'est aussi le sac des marchands de citrons déguenillés qui vont par les rues, les pauvres, avec ces pommes d'or pâle dans la main, sales et flétris comme le sera demain leur marchandise, quand elle aura été écrasée sur un poisson frit, ou frottée contre des ongles noirs.

Des femmes aussi sont debout par le frisquet de ce grand matin — moins nombreuses pourtant que, dans les rues de France, nos ouvrières à la même heure.

MARCHAND DE LÉGUMES.

Nous voici à Covent-Garden.

Toutes les voies qui mènent au marché sont encombrées de voitures, c'est le Derby aux légumes, et le policeman a un mal du diable, car on s'adresse à lui pour désenchevêtrer les roues, commander les avancées ou les reculs. Il est vrai qu'on lui obéit sans un murmure, et il arrive à faire de l'ordre avec ce désordre-là.

Les navets vont leur petit bonhomme de chemin, les fruits marchent, les primeurs trottent.

On n'en aura pas pour longtemps, à l'arrivée, si haute qui soit la montagne de choux ou de paniers. Il y a deux cent quarante douzaines de choux sur cette charrette et deux cent cinquante paniers de fraises sur cette autre.

Quelques fellahs en bras de chemise vont se précipiter là-dessus et démoliront en un clin d'œil ces pyramides sur le socle desquelles est inscrit le nom d'un Sésostris vivant — quelque juif qui a fait à lui seul la râfle des vergers et des jardins.

Les sacs de haricots, de pommes de terre, de betteraves, sont déposés sur des brouettes que mènent des gas jeunes, roux, vigoureux, avec des mines d'habitués du marché aux chevaux de Paris, la casquette rejetée en arrière ou aplatie sur l'oreille, le pantalon de velours relevé sur le mollet musclé et retenu par une jarretière de cuir ou de corde; le cou tendu, le dos rond, ils gardent dans leurs allées et venues, dans le travail et la gouape, l'allure des danseurs canailles des bouges de White-Chapel et des bastringues de la Villette. Ce n'est pas la fleur des pois, ce monde-là, quoiqu'ils vivent dans les haricots et dans les fèves, quoiqu'ils sentent, les premiers, les parfums des cosses et de la verdure neuve.

Ils travaillent comme des bêtes, le matin, gagnent jusqu'à sept schellings avant midi.

Les embrigadés portent au bras une plaque de métal. Elle leur a été octroyée par l'administration du duc de Bedford.

Car c'est le duc de Bedford qui est le propriétaire de Covent-Garden comme il est le propriétaire de Billingsgate. Il règne sur la terre et la mer, son empire s'étend de l'est à l'ouest, du zénith au nadir, comme celui de Charles-Quint. Et c'est en son nom qu'on emmédaille les pauvres diables que leur passé recommande ou que quelque personne respectable protège.

Mais ils n'ont point le monopole du métier. Un ancien marin occupe, pour son compte, un personnel qu'il prend où il lui plaît, dans l'égout s'il lui convient, et traite à forfait pour le déchargement des voitures et la distribution des provisions. Derrière lui le terrain reste libre encore, et peut s'offrir qui veut, sans parrain.

Un jour, on remarqua un homme qui fléchissait sous le fardeau et cachait son visage. La police tourna autour de lui, croyant flairer un criminel, mais l'un des agents reçut de lui une confidence douloureuse. Ce *fort*, si faible, était un *barrister* qui, la nuit, venait faire une besogne de goujat pour pouvoir payer le loyer de ses *chambers* (cabinet d'avocat) et se vêtir comme doivent être vêtus les gens de sa profession en dehors du tribunal, — quitte à manger comme les vagabonds!

Il devait économiser sur ses dîners. Il économisait comme un avare, car, le jour de la rentrée des cours, on le vit avec un costume neuf à la cérémonie. Ses reins étaient à vif, mais sa robe était vierge d'accrocs ; son visage était blême, mais sa perruque était coquette.

On garda le silence là-dessus, car le barreau tout entier se fût rué sur lui et lui eût arraché perruque et robe si l'on avait connu le secret de sa vie. Mais je tiens l'histoire de l'homme même à qui il se confessa dans le marché et qui le salua très bas, quand il le vit, au tribunal, sous son harnais d'avocat.

BILLINGSGATE

Tout Français qui arrive à Londres demande le « Dîner au poisson ».

C'est par ici, au bout du marché, dans un hôtel assez triste d'aspect, dont le seuil est visqueux, dont l'escalier est gras ; mais au premier étage règne la propreté sévère et nue de toutes les salles à manger anglaises.

Des rangées de tables, sans bouquet au milieu, sans serviettes en omelette ou en bonnet d'évêque. Des couteaux et des fourchettes, comme si on inventoriait une faillite de ferblantier. Des garçons en habit noir !

On voulait moins, on espérait la gaieté du repas sur le pont d'un paquebot, on s'attendait au tricot bleu et au grand col de chemise du matelot plutôt qu'à la cravate blanche et à la queue de pie du *waiter*.

Le silence ! — On marche mou, on parle bas.

— *Messieurs, quand il vous fera plaisir !*

Le maître d'hôtel a vraiment l'air du maître de cérémonie des pompes funèbres lorsqu'il fait signe à la famille qu'il est temps de se mettre en marche.

On s'assied, on va pour s'asseoir.

Et le *Benedicite ?* — Impie ou croyant, il faut se lever pour ne pas faire scandale.

Meuh, meuh, meuh ! pss, pss, pss !

Ça y est ; — on entend alors un cliquetis, comme si l'on sellait un cheval ou si l'on avait servi des éperons sur un plat. Les dîneurs étrangers ne sont pas habitués à cette profusion de couverts, et farfouillent dans le tas.

Les mets se succèdent; on apporte cérémonieusement trois ou quatre poissons de saison, mais sans la belle sauce vineuse ou dorée qui flatte l'œil, chatouille les narines, agace les papilles, rien qu'en arrivant sur la table.

C'est fade et nul, sans couleur et sans montant; et il n'y a pas grande différence entre les gueules frites qu'on sert et les têtes pseudo-vivantes de ceux qui servent. Heureusement un roast-beef à panse rouge s'offre au coutelas du maître d'hôtel, qui le découpe avec des airs de chirurgien faisant une opération délicate, dangereuse,

L'ÉTALAGE SUR DES BLOCS DE GLACE.

où il faut ménager le patient, et ne lui enlever la chair que par feuilles minces, toutes minces, avec un petit peu de graisse tremblant au bout.

Un fromage; — les Grâces de nouveau, le remerciement à Dieu de ce que les soles étaient fraîches, et de ce qu'on n'a pas avalé d'arêtes; on paie; et les excursionnistes retournent à Paris en disant qu'ils ont vu Billingsgate.

Penseront-ils seulement à longer la rue au milieu de laquelle le marché est bâti? Auront-ils l'idée de venir, par la nuit, assister au déballage de l'Océan?

Toute la mer aboutit là : cette mer, qui, non contente de porter sur son dos, comme un nègre, les cassettes flottantes où est empilée la richesse du monde, porte aussi dans ses entrailles le régal des riches, la nourriture des pauvres. Elle se venge quelquefois de ceux qui la dépeuplent et avale les bateaux par les soirs d'orage, mais tout n'est pas perdu pour Lower-Thames Street : la pêche est peut-être plus grasse là où les pêcheurs sont tombés, amorce fraîche, appât vivant. Et chaque matin la halle de Billingsgate reçoit son gibier d'écailles, abondant au gré des révolutions qui éclatent dans le ciel ou sous les flots ; cela dépend du flux d'en bas et du vent d'en haut, mais il y a toujours du saumon pour Belgravia et des harengs pour White-Chapel.

Oui, tout ce qu'on a volé aux océans et aux rivières arrive ici, — le fretin et le bouquet — les petits, les grands, ceux qui ont l'air de coulées d'argent et ceux qui ont l'air de feuilles de cuivre, ceux qui ont encore la chair palpitante et ceux qui ont été déjà saturés de sel, soûlés de fumée : leur peau métallisée ou leur robe luisante s'écorche sous la corde qui retient le lot, sous la pelle qui remue le tas, sous le coup de poing du déchargeur, sous le coup d'ongle de l'acheteur — revanche de tous les naufragés qui ont engraissé le courant !

C'est à cinq heures du matin que tout cela fait son entrée dans la rue basse de la Tamise.

Si, en attendant que l'horloge sonne, vous avez rôdé de ce côté, à la lueur des réverbères qui louchent dans la nuit mourante ou pâlissent devant le jour qui vient, vous avez pu croire que vous étiez transporté au fond d'une ville du moyen âge, dans le quartier même où étaient les oubliettes, où l'on torturait les prisonniers, où l'on semait l'horreur pour assombrir les âmes et effrayer le crime.

Des grillages noirs, des vitres blafardes, des arêtes, des griffes, toutes les menaces des forteresses, tous les reflets des prisons — le travail anglais a cette mine de tortionnaire ou de supplicié. Les murs où est accroché cet attirail d'Inquisition, et qui ont l'air de suer la mort, sont la carcasse d'une usine ou d'une brasserie qui travaille sans cesse et garde en lézardes sur ses flancs brûlés les mâchures de l'éternel accouchement. Entre ces haies de briques sombres, montant plus haut que les mâts des vaisseaux ancrés là-bas, du côté des docks, des ruelles s'étirent, comme les anguilles boueuses qui vont gluer le pavé dans un moment. On ne peut y passer deux de front. Jamais il n'est entré là dedans un rayon de soleil.

Mais le marché va s'ouvrir ! — Tous les chemins de fer de Londres viennent de lâcher sur Billingsgate leurs voitures géantes, portant des viviers dans leur caisson.

23'

Combien en arrive-t-il de ces camions, de ces *vans ;* et, pour recevoir leur chargement, combien de haquets, de tape-culs!

Ils descendent par centaines, comme si on les avait lâchés du haut d'une colline, et ils viennent tous rouler dans ce creux, les uns cognant les autres, ou se grimpant dessus comme des chevaux en rut.

Les poissons qui sont encore vivants dans les baquets peuvent croire qu'ils n'ont pas quitté la mer, et que c'est le flot tordu par la tempête qui les jette contre

LA SOUPE A L'ANGUILLE.

les rochers; non, c'est le chariot du railway qui bondit, en allumant des éclairs sur le pavé.

Quelques-uns de ces poissons, colosses de la tribu, mesurent neuf pieds de long.

Il faut trois ou quatre hommes pour traîner un esturgeon royal. Tel saumon dans sa caisse en forme de bière pèse autant qu'un enfant de deux ans dans son cercueil.

Il y a des *skates* qu'on peut à peine sortir des charrettes où elles s'étalaient à plat ventre. Leur queue, bout de cordage savonné, échappe aux mains des porteurs. Il faut les aveugler pour les soulever : on leur enfonce les doigts dans les deux yeux.

Ohé!... oh! — et l'on parvient à les placer sur le *tray* d'où elles veulent toujours glisser.

Ce gros gibier va suer froid, dans les boutiques des grands fournisseurs, sur les dalles de zinc semblables aux lits de camp de la Morgue, suivant la même pente, et éternellement rafraîchies par des jets d'eau glacée, comme les sommiers des cadavres.

Mais les macchabées de Billingsgate sont beaux à voir. Les turbots superbes dont

PRÉPARATION DE LA SOUPE A LA TORTUE.

on a lié ensemble la tête et la queue, font couronne sur le front des portefaix; quelquefois une égratignure de hasard laisse voir, sous l'écaille, la couleur orange de la chair qui ressemble à du vieil or.

Toute cette richesse de tons, cette fraîcheur, la vie intense du marché contrastent avec le teint blême, le regard sec, et l'air mort des marchands. Oui, ils ont l'air mort dans ce tumulte. — Leur orgueil même est éteint. On ne distingue pas celui qui a pêché un million dans l'eau trouble où les *whitebaits* frétillent, de celui qui n'a ramené encore que du goujon de banque dans son épervier.

Ils ont tous le même regard, la même physionomie, la même toilette. Tous portent le tablier blanc ou le tablier de serge noire autour d'une jaquette sombre, tous ont les pieds dans des socques pour patauger à l'aise dans le *mud*, des socques qui valent 4 schellings 6 pence, pour les saumonards comme pour les plaqueurs de limandes. Les pupitres sont uniformément bas des pattes, souillés du

MARCHAND DE POISSONS.

ventre, gros comme des billots de boucher, en bois blanc, ou qui fut blanc, comme les commodes transmises de père en fils dans les huttes de paysans. Mais dans le fond de ces tiroirs maigres il traîne des chèques qui représentent des fortunes ; sur le chiffon de papier qu'on vient de pousser dans ce coin, il y a, photographié en chiffre, tout un fond de rivière.

Tout au plus supposerait-on qu'on a affaire à un dignitaire de la corporation, en voyant pour pupitre, appliquée au mur, une espèce de chaire, avec un petit escalier, qui semble attendre le prédicateur.

Quelques-uns, au lieu de socques, ont des bottes dans lesquelles la culotte s'engouffre, et qui cuirassent le mollet. Au lieu du chapeau rond, coiffure des socquiers, ils ont un tuyau de poêle et rappellent les professeurs de haute école dans les manèges peu fortunés. Singulier costume pour un vendeur de poisson ! Mais le poissonnier est homme de cheval souvent, bookmaker quand il a le temps. Il lit le *Sportman*, assis sur un baril de sardines, et inscrit ses pronostics du Derby à côté de ses comptes de Billingsgate, sur le registre long et de forme traditionnelle qu'il porte contre son cœur, entre sa jaquette et son tablier.

Toujours lent, calme, et parlant entre ses dents, tandis que son commis fait la criée !

C'est ainsi depuis qu'ils sont seuls maîtres du terrain qu'occupaient autrefois des femmes, des commères comme nos poissardes, paraît-il, et dont les phrases hachées, tronquées, sautaient hors du dictionnaire du bon ton, comme les tronçons de tanche hors de la poêle. On trouvait parfois des perles dans cet argot saumâtre, comme on en trouve dans l'eau des huîtres.

A présent, c'est ici comme à la Cité. Ces trafiquants en truites ou en maquereaux, le crayon fiché sur l'oreille comme le poignard des bandits muets à l'affût, œil terne, bouche pincée, regardent avec une expression de pitié et de mépris le groupe de Français qui s'étonne de cette rigidité, et dont l'étonnement éclate par les yeux ou les lèvres. Nous sommes déconcertés par cette attitude de statue en plein fumier et en plein boucan, nous qui avons toujours vu la fièvre des hommes suivre la fièvre des choses, nous qui ajoutons toujours un grincement humain à un grincement de machines, nous dont les prunelles flambent lorsque le travail chauffe, nous qui avons besoin de penser tout haut, même quand la tourmente doit dominer notre voix grêle!

Nous paraissons des gamins souvent, à crier ainsi contre le vent et à envoyer des chiquenaudes au nez des avalanches. L'Anglais paraît grand en restant silencieux et en s'arc-boutant sur sa tranquillité. A Billingsgate comme ailleurs, on sent cette supériorité. Il y a le fracas du *business*, mais pas une parole de perdue ni un geste inutilement dépensé. Même si une caisse glisse d'une tête, tombe sur une jambe et la brise, le mutilé ne criera pas. — A quoi bon?

Tout les éclabousse, rien ne les détrempe. Leur visage reste sec comme la tête du nageur qui a parié de ne pas mouiller ses cheveux, et leur front est impénétrable comme le bonnet goudronné de leurs marins.

LA FEMME ANGLAISE

Elle a été gentille à croquer, dans ses atours de poupée, avec sa démarche de garçonnet et sa petite tête de chérubin.

Elle a grandi, ni boudeuse, ni rêveuse, mais toujours en l'air, mutine et bruyante, et semblant avoir du vif-argent dans les veines — voire du vin rose — autant et plus qu'une *pitchoune* de Provence ou même qu'une gamine de Paris ! C'est gracieux comme si c'était né au soleil, ces fleurettes blondes écloses dans le sol boueux de l'Angleterre !

Mais voilà qu'on est devenue une grande personne — quinze ans, bientôt seize — il est temps de songer à un *young man :* il faut avoir son amoureux ou son promis.

C'est alors qu'elles vont faire mentir la légende de l'hypocrisie nationale et déconcerter ceux qui accusent leur race d'être sournoise et en dessous. Elles seront, elles, en dehors, toutes voiles au vent, et même elles iront jusqu'au mépris des convenances. C'est le Français qui criera : *Shocking !*

La vérité est que l'on s'embrasse beaucoup et de très près sur les bancs du parc ou sur le canapé du *home* avant d'avoir le droit de consacrer au *conjungo* les heures silencieuses du dimanche.

L'Angleterre s'effarouche de tout, hormis de cet accroc fait au manteau de ses mœurs, jeté sur ces licences comme le manteau de Sem sur l'indécence de Noé.

Si remuante qu'ait été la fillette anglaise, elle n'a pas le tempérament chaud et vibrant de la femme de France, et, quand vient l'âge nubile, elle n'est point secouée par les ardeurs qui troublent les sens et fouettent la chair des ingénues de chez nous.

C'est leur climat qui les protège contre la chute, alors même qu'elles glissent dans l'impudeur à la face de leur ciel sombre. Elles ont l'humidité de ce ciel pour parapluie contre les averses de la passion, contre les orages de l'amour.

Leur éducation aussi, leur éducation surtout, les met en garde contre la surprise de certaines découvertes, contre le charme des premières caresses. Le piment de la curiosité ne leur dessèche pas la langue et ne leur met pas le feu aux lèvres, elles sont capables de se laisser embrasser indéfiniment sans qu'elles aient à rougir d'un frisson, sans qu'elles aient à arracher de leur peau blanche l'aiguillon d'un désir.

A DOUZE ANS.

Elles ont été élevées à la diable — en garçon — elles n'ont pas étouffé, ainsi qu'Emma Bovary, dans la discipline de l'école ou du couvent qui interdisait les ébats grossiers et masculins, mais encourageait les rêveries solitaires, au bout desquelles se dressait la volonté de tout savoir, l'envie de se jeter dans les bras d'un héros botté et moustachu.

Voilà pourquoi les mères françaises qui ont passé par là ont la crainte des mains qui se joignent, des pieds qui se cherchent ; les vierges elles-mêmes sentent le danger et ont peur... ! Dût-on s'unir le lendemain, on n'abandonne pas le quart de ce que livre une Anglaise, bien longtemps avant les noces — les fiançailles durant souvent cinq ans.

Le jeune homme prend la mer, part aux Indes ou en Australie, au bout du monde, traverse des tempêtes, fait fortune, fait naufrage, se ruine ou s'enrichit, et revient dans la patrie, sûr de trouver au logis celle qui lui a promis de l'attendre. Une Parisienne dépérirait de jalousie ou de langueur, se lasserait, oublierait... Outre-Manche, une jeune fille se résigne à perdre la fleur de sa vie, pour tenir la parole qu'elle a donnée. Quand celui qui a reçu le serment est de retour elle est déjà à l'automne de sa beauté, et il n'y a plus à cueillir, dans ce ménage, les joies de l'amour, mais les fruits de la maternité.

Quand, au lieu d'être épousée, une rosière est mise à mal, la loi britannique force impitoyablement l'engendreur à solder, en espèces sonnantes, le plaisir brutal qu'il s'est payé, un beau soir ou une vilaine nuit : la recherche de la paternité est admise. Celui qui a chargé la femme d'un poids vivant est tenu d'alléger le fardeau et d'égaliser la balance en jetant dans l'autre plateau un peu d'or s'il est riche, un peu de cuivre s'il

CHEZ ELLE.

est pauvre. C'est cinq schellings, dix schellings, par tête de petit, que l'on remet, chaque semaine ou chaque mois, à la lésée. Et il n'y a pas à espérer qu'on y échappera, à moins de se sauver comme un voleur, de se cacher comme un criminel.

Pauvres filles-mères de France, vous n'avez pas cette indemnité de déshonneur, et elle vous serait allouée que vous hésiteriez peut-être à la réclamer. Vous avez plus le regret de l'homme que la peur de la faim, et vous préféreriez voir tomber, sur le berceau de l'enfant, une larme du père qu'une pluie de gros sous!

24*

Il faut vivre pourtant et faire vivre le nouveau-né. La loi anglaise est donc plus humaine que la loi française, bien qu'elle ait été dictée par l'esprit marchand.

C'est encore l'esprit marchand qui a inventé le bris de promesse, *breach of promise*, article de leur Code obscur énonçant clairement qu'il ne faut pas semer la folie dans les âmes, l'espoir dans les cervelles, la fièvre dans le sang, et suspendre à l'horizon, dans le mirage d'un rêve, un ciel de lit sous lequel on n'est pas bien décidé à reposer et à ronfler côte à côte, légitimement.

Puni dans sa bourse, celui qui a volé les heures ou les moumours de sa bonne amie; condamné à l'amende pour les caresses chipées, pour les frais de toilette qu'elle fit,

D'APRÈS NATURE.

pour les œillets qu'elle voulut offrir, pour le flacon de *gingerbeer* sifflé de compagnie, pour le *cake* qu'on grignota des deux bouts, alors que les lèvres se cherchaient et faisaient du chemin pour rencontrer un baiser dans les miettes d'une friandise !

Du reste, les Anglais ne font guère de chemin pour le rencontrer, ce baiser, et le cueillir au passage.

Là-bas, on ne suit pas les femmes, à moins qu'elles ne soient à louer et à payer sur l'heure.

Ne mettez pas cela sur le compte de leur réserve. C'est mépris des futilités, hâte de dévorer la route qui mène aux affaires ou au club. Il n'y a pas de flânerie sous le ciel d'Albion. C'est le seul pays d'Europe où j'aie vu circuler les gens sans regarder les passantes.

Il est vrai que s'ils s'y mettaient, ils les examineraient comme des chevaux, tandis que le boulevardier sait fleurir de politesse et ouater de discrétion son audace de suiveur, son grappin d'abordage.

Si Paris se fait le complice des intrigues charmantes, Londres, au contraire, semble avoir pris à tâche de décourager le caprice et la passion.

Où aller pour s'aimer ?

Pas de voitures fermées, de coupés clos et capitonnés avec le collignon qui a le vin tendre, qui cligne de l'œil en regardant monter le couple; qui, au besoin, rossera sa bête pour faire la nique au mari et ne se retourne pas trop pour voir si l'on a baissé les stores.

Inconnus, ces rideaux bleus ou rouges qu'on tire sur l'adultère !

Inconnus aussi ces cabriolets-paniers qui filent par le clair soleil du côté des bois !

Défendu encore de retenir en ville une chambrette où l'on se retrouverait ! Il faut accepter la maison louche qui vit de la débauche et du chantage, ou renoncer à cet espoir de rendez-vous. Elles sont mères de famille, les *landladies* qui sous-louent,

EN PROMENADE.

et elles ne voudraient pas sous leur toit de ces rencontres que signalerait d'ailleurs, chaque fois, le coup de marteau sur la porte fermée.

On est acculé dans la pudeur par les architectes de Londres.

Car il faut ajouter qu'en dehors des langueurs d'église, des senteurs de cabaret, des pourléchages de gourmandise, de toutes les absinthes d'amour que renifle et hume la Française et que l'Anglaise ignore, elle devrait céder sans un soupir ou un râle, sans un geste de laisser-aller ou de furie douce — la malheureuse !

Tout s'entend et tout tressaille dans ces demeures où parfois les murs tremblent comme la feuille.

On fait tout à la muette, dans ce pays : les dîners, les affaires... et les enfants !

Encore une fois, où aller pour s'aimer?

Il n'y a pas de cabinets particuliers où l'on s'enferme, boulevard Montmartre ou seulement boulevard Montparnasse, qui sont à la portée de toutes les bourses, avec des canapés propices et des verrous complaisants.

UNE JEUNE FILLE.

Non, pas de *Moulin-Rouge* par où les Anglaises puissent, comme les Parisiennes, jeter leur bonnet; — la noblesse de race et de beauté n'a pas encore trouvé sa Pomme de Pin ou son Ramponneau.

Les *Oysters-Rooms?*

Mais cette odeur de marée que l'on aspire en plein air sans peine et presque avec joie, cette odeur, condensée ici dans la carapace des langoustes et des crabes, a un affreux relent de saumure qui empoisonne les roses dans le creux des corsages.

Jamais, non jamais une femme du high-life ne *descendra* jusqu'à monter ces escaliers-là.

Mais que les ladies n'insultent point nos amoureuses à l'ombre du nénuphar qui étend ses ailes sur tout le lac de leur existence immobile.

Ce ne sont pas seulement leurs sens qui dorment, c'est leur cervelle qui est assoupie. Elles ont un corset de glace qui leur gèle le cœur, mais elles ont aussi des menottes aux poignets — et cela finit par un « poil dans la main ».

Nous cherchions une raison au sacrifice de leur liberté, nous l'avons trouvée ! Elles abdiquent parce que l'époux seul travaille et qu'elles n'auront plus à lutter contre la gêne. Leur insouciance commençait à devenir factice, depuis qu'elles avaient grandi et pu voir combien il était difficile, pour une isolée, de ne pas mourir de faim sur le pavé de Londres. C'est le mâle qui prend la charge du pain à gagner.

La Parisienne est plus courageuse et plus habile. Cette native du boulevard ou du faubourg, qui a l'air de l'ange du vice, a plus de qualités terre-à-terre que l'Anglaise qui semble possédée du démon de la vertu. D'où qu'elle sorte, elle a l'instinct et le courage de la vie en prose. Elle déploiera pour la popote, à la nursery, dans les affaires, autant de sens pratique qu'un spéculateur de la Cité.

Là-bas le mariage jette hors de l'action ce que l'homme appelle en France sa moitié, et ce qui n'en est que le quart, ou même le cinquième en Angleterre.

Il me semble qu'ils écartent de leur chemin un caillou blanc, une chance heureuse, en tenant leurs femmes à l'écart de leur profession, de leurs espoirs et de leurs soucis.

C'est aussi se liguer avec le brouillard, la pluie, la boue.

Pourquoi ne pas mettre des fleurs épanouies derrière les guichets de caisse, les comptoirs de magasin. Nous le faisons, nous qui avons un ciel tout bleu et un soleil d'or !

Et ils font des métiers de demoiselles, ces hercules à favoris rouges et à grosse bedaine. Il n'y a pas de boutiquières — rien que des boutiquiers !

Mais y eût-il des marchandes, qu'il y aurait peu de clientes.

L'Anglaise ne va pas aux provisions et n'a pas l'idée d'user de ce prétexte pour filer à droite ou à gauche tailler une bavette, jaboter un brin. Songez donc !

il lui faudrait quitter sa souquenille et ses savates, agrafer un corsage, boutonner des bottines — que de fatigue ! Elle préfère bien traîner de pièce en pièce, mal attifée, les bras ballants, les mains vides.

A vrai dire, tout l'encourage dans son farniente ; il y a des rues d'un quart de lieue sans un magasin. Les fournisseurs envoient la commande, sur un ordre donné le matin ou pris la veille, et la ménagère n'a pas besoin de passer chez le boulanger ou de descendre chez le fruitier, pour aller faire son marché. On lui apportera un schelling de foie ou de côtelettes ; un petit *boy* part avec un *tray* sur sa tête et va distribuer les gros quartiers ou les échardes de viande à ces dames accoufflées au logis.

Il y a d'ailleurs une domestique attachée au service de la maison, pour peu qu'on ne soit pas tout à fait des pauvres.

Chez les très besoigneux, c'est une souillon de treize à quinze ans, éternellement crottée, jamais brossée, jamais cirée, mais chargée de cirer, de brosser et de décrotter le patron et les locataires, chargée de battre les tapis et de monter les déjeuners. Sa livrée est faite d'un paletot poudreux, trop grand pour elle, d'un tablier blanc passé là-dessous et toujours noir ; d'un chapeau rond inévitablement gondolé et défrisé, et de chaussures d'ogre, trop longues, trop larges, fangeuses et balafrées.

Chez les *landladies* plus heureuses, ou qui ont besoin de le paraître à cause des pensionnaires à ménager, la bonne est proprette et tout accorte, dans la robe lilas frit que nous avons déjà remarquée sur son dos.

Mais bien qu'on la voie souvent perchée sur les rebords des grandes fenêtres qu'elle lave et fait reluire, en montrant sa croupe aux passants, bien qu'elle s'use les genoux sur le seuil dont elle frotte les marches à la pierre ponce, si l'on grattait cette famille comme cette servante gratte ces dalles, on trouverait là-dessous l'angoisse et la dèche.

J'avoue ne pouvoir sangloter devant cette dèche, en pensant qu'une femme de France renverrait la *girl* et se mettrait elle-même à l'ouvrage, les manches retroussées, les bras nus. Elle ferait métier de manœuvre et son « chez elle » embaumerait et reluirait de la cave au grenier. Si elle trouvait encore après cela de l'ouvrage en ville, elle en prendrait : quitte à raccommoder les hardes des enfants et à entretenir le linge de tout son monde en empiétant sur le repos du soir, assise, l'aiguille à la main, près du mari, rentré las et triste peut-être, mais consolé et repris de courage à côté de cette camarade vaillante.

On n'a ces doux spectacles que par hasard sous le toit d'un Anglais. Il sera fier de porter seul le poids de la maison, sans même conter combien il est lourd souvent pour ses épaules et pour son cœur.

Vanité de Spartiate ! Calcul étrange, mais caractéristique !

Car c'est encore l'orgueil — l'éternel orgueil — qui entre en ligne et leur fait endosser toute la fatigue, assumer toute la responsabilité.

Leur sollicitude est mensongère, leur prévoyance est hypocrite, leur indulgence est préméditée. Non, ce n'est ni par crainte de la maladie, ni par peur de la lassitude, ni par égard pour la faiblesse de leur compagne, qu'ils tolèrent et même qu'ils encouragent son incurable paresse.

Il y a à cette anomalie une raison plus haute : c'est qu'il faut des épouses fainéantes pour obéir à la tradition de la patrie. Un maître, rien qu'un maître dans la maison anglaise !

S'il disparaît, lui, il y aura un premier, un régnant : l'aîné. Les vertus des autres seront soumises même aux vices de celui-là, — et tous s'inclineront. La force et le prestige aux mains d'un seul, cela fait partie de la stratégie qui leur donne la domination du monde !

Mais ils ne réfléchissent pas que l'homme peut succomber demain sans laisser un fils pour reprendre son rôle ou sans que ce fils soit d'âge et de taille à mener la barque privée du pilote.

Il n'y aura peut-être que des filles à l'enterrement. Que deviendront-elles ? Les voilà toutes, veuve et orphelines, à la merci de l'associé devenu l'ennemi, ou jetées sur la paille, si l'on vivait de l'emploi seul du mort.

En France, la ménagère a reçu les confidences de son homme. Elle essuie vite ses yeux et tâte si dans la nuit de son malheur il n'y a pas une lueur à suivre, si par-dessus les murs du cimetière il ne pend pas une branche où se raccrocher — et elle se jette bravement dans la mêlée pour y chercher la pâtée de ses petits.

Mais elle serait vaincue d'avance si elle n'avait été que la camarade de lit et point le compagnon de peine et parfois de combat.

C'est pourtant ce qu'accepte l'Anglaise, peu soucieuse de sa dignité d'épouse et de sa part de solidarité.

Que lui importe ?

Lui apportera de quoi manger. *Elle* ne s'occupera qu'à carotter de quoi boire !

C'est aux bouteilles cachées dans les coins que cette lady fera les yeux doux. Elle prendra peu à peu, dans sa solitude, l'amour du whisky chaud comme braise ou du gin gris comme glace, mais qui ravigote aussi.

L'ivresse! c'est elle qui domine et tue les autres passions, et l'honneur du foyer se conserve comme un fœtus — dans de l'eau-de-vie !

Les riches aussi bien que les pauvres passent par là. Sous les lambris étoilés d'argent tout autant que sous les plafonds chinés de punaises, les filles d'Albion, cousues d'or ou cousues de poux, collent leurs lèvres au goulot et se paient des cuites.

L'époux ne s'indigne pas trop — la plupart du temps il a le nez dur aussi.

Puis, malgré la paresse même, s'il n'y avait pas à l'ennui de l'isolement ce contrepoids de la boisson, la femme relèverait peut-être la tête. Il aime mieux qu'elle lève le coude.

Enfin, elle est l'esclave et la galérienne de sa fécondité ! En puissance du mâle, elle est, sur cette terre de machines, une machine à faire des enfants, rien de plus !

Le mari ne la sortira pas, il la laissera cousue par sa robe aux layettes à faire, aux draps du berceau qui ne doit pas chômer.

On ne se figure pas une Anglaise stérile. Je n'ai jamais rencontré un ménage sans héritiers.

Malheureusement, la maternité les flétrit, soit que leur chair ne soit pas pétrie comme la chair des nôtres, soit qu'elles ne se défendent pas contre ses blessures avec la même énergie.

Comme elles sont vite découronnées!

Cette vie morne, étouffée, sentant la cave, a bientôt raison de ses prisonnières. Elles s'acoquinent dans leur captivité fainéante et elles se pelotonnent dans l'ombre avec un flacon sur le cœur.

On rencontre rarement dans la classe moyenne ou populaire, ces jolis minois de vieilles à cheveux blancs, aux joues roses, qui ont encore sous la neige un air de santé et de bonheur.

Il faut, pour trouver cela, aller dans la race choisie, tandis que dans nos villages de France, nos faubourgs de Paris, on peut saluer, à chaque pas, sous la cornette et la coiffe aussi bien que sous le chapeau à rubans et à plumes, de ces visages de grand'-mamans qui gardent, malgré les ans, un rayonnement de grâce autant que de vertu.

C'est une existence claire comme de l'eau et parfumée par le travail qui conserve ainsi les traits réguliers et les fronts purs.

Mais les femmes deviennent laides quand elles s'affaissent dans l'oisiveté ou tètent la fiole de gin. Leur beauté, si elles en eurent, dure un printemps, elle a à peine un été, et jamais d'automne !

Elles n'ont ni le charme, ni la grâce des aïeules, elles n'ont ni le charme, ni la grâce des mères.

Ne franchissant pas leur seuil, ou à peine, elles peuvent veiller sur leur nichée avec

UNE VIEILLE FEMME.

un soin jaloux. Mais il ne suffit pas à la couveuse de garder le nid. Il est bon qu'elle aille chercher l'insecte ou le grain dans le voisinage ; qu'elle interroge l'horizon pour savoir ce qu'il y a à grapiller dans la moisson et à picorer dans le vent.

D'ailleurs, tout porte à l'acoquinement dans le logis bien clos, il pleut toujours, ce qui gâte les robes et sème les rhumes, ce qui tue la coquetterie et tuerait aussi celles qui n'ont pas des poumons de fer.

Le ciel, inclément et sombre, est comme une bâche noire tendue au-dessus de la ville.

Les trois quarts du temps, on a de la boue jusqu'à la cheville, et le brouillard enfonce dans la gorge comme une pelote de coton gris.

Les femmes restent chez elles, pour ne pas être trempées ou salies, pour ne pas paraître verdâtres au reflet du gaz, souvent allumé en plein midi. Les Françaises en feraient peut-être autant, s'il y avait ainsi des déluges d'eau et de fange, sans rayons de soleil pour dorer les hallebardes des averses ou les miroirs des flaques.

A LA MAISON.

Mais comme leurs patriciennes ressemblent peu aux nôtres !

Les plus hautes par la naissance et les plus libres par la fortune, les reines d'élégance ou de noblesse rappellent, par certains côtés, celles qui ont le visage et le nom de tout le monde, les « madame Benoît ou Lambert » de Londres.

Pas une duchesse de Royaume-Uni, quelque historié que soit son blason, n'a la fleur de distinction, le flair de ce qui plaît, qu'aura la première grisette venue qui voudra séduire et séduira. Elle commettra, cette titrée, des hérésies qui scandaliseraient une plébéienne de chez nous.

Qu'il lui arrive d'être prise d'une fantaisie d'amour, d'avoir un caprice d'alcôve, — cela s'est vu !

Eh bien ! elle se vêtira, pour le rendez-vous, comme pour un bal de carnaval. Elle est capable d'avoir des jupons sans dentelles et des bas noirs ! Dans ce pays où les apparences sont tout, elle a négligé ses dessous, la millionnaire !

Pourtant, en ce monde heureux et riche, l'oisiveté brillante ouvre la porte des intrigues et celle des boudoirs, aussi souvent qu'en France. Mais le génie de la race et l'orgueil de chacune trouvent moyen de mettre sa griffe sur l'épaule des amoureux.

TRAVAUX D'AIGUILLE.

Le *Times* est plein de procès en adultère et en divorce. Le nom du mari est parfois un nom connu. Quel est le nom de l'amant? Celui d'un petit capitaine de l'armée ou de la milice, le plus souvent; mais rarement, sinon jamais, celui d'un écrivain, d'un artiste, d'un acteur célèbre.

On les méprise, ceux-là.

La femme, pas plus que l'homme anglais, ne daigne abaisser ses regards sur le talent et sur la gloire qui, chez nous, font les grandes conquêtes, et l'on a des scandales sans excuse, la tromperie pour la tromperie. La cervelle n'a pas donné dans ce duel; il n'y a pas eu ivresse, fierté, envie d'être comprise d'un intelligent ou d'un hardi. Est considéré comme ouvrier, celui qui vit de sa plume ou de son génie, et s'abandonner à ce manœuvre, ce serait comme embrasser publiquement un maçon en habits de travail.

C'est la haute naissance seulement qui les attire, non le haut caractère et la belle renommée. Princes et ducs, à la bonne heure ! Elles sont fières de ces amours, tandis que la Schneider en est soûle.

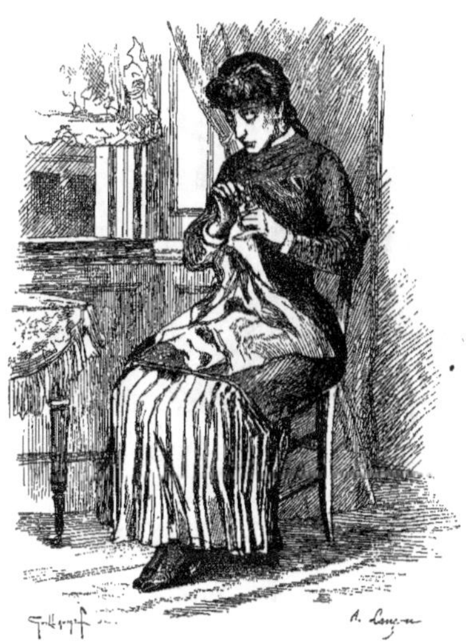

UNE JEUNE FILLE.

Il y a une vie de plaisir à Londres et qui serait aussi éclatante et aussi *pschutt* et *v'lan* que celle de Paris si la musique et le tumulte des farandoles ne juraient pas avec le bourdon des cloches, s'il ne fallait pas couvrir d'un éteignoir le bonnet pailleté de la folie. On n'en peut entendre tinter les grelots que dans des quartiers où la joie ne parle qu'à certaines heures, tout au fond de maisons capitonnées de feuilles, éloignées des églises, et dont on ferme les portes et les fenêtres, comme pour un crime, quand on veut rire, chanter, danser.

Oh ! pour la plastique, le vice dame le pion à la vertu !

S'il est un coin de Londres qui ait l'air engageant et heureux, qui sente bon et appelle à lui le Parisien en veine de flânerie ou en quête de douces aventures, c'est bien ce coin de Saint John's Wood, avec ses villas blanches comme les visages sablés de poudre de riz, ses verandahs voilées de stores à raies vives comme certaines écharpes, et ses coiffures de tuiles rouges — rouges comme les piquets de camélias et de roses sanglantes qui encadrent la chevelure des habitantes, dans ce pays où le tapage des toilettes est mis à l'ordre du jour !

C'est de ce côté que s'est réfugié le haut goût, et ce sont les « entretenues » de North

UNE JEUNE MÈRE.

Bank qui entretiennent son feu sacré allumé par des mains françaises. Dame ! ce sont nos coupeuses qui ont taillé leurs robes, nos modistes qui ont chiffonné leurs chapeaux. Mais, au contraire des bourgeoises et des grandes dames, elles portent cela pas mal, libres et souples quoique Anglaises, grâce peut-être à quelques conseils d'étrangers qui fripèrent les dentelles avant le coucher ou au réveil, grâce surtout aux nécessités de leur métier brillant qui les oblige à la recherche du montant, au qui-vive éternel devant la concurrence bottée, coiffée, sanglée chaque soir pour la lutte.

Tous les mercenaires se battent bien. Celles qui vendent leur peau satinée savent aussi fourbir les armes de leur métier, se harnacher pour le combat et se fleurir pour la victoire.

Un Français doit essayer d'entrer dans un de ces nids à plaisirs cachés au milieu des arbres. Il y trouvera une gaieté brutale, chevaline, et il faudra boire, jouer, boxer peut-être à la fin du souper délicat, avoir mal au crâne le lendemain.

Mais les femmes l'auront bercé avec leurs voix timbrées d'argent. Elles auront dénoué une chevelure riche à donner envie de la pétrir comme un avare; elles auront eu, les plus cupides mêmes, un air virginal et doux, et dans toute leur personne comme un reflet d'or pâle — médailles dont on verrait le cuivre en les écorchant d'un coup d'ongle, parbleu! Mais on n'est pas tenu d'écorcher, et si l'on veut se contenter du ravissement des yeux et des caresses de l'ouïe, on est, au nom de l'impartialité, forcé de baisser le pavillon de la cocotterie française devant ces filles de Londres, bêtes peut-être, froides sûrement, mais autrement fraîches et jolies que les *horizontales* de Paris, qui toutes — n'avez-vous pas remarqué cela? — ont, à un moment de la soirée, la bouche pincée, l'œil ou le front dur.

Les nôtres sont forcées de se faire un masque de tendresse et de gaieté, parce qu'elles sont des réfléchies sous des mines d'évaporées, tandis que les Anglaises gardent, même dans le monde des grandes galantes, l'insouciance et la sérénité, n'ayant pas ancré en elles le souci du lendemain, fainéantes pour le gain comme elles le sont pour l'amour, tout en étant

CROQUIS.

rapaces et dévergondées. La fadeur de leurs passions leur laisse le teint pur et la bouche jeune.

On ne voudrait pas de cela pour sa maîtresse — on serait volé! Elles ne *rendent* pas brûlure pour brûlure, baiser pour baiser, leur lymphe ne veut pas de la lave que nous avons dans le sang.

Et il ne faut pas qu'elles se dévêtissent : la cambrure manque pour les pieds et les hanches, et la peau, au lieu d'avoir le grain chaud de l'orange, a le luisant froid de la porcelaine.

Mais, gardant leur robe montante ou décolletée, elles ont, ces courtisanes de la haute vie de Londres, à la fois la grâce pudique des mascottes et le charme indécent des sirènes.

Et maintenant que nous avons suivi l'Anglaise, de la flirtation à l'adultère, du temple au public-house, de la paresse à la soûlerie, occupons-nous des êtres hors sexe qui promènent sous tous les cieux la bannière criarde de l'excentricité nationale.

Hélas! quand la femelle, là-bas, sort de son trou, passe sa tête de boa hors de la couverture sous laquelle elle dort, c'est pour devenir un phènomène. Elle est condamnée à être une pondeuse obscure ou une toquée bruyante. Pas de milieu.

Elle passe à l'état de charlatan sur les tréteaux ou de monstre dans le *ring* de la curiosité publique. Elle se fait voyageuse, nageuse, convertisseuse, libre penseuse ! Dans l'un ou l'autre des métiers, sous le caleçon ou le caban, dans la roulotte ou la chaire, bavant sur le gin ou barbotant dans l'eau, champion du Swimming ou de la

TYPES D'ANGLAISES PRIS AUX COURSES.

liberté des prostituées, protectrice des chats, avocat des chiens, découvreuse d'îles désertes et de cochers en faute; qu'elle s'appelle Madame Weldon, Miss Booth ou Mrs Prodgers, elle se profile sur l'horizon avec des reliefs d'Auvergnat — ni homme, ni femme !

Décriée ou applaudie, méritant le salut ou la douche, ayant voulu s'élever au faîte de la philosophie ou ayant grimpé au sommet du mont Blanc, — à la baraque, ma fille !

C'est dans des expéditions folles, toujours, que s'engagent celles qui osent quitter le *home*, et quand elles aiment le bruit, c'est celui du tambour, du gong, de la grosse caisse, le bruit qu'on fait sur le devant des cirques, à la porte des ménageries !

Même en restant dans le cercle de la bienfaisance et de la vertu, elles rouleront inévitablement dans le scandale, si elles se haussent trop au-dessus de la foule. Miss Burdett Coutts finit par épouser son secrétaire, de vingt ans moins vieux qu'elle. Et de rire !

Dans ton coin, femme ! N'en sors pas sous peine d'être huée par les gamins, bête de foire, ou de tomber au rang des interdites poussées fatalement dans le vagabondage et l'exil !

TEMPLE-BAR

Il y avait jadis, près de Chancery Lane, entre le *Strand* et *Fleet street*, une espèce d'arcade, moisie par l'âge, rongée par le brouillard, avec des statues estropiées chancelant dans leurs niches, quelques arabesques étranges, hiéroglyphes du passé, courant comme des rides sur le front de la voûte.

Il ne reste rien de cette arcade. *Temple-Bar*, poussé de l'épaule par quelques maçons paresseux, s'est écroulé dans la boue.

C'était cependant la porte de la Cité. La reine était forcée d'y frapper avant de la franchir. Le Lord-Maire n'ouvrait que quand le pouvoir avait montré patte blanche.

Aujourd'hui, le chemin est libre, et il n'y a plus de simagrées accomplies dans ce coin-là, quand les ministres ramènent le Lord-Maire au Mansion-House.

Signe des temps !

Ces pierres séculaires qui ont roulé sur le pavé de la chaussée, la centralisation ne les a pas repoussées du pied publiquement — il ne faut pas cracher sur les traditions, — mais c'est bien elle qui a donné le coup de pioche, et peu à peu, l'on verra le prestige et les prérogatives de la Cité s'émietter et tomber comme la carcasse usée de Temple-Bar.

Est-ce la royauté qui grimpera sur les ruines ? Non !

Elle vivra feignante entre les deux forces ennemies plantées menaçantes, à cette heure, au milieu des fabriques et au bord des mines : le Capital et le Travail.

L'histoire ne se bâcle plus comme jadis. Le glaive d'acier dont le *Sword bearer* nous laissait voir le pommeau l'autre jour par la portière de la voiture du Lord-Maire, qu'est-il donc à côté de ce que Lassalle, le socialiste, a appelé la *loi d'airain* du salaire ?

Pouvoir du prince, fierté des corporations, sont des cailloux qui pèsent à peine dans la balance. Le caillou de Cromwell ne pèserait pas davantage — le génie d'un homme n'est plus un phare, ni un écueil. Le régime industriel, l'association des capitaux, la bestialité des machines, couvrent de leur ombre et écrasent, sous leurs pieds d'or ou de fonte toute la vieille école des conventions monarchiques, aristocratiques ou bourgeoises.

Les laboureurs font grève, les mineurs tombent par centaines, les navires sombrent, les banques volent. Peut-être faudra-t-il faire la guerre pour cacher la grande plaie de la misère sous les plis soyeux du Royal Etendard.

La promenade du Lord-Maire est bien économique et bien maigre cette année !

Où sont donc les éléphants, les chameaux de jadis ? Où sont les princes indiens mâchurés de noir ? Où sont les guerriers à casque et à gantelets de fer ? Je n'aperçois pas Sanger's et son cirque, je ne vois pas de soldats habillés en gentilshommes du temps de Charles Ier, sous leurs bottes de caserne passant sous leurs « canons » de velours fripé.

— Il ne s'est fichtre pas ruiné ! disent les voyous autour de moi.

Ils voudraient en avoir pour leur débine, ils demandent qu'on leur fasse l'honneur d'une parade cossue, le jour où il y a fête sur les tréteaux officiels.

C'est bien le moins !

Mais ce n'est pas l'élu de la Cité seul qui s'est montré rat. Les citoyens ne se mettent pas en grands frais non plus.

Dans le Strand, il y a à peine une maison sur dix de pavoisée ! L'oriflamme le plus vaste porte, écrit en travers sur son étoffe : *Tivoli Lager beer.* C'est l'annonce de la brasserie allemande ; quelques loques déteintes pendent aux fenêtres, mais l'enthousiasme ne souffle pas au travers. A peine y a-t-il de la curiosité.

D'habitude, on s'écrasait et on s'assommait. Chose pénible à dire : on ne voit piétiner personne. La tradition s'en va, les cérémonies se meurent, les cérémonies sont mortes ! Elles n'ont plus leur contingent de victimes.

Mais voici que la chaussée s'emplit de fuyards, c'est la procession qui approche ; les policemen chassent devant elle les flâneurs et les attardés, qui sont obligés d'aller jusqu'au bout, les rangs de la foule anglaise ne s'ouvrant jamais pour donner asile à un égaré.

C'est dans la rue comme dans le monde : la barrière est infranchissable, la haie impénétrable. On ne force pas les portes de la société britannique, on ne pénètre pas dans un milieu où l'on n'a pas racine, on meurt où l'on est né. De même, en ces jours de spectacle public, le passant est condamné à suivre le chemin qu'il a une fois pris.

Il n'a pas à demander l'aumône d'une petite place à droite, à gauche, pour s'échapper. Il lui est défendu de trouer le tas, fût-il mince comme une lame. L'Anglais le sait et continue sa fuite ; l'étranger croit qu'on se dérangera pour le délivrer. Une dame qui me reconnaît pour un Français m'appelle à son secours. Inutile ! On se heurte en vain au caractère d'une nation, on ne dérouille pas, d'un geste ou d'un mot, la mécanique de l'insensibilité anglaise. Il n'y a pas de vilebrequin qui, ici, puisse percer cette muraille d'hommes raides et tristes !

Car la cohue anglaise n'est pas gaie — elle hurlera peut-être, mais on ne l'entendra jamais rire. S'il y a des cris, ils seront des explosions de brutalité ou de douleur, le hennissement des *roughs* avec leur *horseplay*, qui crèvent les poitrines, ou font gémir les femmes écrasées. On ne sait pas ce qu'il y a de gens étouffés et foulés aux pieds dans les agglomérations humaines de Londres. C'est une lâcheté de se plaindre ; on se laisse enfoncer les côtes, on râle, on tombe — c'est fini !

Je me rappelle la sensation terrible que produisit à Paris l'accident d'un pont, le 15 août. En Angleterre, on n'aurait pas poussé les mêmes clameurs ; d'autre part, comme on vit isolé, sans se connaître ni se fréquenter, le nom des morts fût resté enterré avec les cadavres, et la catastrophe n'aurait pas eu une retentissante solennité. Non, on ne peut se figurer ce que c'est que la canaille, le *mob* anglais. Il faut prendre là-dedans des poses de sanglier et menacer de toutes ses défenses la meute des chiens.

Acculé contre un mur, je puis tenir bon et je regarde passer le cortège.

Des policemen, des soldats, des musiques — mais pas un tambour, dans ce tapage.

C'est une remarque à faire, et qu'a soulignée chez moi une impression curieuse. Arrivant à Francfort après des années de proscription, je fus secoué de la tête aux pieds par les *rrra* et les *fla* d'un roulement. Un bataillon de Prussiens descendait la garde ; une batterie précédait les fantassins.

HORSE-GUARD.

L'Angleterre morne, qui n'a pas de bruit éclatant et sonore, m'avait déshabitué du tambour, et je tressaillis comme si c'eût été le canon !

Ah ! c'est un pays d'étouffement, non d'éclat, de prose et non de poésie ! Je n'en voudrais pour preuve que ce défilé des ouvriers des corporations. Têtes dures, sans regard et sans sourire, — et sur ces têtes, le chapeau haut de forme, le tuyau de poêle ; ces artisans sont coiffés comme des professeurs. Ils marchent droits, silencieux et blêmes. C'est une race terrible, allez, et je ne voudrais pas que ma patrie devînt leur ennemie — ni leur amie...

Voici les voitures des anciens *shériffs*. On applaudit tout à coup un homme à mine goguenarde, teint rouge, favoris de neige, chevelure comme une perruque de crins gris. Il n'a pas le chapeau tuyau de poêle, celui-là. Il a un feutre bas et gris, fané des bords. C'est l'irrégulier de la Cité, c'est John Bennett, le marchand d'horloges, John Bennett, deux fois élu, deux fois repoussé. Il répond aux saluts comme devait faire le roi des Halles.

Il n'a pas de bannière, mais son macferlane usé (il a pourtant le moyen de s'en payer un autre) est connu et aimé de la foule. Il y aurait du tapage dans Londres, que c'est lui qui accaparerait, s'il voulait, la popularité de la rue.

Qu'y a-t-il encore? — L'ancien Lord-Maire, le nouveau ; voilà tout. Leurs voitures

LES HORSE-GUARDS.

sont encroûtées d'or. Cela ressemble au char de Cendrillon dans les féeries, quand Cendrillon n'est plus la souillon et le souffre-douleur.

On applaudit. Ce Lord-Maire est le re-présentant de la Cité — la Cité qui a ses liasses de papiers et ses bank-notes pour faire échec aux parchemins de l'aristocratie, qui est une ville dans une ville, et qui est plus maîtresse des colonies lointaines, d'où elle tire de quoi emplir ses magasins et sa bourse, que n'en est maîtresse la reine avec sa cou-ronne et ses soldats.

On applaudit. C'est que c'est de la Cité que sortirait l'or qu'il faut pour acheter les consciences et pour équiper navires et régi-ments, si jamais on en venait aux armes. Vive le Lord-Maire ! quel qu'il soit, fût-il

LES AMATEURS DE NOUVELLES.

un soliveau, cela veut dire : Vive le Commerce! Vive la Banque! Vive le génie de l'Angleterre !

Et, parmi tous ceux qui crient ainsi, il y en a qui font peine à voir. C'est qu'on n'a pas dans ce pays l'instinct de la révolte. Mais que dis-je? A côté de moi, un homme hâve, en haillons, lève son chapeau et crie : *Hip! hip! hurrah!* Je le regarde.

Il est pieds nus, pieds nus dans la boue gelée; il n'a pas de chemise, et je vois la toison de son poitrail à travers la guenille qui lui sert de cache-viande. Il a la peau toute bleue de froid, et il cligne des yeux comme un animal arraché d'un trou et jeté tout estropié à la lumière. Il crie encore : *Hip! hip! hurrah!* et il se frotte les épaules dans ses haillons, avec un geste d'aise et d'orgueil qui veut dire : « Comme je suis heureux d'être Anglais! »

Musulmans sans soleil, ces fils de la Grande-Bretagne! Ils ont la résignation muette des Orientaux, sous leur ciel de fer. Ils sont fiers d'être Anglais, c'est assez — et ils se consolent de n'avoir pas de chemise en regardant flotter un lambeau de drapeau : l'*Union-Jack;* ils se consolent de n'avoir pas de souliers en regardant la patte du lion britannique posée sur la boule du monde.

HYDE-PARK

PETTICOAT LANE

En pleine Cité, en plein dimanche, le cri de tous les métiers, le bâillement de toutes les guenilles, la foire aux *limaces* et aux *philosophes*, aux *surins* et aux *pépins*, aux *tire-bottes* et aux *tire-jus* — c'est-à-dire chemises, savates, eustaches, riflards, mouchoirs, cela et le reste, toutes les charognes du bas commerce offertes aux besoins des sans-le-sou.

Pendant que les cloches célèbrent la splendeur de Dieu dans les temples chrétiens, ici les brocanteurs juifs hurlent contre le ciel, agitant des haillons de toile, de cuir, de drap, et aussi des esquilles d'acier ou de fer. C'est comme une vente des frusques de la Morgue, ou une adjudication du stock qu'on descend, à de certains jours, des rayons du Greffe, sentant le lit d'hôpital ou le linge de geôle, ayant appartenu aux lépreux de la misère ou du crime.

Mais on ne nettoie pas les habits de ceux-là, tandis que les marchands de Petticoat Lane s'acharnent sur les chiffons, comme le chirurgien sur les blessés pour les rapiécer et les recoudre.

On a lavé les taches de boue ou de sang, gratté la crasse, gratté la rouille, on a passé de la poix sur les empeignes et de l'encre sur les coutures, on a craché là où l'on avait vomi, donné des coups d'aiguilles là où l'on avait donné des coups de couteau, et maintenant on peut vendre des carapaces pour les dos nus et les pieds à vif.

Veux-tu du linge, Tom, toi qui n'as eu depuis deux mois que ton tricot de poils sur la peau? Pour un schelling, pour moins, pour neuf pence, pour six au besoin, tu te pavaneras dans une chemise blanche ou bleue, ou rayée de rose. C'est là-dedans qu'il fera bon!

Si tu es, par hasard, riche de cinq *bob* ramassés dans la poche d'un suicidé, reçus en héritage sur un grabat d'hospice ou dans un parloir de prison, tu peux t'habiller comme un honnête homme, bandit!

Tes chaussures te coûteront vingt sous de France, elles auront, pour ce prix-là, une semelle et des talons, elles te feront encore bien un mois, pour peu que tu ne sois pas obligé de marcher toutes les nuits pendant ce mois-là, vieux coureur de routes, batteur de grands chemins, forcé de faire de larges enjambées pour arriver à temps au Workhouse, obligé de marcher à pas sourds jusqu'à l'objet à voler, ou jusqu'au *pante* à saigner.

Si j'ai un conseil à te donner, fais de longs pas, cela use moins les souliers, et économise la vie, — la tienne et celle des autres. Songe à la potence!

N'es-tu pas las aussi de montrer ton derrière, pincé par le vent, et qui a la chair de poule? Pour deux schellings, si tu es coquet, pour un schelling huit, si tu es modeste; pour un schelling seulement, si tu ne tiens qu'à être pudique, tu auras une culotte à pont.

Au même prix, une jaquette ou un ulster. Et il ne te restera qu'à planter là-dessus une coiffure à ton goût : le *chimney-pot*, le *billy cock*, ou le *shovel-hat* — suivant que tu voudras avoir l'air d'un esquire, d'un voyou ou d'un révérend.

Il y a de la pelure pour les femmes aussi. C'est même un de leurs vêtements qui sert d'enseigne au marché.

Petticoat Lane. Cela veut dire la Ruelle du jupon.

Elle ment, cette affiche.

Si vous retroussiez les robes des filles qui rôdent par là, vous verriez que les trois quarts d'entre elles ont les jambes et les hanches nues.

Pour faire le métier de pierreuse, on n'a pas besoin de dessous qui coûtent cher. Le jupon est ce qu'on achète le moins dans ce marché. A peine pourrait-on dire que c'est la ruelle aux chemises.

Combien, parmi ces filles, qui viennent chercher une robe pour les envelopper du cou à la cheville, comme des Grecques, tunique à deux schellings six pence qui a épongé déjà les sueurs de vingt femelles, et qui sera encore revendue et de nouveau

MARCEÉ AUX CHIFFONS (PETTICOAT LANE).

portée ; trop trouée dans quelque temps pour les clients de celle qui l'achète aujourd'hui, elle sera bonne encore pour la détresse des mendiantes, et elle reviendra ici boucher, de ses morceaux les moins fanés et les moins déchiquetés, les trous des souquenilles qui ont besoin de pansements sous les aisselles.

Rien ne se perd dans la nature ; sur le fumier de Petticoat Lane, toute une race picore de quoi se défendre contre le vent et le froid.

Devant ce grouillement de guenilles, quelques écrivains ont pensé à dramatiser

MARCHÉ AUX SAVATES (PETTICOAT LANE).

la scène ; ils ont prétendu que la police elle-même avait peur dans ce milieu, qu'elle n'était là que comme un fantôme à casque de cuir prêt à disparaître, si quelqu'un dans cette canaille jetait un cri, si un Jack Sheppard lançait, par-dessus les têtes, un signal capable de faire frissonner, comme une croupe de jument piquée par les taons, l'échine de cette cohue.

Ils ne savent pas, ces fantaisistes, ce que l'Angleterre a dans le ventre ; ils ignorent que jamais la foule anglaise ne perd le nord, honnête ou canaille ! Des loups, quand ils vont un à un, ou quatre à quatre ; des moutons, quand ils sont en bande, ayant le respect du berger, surtout s'il porte une houlette de plomb, marquée au chiffre de la Reine, le bâton armorié du constable. Ils peuvent être violents, sauvages, mais à leur heure, et jamais au hasard d'une colère venue on ne sait d'où. Ils sont des réguliers de la férocité, et ne cassent les grilles, et ne cassent les gens, que quand il a été décidé qu'on irait jusque-là, comme dans les *fights* où il est convenu qu'on ira jusqu'à l'agonie.

Le premier *Bobby* venu peut cueillir dans le troupeau, et prendre par la toison une des têtes de ce bétail. Le reste ne regimbera pas. Ça se passerait autrement au fond d'une allée borgne, un samedi, après l'incendie du gin.

Les romantiques seuls peuvent promettre des assassinats d'agents, dans Petticoat Lane, en plein midi. Quelques-uns, abaissant le ton, n'ont pas parlé d'assassinats, mais de vols. Ils ont dit que ce quartier était, les dimanches, le rendez-vous de tous les tire-laine de la ville. Si l'on achète un foulard à l'entrée, on peut le racheter à la sortie. Il a été dérobé en route, démarqué d'un coup d'ongle, filé au marchand sur un clignement d'yeux, puis pendu avec une étiquette neuve à la potence de quelque Barabbas ressuscité pour vendre au besoin le caleçon du Christ et le turban de l'autre bon larron du Calvaire.

Des voleurs? Non. Si l'on avait affaire à un bataillon de voleurs, ce serait autrement vivant.

Mais à Petticoat Lane, les faces sont mortes ou béates.

Des voleurs?.. ces gnangnans, ces traînards?

Les pick-pockets pour de bon ont l'œil plus vif et le nez plus creux; puis ils ne vont pas dans ces milieux déguenillés, les gentlemen !

Parbleu ! si vous laissez traîner sur votre gilet les breloques d'une chaîne d'or, on vous débarrassera de ces breloques, inutiles après tout, et si la montre vient avec, tant pis pour elle ! Mais, dans une foule de France, on aura aussi sa toquante enlevée : il ne faut pas tenter le diable.

Non : ce n'est pas le monde des escarpes énergiques et des filous pittoresques qui fait le fond du public de Petticoat Lane.

C'est le peuple même, le peuple vrai, celui qu'on appelle John Bull, qui vient là au jour du repos, promener sa misère résignée, et inspecter cet ignoble vestiaire.

Voici le grand marché, sous un hangar couvert, à l'entrée duquel on lit écrit :

THE MONTEFIORE

PHIL'S CLOTHES

AND

GENERAL MARKET

Montefiore !

C'est le nom d'un archi-millionnaire de la brocante, enfoncé dans l'or jusqu'à la cheville en ses bureaux de la Cité, mais engoncé ici sur ses images dans la pose d'un bienfaiteur adoré des nez crochus ; vénéré comme un mage, salué comme Jehovah.

Il protège l'endroit de toute la largeur de sa fortune et de sa gloire.

Osa-t-il jamais cependant pénétrer dans cette ruche de bois, entre ces haies de marchands, qui ont l'air de matrones guettant les hommes ; accrochant le passant par un bouton qui ne tient plus, par une basque qui va se détacher du tronc, et ne permettant l'évasion que quand ils sont sûrs qu'il n'y a rien à tirer du flâneur ou du misérable. Alors ils le lâchent pour se coller à d'autres, jusqu'à ce qu'il y ait échange d'un souverain, d'un schelling, de six pence, d'un penny contre quelque produit d'occasion ou de contrebande.

Ils en bavent, les enragés !

Figurez-vous, debout sur des tréteaux, trente charlatans de foire dépliant des frusques, les faisant claquer, tapant dessus à coups de poing comme sur une mâchoire de pugiliste, ayant l'air d'injurier les vestes et de vouloir gifler les pantalons.

— A combien ? cinq schellings ? non ! quatre ! non ! trois ! deux ? est-ce deux ?...
Une dernière bourrade à l'inexpressible.

— Eh bien ! tiens ! tout ça pour un *bob*, pour douze pence en argent ou en gros sous !

Vous n'en voulez pas ? c'est un autre paquet alors qu'on déplie, qu'on insulte, et qui ira rejoindre le premier, si personne ne tend la main.

L'acheteur anglais diffère de l'acheteur français comme une goutte de graisse diffère d'une goutte de vif-argent.

C'est lentement, mécaniquement, qu'il lève le bras, l'abaisse et le fourre dans l'habit, tandis que le marchand a l'air d'un fou qui se précipite sur un automate. Le juif a du feu de maudit dans les veines, mais l'Anglais pur sang reste gauche et lourd, il garde la tête terne et triste d'un sourd, dans cet effrayant brouhaha !

La lutte du débris contre la mort, voilà ce que représente avec son bouillonnement de fange et ses bouffées de moisi, le marché que la tribu tient le dimanche du côté de la *cour de la Providence* et de la *cour aux Tripes*.

Spectacle curieux, certes ! cet entassement de vieilleries, ces pyramides de

choses fanées, ce bazar immense de rebuts, mais on a de ces spectacles, sous tous les ciels du monde, à certaines heures, avec cette nuance, que l'Angleterre fait toujours énorme et colossal, dans le chiffon comme dans le reste.

Ce qui donne au Marché aux guenilles une place à part dans le domaine des paysages humains, c'est qu'entre ses frontières sales et viles, rôde le fantôme de la détresse anglaise.

L'ouvrier de Londres n'espère rien, lui qui ne se révolte pas ! Il se sent vaincu pour toujours, et se contente de vivre par grâce, et au hasard des chômages et des grèves ! Il ne se croit pas d'une autre pâte que le mendiant lâche, que le voyou crapuleux ; il se regarde comme un peu moins malheureux que la fleur de pègre qui est née, a grandi et veut mourir dans les immondices du *Dust-bin* au fond des allées borgnes et des cabarets louches de Whitechapel.

S'il n'avait pas cette pensée tapie au fond de son cerveau, il n'irait pas ramasser sur le pavé de *Old Clothes' Exchange* les nippes qui sont arrivées là comme la croûte de pain jetée dans le ruisseau, ou comme le sou lancé dans la boue par la main des lords l'Arsouille. Ils puent la domesticité et l'aumône, ces habits dans lesquels l'artisan glisse sa carcasse de laborieux sans un frisson de dégoût et sans un frisson de colère. Cette redingote, cette veste, ce gilet jauni aux omoplates, ont appartenu à un maître qui en a fait cadeau à un larbin, lequel s'en est débarrassé, les trouvant indignes de lui. L'artisan vient, essaye, endosse, enlève et paye. Pour ce prix-là, il aurait pu avoir une blouse neuve ; il préfère avoir l'air d'un commis, d'un clerc, d'un monsieur, en se glissant dans une coquille abandonnée.

A Paris aussi on achète quelquefois un bourgeron ou un veston d'occasion, mais veston et bourgeron n'ont pas eu pour voisin le vêtement du vagabond pouilleux ou du rascal ordurier.

J'ai vu des travailleurs au front honnête, au regard clair, aux mains cicatrisées, se déshabiller et montrer sans vergogne une chemise sale et déchirée, un fond de culotte indécent. Ils jetaient là-dessus un paletot qui masquait la crasse et la ruine, couronnant le tout d'un chapeau à reflets de soie rousse ; l'homme n'avait plus l'air d'être un laborieux, mais un déclassé, et il était fier de cela, le malheureux !

Il y a là-bas des millions d'hommes qui jamais n'ont senti la fraîcheur d'une étoffe vierge. Pendant des siècles il en a été ainsi, il en sera toujours de même, tant que l'Angleterre vivra de sa vie égoïste et cruelle. C'est la hiérarchie qui se perche où elle peut sur ces gradins de brocantage, faute de mieux.

Mais il n'y a pas que les ouvriers qui viennent se nipper ici :

Je distingue des figures fanées et maigriottes comme celles des pauvres clercs de la Cité ; la bohème des offices sombres envoie ici quelques-uns des siens. Si patron ou client voyaient le pauvre diable, il serait cassé aux gages tout net, rejeté d'un coup de pied dans le néant, perdu ! On ne demande pas au paria d'où viennent son ulster et son tuyau de poêle, mais il ne doit pas laisser percer leur fangeuse origine. D'autre part, s'il ne venait point à Petticoat Lane, il ne pourrait pas s'en tirer — et voilà pourquoi on rencontre ici Jean Labeur à côté de Jean Hiroux.

Ce marché a l'air aussi d'un coin de champ de bataille débarrassé le matin de ses morts, et envahi par les Thénardier. Ils mettent aux enchères des cuirasses bosselées et des shakos troués, des épées tordues, des sabres cassés, tous les tessons de la déroute.

Avec ces accessoires de coulisses, ces tronçons d'armes, on fera des glaives de théâtre : le tragédien misérable, le comédien râpé s'habilleront, se harnacheront pour quelques pièces de monnaie.

Un homme de *beuglant*, un pitre de baraque y trouvera aussi les caleçons à paillettes, les maillots à raies, les bonnets à grelots.

Il y a là, jetés à terre ou accrochés au mur, des oripeaux pour vingt queue-rouge, comme il y a des uniformes pour vingt généraux ou cent figurants dans une pièce militaire.

Pêle-mêle de lamentables !

Ils marchent à la queue leu-leu, tous confondus, les bons, les pires, ceux qui massent et ceux qui mendient, ceux qui vivent de hasard et ceux qui meurent de fatigue ; grand cervelas de viande, long saucisson de résignés.

UN COIN DE REGENT'S PARK.

LE SPORT

LE DERBY

Oui, ce jour-là, le peuple anglais dénoue son masque et casse à coups de canne, à coups de bouteille, à coups de botte, le grand miroir de l'Étiquette, dans lequel il aime à regarder sa tête blême.

Toute l'année, ils sont restés le pied dans les entraves de la *respectability*, me rappelant, en leur impassibilité voulue, les groupes de cire qui se contemplent, avec des yeux ronds et le geste figé, chez les Curtius de foire : les Anglais ont le même air raide et empalé. Mais ils se désempalent le matin du Derby.

Le spectacle est curieux en diable parce que l'Angleterre s'y montre la tête en bas, les pieds en l'air, et qu'il est toujours réjouissant de voir une prude faire la culbute, d'entendre un muet dont le filet se coupe tout d'un coup et qui lève les bras, criant à vous rendre sourd : « *Two to one against the Field* » et allant, avec des sauts de grenouille en délire, chercher dans les paniers ou sous les roues des fonds de bouteilles à sherry ou à champagne, pour y tremper sa langue déchaînée et qui lui cuit.

Cette inondation de la foule, cette éruption de volcan, dans ce pays de cellules sociales et de mutisme pénitentiaire, cette gaieté de mandrilles, ce débraillé de vagabonds, déployé comme un étendard par cette ville qui d'ordinaire arbore avec ostentation sa couronne de tristesse et son cilice d'hypocrisie, ce massacre du *qu'en-dira-t-on*, cette furie de belle humeur, cette boulimie de fraternité, tout cela donne le vertige comme une descente de la Courtille au Champ des Navets ! C'est à se demander s'ils sont devenus fous subitement, s'ils ont été piqués par la tarentule ou bien s'ils n'ont pas, dès le berceau, la cervelle fêlée sans le savoir, eux qui, ayant une rate capable de se dilater ainsi, rentreront demain dans leur existence sourde, étouffée, cruelle. Ils galoperont au-devant de la mort, ayant toujours vissée à la tête ou collée aux reins la casquette sombre ou la casaque noire, dans le dur sport de la vie.

On se rend de trois façons à Epsom : par le railway, par la route — ou par la campagne, en filant alors sous les arbres, loin de la foule et loin du bruit.

Ce sont les gens tranquilles, les bons bourgeois, les vieux rentiers, qui choisissent cette voie ombreuse et discrète. C'est quelquefois aussi un guide qui, ayant sa bonne amie sur le parcours, a engagé un peloton d'étrangers en quête de joies violentes, dans cette expédition à la Paul de Kock.

Cette promenade champêtre et sentimentale est bien ce qu'il y a de plus bête et de plus assommant au monde.

Durant trois heures, on n'entend d'autre cri que celui des petits oiseaux et le bavardage des ruisselets, alors que sur le vrai chemin le torrent siffle, hurle, bondit, et roule dans son flot brisé les cabs et les omnibus.

C'est sur l'omnibus qu'il faut grimper, quand on a l'envie de dominer le spectacle, quand on veut être à la fois acteur et observateur dans la pièce.

Le cab est une prison à deux, le wagon une prison à trente, — quand on a
le bonheur de n'être que trente ce jour-là, dans le compartiment où l'on doit
tenir seize ; on y suffoque, et l'on ne voit, par la portière, défiler que des plaines
désertes et muettes.

L'omnibus, lui, entre dans le branle, comme à Athènes ou à Rome les grands
chars entraient dans le cirque olympique.

Un de ceux qui d'ordinaire font le service d'une ligne importante, de *Victoria-*

LORD NELSON INN.

Station au *Red-Cap*, par exemple, se détache du roulement et donne rendez-vous
aux clients devant un public-house célèbre.

Il est attelé à la Daumont, et fait riche figure, cet équipage plébéien, avec son
cocher à *Billy-cock* gris, en gants rouges, qui se tient sur le siège, droit comme
un I, un sourire aux lèvres, une rose à la boutonnière.

La place coûte 16 ou 18 francs, — douze schellings ou quinze. Pour ce prix-là,
on a droit à sa sellette sur l'impériale. Si l'on s'y est pris à temps, et moyennant
quelques sous de plus, on a l'honneur d'être assis à côté du « *driver* » lui-même ;
on a l'air d'être de l'état-major.

C'est gai, ce quadrige jaune, bleu ou vert, chargé de belle humeur et bourré d'intentions bruyantes. Il y règne une jovialité grasse et chaude.

Rien que des hommes sur le dessus. A l'intérieur, hommes et femmes ; mais il flotte autour du véhicule un cordon de liberté qui resserre les voyageurs et étrangle un tantinet le vieux cant et la vieille pudeur. C'est comme une kermesse entre quatre planches et sur quatre roues.

La voiture a ses couleurs, son cheval de prédilection. Si le cocher est un fervent, le fouet porte un nœud violet, orange ou cerise, suivant la casaque de jockey du favori.

Clic, clac ! Gentlemen, êtes-vous prêts ?

Chacun se tasse, rangeant entre ses jambes un cabas ou un panier, rajustant la bandoulière qui retient la lorgnette, ou bien tassant au fond des poches les munitions : pois à sarbacane, sac de farine, boîtes à mitrailles, œufs pourris.

Quelques-uns enroulent au chapeau des voiles de gaze verte qui feront turban comme à la Mecque, et protègeront les yeux et les oreilles contre les tourbillons de poussière.

C'est fini ! Hurrah !

Les pavés de la rue, plus vide que d'ordinaire, sonnent et tremblent ; aux fenêtres, les moutards trop pauvres ou trop jeunes pour être de la fête se perchent pour voir ceux qui s'y rendent : les uns restent muets et tristes, boudeurs et désolés ; les autres s'étourdissent et se consolent, en se démenant comme des diables, avec des airs d'électeurs nains, qui accompagnent de huées ou de saluts la voiture du candidat.

Dès qu'on est sorti du cœur de la ville, on est encore la proie de la marmaille ; mais, cette fois, les mômes sont sur la chaussée et exercent une profession. Ils pirouettent sur les mains jusqu'à ce qu'il tombe un peu de monnaie.

Ils se jettent alors sur les *coppers* et se les disputent.

Et la roue vivante continue à tourner, toujours en louchant du côté de l'omnibus, qui se montre assez ladre quand il n'est occupé que par des Anglais, mais généreux, quand il y a quelques étrangers dans cette grappe d'indigènes. On n'est pas charitable avec les isolés en Angleterre : il y a tant de taxes à payer pour la loi des pauvres ! L'enfant lui-même ne reçoit pas son salaire d'histrion, et souvent il a gagné plus d'ampoules que de schellings, le soir du Derby.

Plus on s'éloigne de Londres, et plus le voyage est curieux.

Il y a des haltes forcées. Il est de tradition de s'arrêter à tel *Lion Rouge* ou tel *Cheval blanc* déjà entouré de musiciens ou de boxeurs ambulants, qui, pendant que les voyageurs lampent le brandy ou sifflent le Bass, leur donnent une séance en plein air, prenant pour théâtre ce qu'il y a d'espace entre le cabaret et l'abreuvoir.

Des nègres au bouchon brûlé se dandinent, et rient comme des macaques. Ce

sont des hommes qui gaminent ou saignent, maintenant, pour faire rire ; quelques nez qui ont faim vont au-devant du coup de poing.

Tout le long de la route défilera la légion des gagne-petits, qui ont pris position dans la nuit, se sont installés le long des fossés dès l'aube : ceux-ci avec un seau, ceux-là avec une éponge à naseaux, les autres avec un stock de poupées ou de seringues à senteurs.

Ils ont fait le chemin à pieds, sans boire autre chose que de l'eau, n'ayant pas un penny, en ayant dû vider leur boursicot dans la poche des marchands qui ont garni l'éventaire.

Ils ont mal dormi sur le gazon, si éreintés qu'ils fussent, parce qu'ils avaient peur qu'on leur volât leur outil ou leur pacotille.

Quand on était en famille, on s'est relayé, le gosse a veillé comme le père, chacun a monté la garde autour de ce qui est le pivot et l'assiette de leur vie pour un jour, peut-être pour une semaine, si le commerce marche bien.

Quelques-uns sont venus avec un petit âne, parce qu'il y avait un tonneau à traîner, et la bonne bête broute l'herbe foulée et brûlée, brayant de temps en temps sur le passage d'un frère aux longues oreilles, qui ne s'arrête pas, lui, parce que la place est occupée, et qui, au milieu des énormes voitures, tire son fardeau héroïquement — fouetté à coups de branche fraîche par les filles qui sont dans le char voisin, encouragé de *hue* et de *han* comiques, qui font un drôle d'effet dans cette atmosphère où rayonnent et retentissent les noms des grands purs sangs sur lesquels l'Angleterre a parié.

On s'engage enfin dans le dernier sentier au bout duquel est le terrain des courses.

Ceux qui sont arrivés par le train avancent en flots rapides, muets ; ils n'ont pas eu l'occasion de s'échauffer en route, et ils sont encore les Anglais d'hier. Ils ne sortiront de leur coquille, ne se débarrasseront de leur carcan que quand ils seront près de la piste et perdus dans la foule. Alors la fièvre commune les saisira.

En attendant, quelques-uns s'arrêtent au tir improvisé, saisissent une carabine et visent la boule de verre qu'un geste du patron fait jaillir et monter. Des gas au cuir tanné, aux doigts poilus, coiffés de chapeaux à larges ailes, font balle à tout coup. Ils ont chassé l'homme, ceux-là, dans le Far-West et le buffle dans les pampas. Ils ont cassé des crânes comme on casse des bouteilles, dans les pulquerias des pays chauds, ex-chercheurs d'or ou ex-corsaires, qui ont le matin dénoué la ceinture où ils tiennent serrée leur fortune, sentant encore la poudre du révolver chargé de la défendre. Ils ont pris la part du Derby, c'est-à-dire tout, ou presque tout, et ce soir ils seront peut-être à la tête du révolver, — pas davantage — avec dix sous de plomb dans les canons.

Tant pis !... on aura du moins joué un jeu d'enfer, comme là-bas, par delà l'Océan, les lendemains de pépites trouvées ou volées. S'il faut repartir, aller se perdre à nouveau dans le *Bush*, ou rentrer dans la brousse, on ira !

Mais on peut gagner aussi — et ferme! Un *lad* d'une grosse écurie leur a soufflé à l'oreille le nom d'un *outsider* qui a des chances. On les a prévenus que le favori toussait, ou que son rival avait reçu un coup de sabot dans le jarret : affaire de hasard ou trahison, malechance ou crime.

On s'arrête. Nous sommes arrivés.

Quelle foule, quel murmure !

AU CHAMP DE COURSES

Mais comme tout cet espace est plein de contrastes affreux, et quelles iniquités éclaire le soleil !

Oui, la plaine et le coteau sont tout émaillés de femmes jolies, fleurs vivantes qui font bouquet sur les voitures. On entend tinter les flûtes de cristal, les gobelets d'argent, et les rires sonores ! Les plumes des chapeaux, les glands des éventails, les franges des ombrelles, frissonnent à la brise qui passe et courbe les cimes d'herbe, lesquelles prennent en se baissant des miroitements de satin vert.

On ne respire que le luxe ; on n'enveloppe du premier coup d'œil qu'un horizon de bonheur.

Mais, baissez les yeux, cherchez à terre, regardez en bas.... c'est la curée des chiens, c'est le déjeuner des chacals !

Entre ces équipages sur lesquels les mondains s'agitent et s'amusent comme sur la galère d'Alcibiade, jonchée de roses, rampe et grouille tout un peuple qui se jette sur les déchets, les ordures mâchées, pétries, vomies, et trie son dîner dans l'indigestion de Lucullus.

Voilà ce qui frappe, si l'on ne veut pas s'en tenir aux apparences, si l'on épluche la foule comme elle épluche les restes.

Tout à l'heure on a salué la confusion des classes, parlé de camaraderie soudaine,

et signalé la détente de la hiérarchie anglaise au jour des saturnales chevalines. On se demande maintenant comment on a pu être si naïf et se laisser ainsi surprendre.

La plaine d'Epsom est, avant tout, un grand champ de mendicité. Permis de mendier aujourd'hui. On a le droit de tendre la patte et d'ouvrir la gueule pour recevoir six pence, un croupion qu'on happe au vol, comme un dogue qui attend les bouchées, le museau en l'air.

Eh bien ! ce qui paraissait une communion des cervelles n'est qu'une trinquade des abdomens gras et des ventres maigres : l'abdomen plein abandonnant au ventre vide ce dont il ne veut plus. Souvent, l'homme qui donne crache exprès sur l'aumône qu'il fait, et la salit avant de la jeter. Le mépris de l'Anglais qui mange pour l'Anglais qui ne mange pas, de l'Anglais bien mis pour l'Anglais en loques, s'affiche là comme ailleurs, plus insolent même, et plus cruel, avec son faux entrain et sa fausse bonhomie.

J'ai vu, sur ce Derby, ridiculiser la famine et avilir la douleur.

La richesse se frotte à la pauvreté, soit ! Mais elle ne manquera pas une occasion d'écorcher les plaies des misérables, et de faire grimacer leurs blessures comme des lèvres de bouffon.

J'ai entendu un de ces fraternisants crier à une malheureuse qui pleurait :

— Fais-nous rire, et tu auras ce morceau de pâté.

Elle put ricaner, la misérable !

— Pleure de nouveau !

Elle ne put pas pleurer, cette fois : les larmes lui venaient bien malgré elle, mais elle ne savait pas les faire jaillir à volonté, malgré son petit qui la tirait par les déchirures de sa jupe, lui qui se serait si bien régalé ! Elle n'y arriva pas, et on la chassa, la fainéante !

Voilà comment ils font la charité à cette populace qui leur fait crédit.

Elle fait crédit de ses chansons et de ses danses, de sa souffrance et de sa fatigue. L'Écossais aux jambes nues qui joue du *Bag-pipe*, l'Irlandais qui jongle avec son *Shellalah*, le gamin qui se disloque, l'hercule qui soulève un essieu à la force des crocs, commencent par fournir leur effort, et font l'avance de leur spectacle.

Les Christy-Minstrels qui râclent du tambourin, ou battent des castagnettes, en uniformes de Soulouque, le musicien de contrebande qui siffle des airs de romance dans une cafetière, celui qui imite un carillon de cathédrale avec des sonnettes fêlées, tous ces malheureux peinent et s'éreintent sans savoir s'ils seront payés.

Quand ils tendent leur bonnet, plus d'un avaleur de truffes fait mine de ne pas voir l'avaleur de sabres, ou même lance au hasard un mot d'injure, après avoir joui gratis de la musique baroque ou du frétillement comique.

Cela me gâte tout votre Derby, cette humiliation imposée au nom de l'orgueil, subie au nom de la détresse, le dédain du pauvre planant au-dessus de cette multitude.

C'est que le vice des âmes anglaises se trahit au milieu de ce débordement d'insouciance et dans ce jeu de grande bohême, en même temps que la vigueur de la race s'affirme à cette descente d'Epsom, dont rien ne peut donner une idée dans le monde.

La course est finie.

Les grooms de profession, les grooms de hasard, les palefreniers en livrée, les palefreniers en haillons, sont allés détacher les bêtes qu'une corde retenait à un pieu ; on a donné le dernier coup d'étrille, donné la dernière provende, les harnais sont en place, les guides sont en main. La Valetaille paye la Débine, par qui elle a fait faire sa besogne. Les maîtres jettent quelques poignées de cuivre et s'offrent une dernière goujaterie :

— A l'œil, je parie ! dit l'un d'eux en visant un déguenillé.

— Cent livres que je lui casse le nez ! crie un autre.

Les cocottes s'en mêlent, et l'on tire avec du billon sur ces faces de misérables qui s'offrent aux coups, paupières fermées, narines battantes, la bouche ouverte en tirelire dans un horrible ricanement !

N'est-ce pas que vous monteriez à l'assaut des équipages, et que vous casseriez tout ce monde-là sur vos genoux, populaciers de Vincennes, ouvreurs de portières d'Auteuil ?

Le soleil est tombé.

L'heure est bonne pour les vigoureux, et leur brutalité est à l'aise dans la fraîcheur du soir. Allons ! les enfants d'Angleterre, payez-vous-en !

La bataille, mal engagée ce matin, recommence entre les voitures qui se défient, entre les gens qui se bombardent. Tantôt on avait le souci de la cote, et la fringale des nouvelles : « Qu'avait dit Archer ?... Et le galop d'essai du favori ? Un tel... se présenterait-il au poteau ? »

On tâtait du regard le sol humidifié par l'ondée de la nuit, même on descendait du siège pour le tâter aussi de la main. La mollesse de la piste, indifférente pour quelques sabots, est fatale à quelques autres. Si la terre ne séchait pas avant le coup de cloche du *starter*, il serait impossible à Nana de gagner, tandis que Flamboyant, un cornard, était capable de prendre la tête et de la garder !

It is over now. Il n'est plus question de cela maintenant.

Il s'agit de profiter de son reste, de rapporter du grand Mercredi des souvenirs de gaieté pour les cinquante et un qui vont suivre, et de dépenser avant minuit tout ce qu'on a eu, en douze longs mois, d'envies de débraillé et de sans-façon !

Non ! rien ne peut être comparé à ce retour d'Epsom, dans l'histoire des fêtes antiques, dans l'almanach des foires modernes. Nulle part, jamais, il n'y eut ce pêle-mêle, cet encombrement, cette verve sauvage, cette fureur de casse-cou.

Les autres foires, les autres fêtes, marchent d'après un ordre connu, une règle imposée, le plaisir suit une route tracée par les commissaires comme la promenade du bœuf gras. On lui fixe son itinéraire, à ce bœuf, et le cortège a passé à la censure, qui a bien voulu permettre les bottes à retroussis, les fraises fanées, les pourpoints pisseux.

Au Derby, pas de censure, pas de règle, pas d'ordre, la place est laissée à qui veut la prendre, sans police et sans soldats. Chacun pour soi, débrouillez-vous !

Et ils se débrouillent, en effet, et ils s'amusent, sans qu'il y ait plus de trente cochers ou de quarante cabs qui reviennent de là estropiés, ou qu'on ramasse, le caisson cassé !

SPECTATRICE.

On a passé dans la ganse des chapeaux les poupées de bois, accroché aux pifs le nez de carton, on s'est déguisé pour la mascarade, c'est-à-dire qu'on a affublé de fantaisies de carnaval son franc appétit de *fight*, son sournois amour de combat.

Les courtes sarbacanes de fer-blanc montrent leur bec, on place entre ses genoux, comme une cartouchière, le sac de pois secs, et l'on commence à tirer sur tous et sur toutes. On cingle de ce petit plomb le dépit ou la colère des jeunesses qui ripostent par un feu nourri que soutient l'amoureux ou le galant. Parfois une graine fait balle, et les querelles deviendraient meurtrières, si les aventures des attelages, aux galops hardis, aux audaces féroces, ne sabraient les fureurs et ne cassaient les mailles du filet où l'on frétille l'un près de l'autre dans cet enchevêtrement barbare et fou. Tout se divise, s'émiette, et parfois s'effondre. Il passe des courants nouveaux qui font échec à l'inondation et la cravachent en zigzag. Et voilà comment les irritations se noient, — sans compter qu'elles tombent vite au fond des pots qu'on lappe à chaque visite d'adieu aux public-houses, où l'on retrouve, enroués et baveux, la tête bouffie et la trogne molle, les chanteurs et les boxeurs frais à l'aurore. Mais le cocher crie de remonter ; il est lancé, le bonhomme, ayant partagé entre lui et ses chevaux une des bouteilles de champagne qu'ont offertes ceux qui ont gagné des poules sur la crête de notre omnibus.

On court dans un nuage de poussière, et à voir tout ce monde coiffé de gris, et

MOUNTED POLICE (POLICEMAN A CHEVAL).

les épaules sablées, on dirait presque une fuite sous la neige, ou tout au moins une cavalcade de figurants, avec leurs habits semés de flocons d'ouate dans la scène d'hiver d'une vieille féerie.

Mais voici qu'on prend la vessie d'étain qui, pressée, envoie un jet d'eau comme une flèche de glace dans la nuque, l'oreille, les yeux bleus des commères et des jolies filles ; les gouttes roulent dans le dos, filent dans la gorge, donnent des frissons, arrachent des cris, et c'est joli de les voir se secouer comme des oiseaux qui viennent de se baigner, et lissent leurs ailes sur le bord d'un bassin :

— Mais vous saignez, Jack !

C'est une blonde au rire éclatant qui, tout d'un coup, a vu du rouge s'étaler en plaques sur la chemise de son fiancé !

— Ils m'ont fendu le front, dit une voix chevrotante.

Et, c'est vrai! le père, un vieux à cheveux blancs, a reçu sur la tempe une bouteille de soda vide, lancée à toute volée, qui a entamé l'occiput.

Le promis a reçu en pleine frimousse, comme un caillou envoyé par une fronde, un sac de sable tassé, pressé, qui a fait pierre.

On profère bien quelques murmures, mais c'est à voix basse et sans conviction.

Quelques-uns ont dit que le Derby, grand sabbat du sport, n'était qu'un rendez-

vous de tricheurs et de truqueurs, et que les paletots y ressemblaient toujours, plus ou moins, à des houppelandes de charlatan.

Oui, l'on truque et l'on triche, ce sont même les gentilshommes qui donnent l'exemple souvent, et le *Times* a pu écrire un jour :

« Quelle énorme moquerie de faire la chasse au bookmaker des rues, d'arrêter le vulgaire *gambler*, embusqué chez les publicains, de condamner, avec toute la rigueur de la législation, d'infimes *betting-houses*, quand il n'y a pas un seul de ces malheureux qui ne pourrait riposter sur l'heure par le récit de filouteries valant les siennes, mais qui ne tombent pas sous le coup de la loi, parce qu'elles sont accomplies par quelques-uns des millionnaires et des aristocrates du turf! »

C'est, en toutes lettres, dans le *Thunderer* — le *Times*, lanceur de foudres !

Peu m'importe !

Il ne m'importe pas davantage que la famille des quadrupèdes s'améliore parce qu'on a allongé la tête de quelques-uns en museau de serpent et qu'ils ont l'air, en rasant le sol, de longs rats maigres à qui l'on aurait mis de la braise dans les yeux.

Mais il m'importe à moi, citoyen d'un pays que je voudrais voir plus grand et plus fort que le pays qui nous hait, il m'importe de savoir d'où vient la force du rival, et je suis tout étonné et tout ému en reconnaissant que c'est dans la crotte de ces bouges et dans le fumier de ces écuries que prend racine la grandeur de l'Angleterre.

C'est là, vous dis-je ! Cette grandeur repose sur le crâne de boule-dogue des pugilistes, elle est attachée à la plante des pieds des coureurs, elle flotte à la surface des mers, portée par des nageurs qui défient les tourbillons.

De même, au haut du mont Blanc, les champions de la marche entonnent le *Rule Britannia*, et les échos de leur cantique chauvin roulent comme une salve dans les glaciers !

Ne les raillons pas, envions-les !

Si nous avions reçu, tout jeunes, cette éducation robuste, si nous avions ôté nos chemises pour descendre publiquement dans le *Ring* ou plonger dans l'Océan, si nous avions donné et encaissé des coups de poing, sans nous arrêter à la première dent qui branle, au premier orteil qui pèle, nous serions une nation de résistants comme nous sommes une nation d'audacieux — et cela ne nous ferait pas de mal à nous, vieux attaqueurs à la baïonnette, maintenant que la baïonnette est une arme émoussée et que l'artillerie a bêtement raison contre toute la chevalerie gauloise et la *furie française*.

L'Anglais doit ce sang-froid à la pratique des violents exercices ; au lieu d'être élevés comme des métaphysiciens ou des poètes, les adolescents sont dressés comme des fils d'hercules ou de maîtres de natation. Et cette gymnastique qui semble abaisser l'esprit des individus fortifie et exalte l'âme de la race ; tous ces ressorts bien solides et bien graissés, soudés à chaque bras et à chaque vouloir, servent au jeu puissant de la vie commune, les nerfs et les muscles de ces athlètes se ramassent ou se détendent suivant les nécessités de la politique et à l'appel de la patrie !

Oui, l'Angleterre domine le monde et le dominera, parce que les écoliers de

Cambridge et d'Oxford sont plus fiers d'arriver premiers, à force de rame, devant celui qui tient le drapeau des régates, que de tenir la tête de leur classe, dans le cours d'humanité ou de philosophie. Certains membres du Parlement ne se souviennent plus si c'est le prix de thème ou de version qu'ils remportèrent autrefois, tandis qu'ils conservent et affichent, dans leur salon, leurs insignes de canotier à bord du *boat* qui arborait le bleu pâle ou le bleu foncé.

Le peuple anglais est colonisant et envahisseur, parce qu'il n'y a pas que les ouvriers qui, chez lui, soient capables de suer, de geler, de saigner et de soulever des fardeaux, parce qu'il n'y a pas que les marins qui sachent grimper aux mâts et bondir dans les hunes. Ils ont fait l'apprentissage de plus d'une besogne pénible, ces rejetons de la noblesse ou de la bourgeoisie, et ils ont d'ailleurs, dès le berceau, été forcés d'être braves.

La rage de la boxe sévit chez les gamins aux mains blanches tout comme chez les *roughs* aux paumes calleuses. Il faut s'aligner et se cogner pour vider les querelles, jusqu'à ce que les arbitres choisis parmi les copains aient décidé que le combat était fini, parce que l'un des combattants ne pouvait ou ne voulait plus se défendre.

PUNCH AND JUDY (GUIGNOLS).

La fierté est de tenir jusqu'à ce que l'autre se lasse, ou jusqu'à ce qu'on tombe d'épuisement, mais sans demander grâce.

En France, le surveillant s'opposerait à ces rencontres, essaierait de tordre le cou à cette coutume et pourchasserait les amateurs de ces rixes, traités de brutes ou de goujats.

En Angleterre on fait cercle autour des boxeurs dans l'école ou dans la rue.

J'assistai un jour à un *fight* en règle, dont les héros n'avaient pas vingt-quatre ans à eux deux, et qui y allaient de tout cœur, comme s'ils n'avaient fait que ça toute leur vie.

Deux hommes aux favoris gris, très tranquilles, très graves, surveillaient la partie, criaient en avant et criaient halte, épongeant les visages, frottant les tempes et mouchant les petits nez quand ils pissaient rouge.

Les jeunes frimousses étaient en compote et commençaient à faire pitié ; les personnages à côtelettes poivre et sel ne paraissaient pas s'en douter. Je crus devoir leur faire observer que l'honneur me semblait satisfait, et que l'on pouvait, sans honte pour chacun des bambins, jeter l'éponge, et les renvoyer à leurs mamans, pour qu'elles leur fissent des lotions d'arnica et appliquassent des compresses sur leurs visages fracassés.

— Nous sommes les pères, répondirent ensemble les deux hommes.

Et ils replantèrent sur leurs jambes, en face l'un de l'autre, les deux moutards qui n'y voyaient plus clair.

Il y eut encore deux *rounds*, et ce fut fini — fini pour les fils, toujours ! Les *governors* dirent alors : « A nous maintenant ! » Ils se rendirent sous la voûte d'un *Mews*

UN ACCIDENT.

voisin, suivis de leur progéniture qui marchait comme à tâtons, et dix minutes après on les reconduisait à domicile, comme des aveugles, eux aussi, chacun dans sa maison, où l'on eut de la peine à les reconnaître.

La mère était bien fière et les amis bien contents. Il y avait de quoi !

On dit que Sayers et Heenan ont été les derniers champions que l'Angleterre ait voulu reconnaître, et que la corde du *Ring* est pourrie depuis que le cou du petit Tom y fut comme scié par l'Américain en fureur.

On dit vrai, le métier est perdu, et il n'y aura plus de ces grands assauts. J'ai dû même courir les cabarets borgnes pour assister secrètement à quelques rencontres à poing nus.

L'homme qui vivait de battre les autres ou d'être battu a dû demander à une autre carrière son gagne-pain, seulement il n'y a pas eu un *row* de moins dans la ville.

Le pugilat a disparu, suivant la loi fatale qui veut que ce qui est inutile disparaisse. Il n'est plus besoin de gladiateurs qui se fassent *draw the claret*, payer la première goutte de sang qui rigole sur leur peau ou sur la peau de l'adversaire. Le jeu s'apprend par tradition, d'aîné à cadet, d'ami à camarade.

Ce n'est plus un spectacle, c'est l'enseignement mutuel dans toute sa plénitude ; ce n'est plus un passe-temps, c'est une institution ! Depuis qu'il a cessé de taper sur une grosse caisse de charlatan, le *blow* n'en tombe pas moins lourd et n'en résonne pas moins dur sur la face des concitoyens. Le jour où l'Angleterre ne boxerait plus, ce serait fini d'elle, *finis Britanniæ !*

Mais quelle verdeur et quelle virilité ils puisent dans certaines manifestations d'énergie !

Je me souviendrai toujours d'une grande affiche blanche qui représentait un marcheur :

CONTRE LE TEMPS

WESTON

500 MILLES EN 6 JOURS.

Cinq cent milles anglais en six jours ! *Against time !*

Il y a je ne sais quoi de grand dans ce défi ; c'est vaste comme l'espace, et chaque grain du sablier est un ennemi qu'il s'agit d'écraser sous ses pieds ; il faudra marcher, marcher encore, marcher toujours, sans trêve, sans but, et sans mirage.

La bataille s'engagea un dimanche, après minuit, quand on fut sûr que le jour sacré était fini et que l'homme avait le droit, sans insulter Dieu dans son ciel, d'entamer son labeur mystérieux et profond.

C'était dans la salle d'Agricultural Hall. Les arbitres, le *time-keeper*, tous ceux

qui devaient compter les tours étaient là, emplissant la tribune. Weston les salua, attendit que le doigt du plus vieux eût fait un signe. Le doigt se leva quand tomba la dernière seconde de la semaine morte, et Weston partit « contre le temps ».

Il était vêtu d'un justaucorps de velours noir, d'une culotte de même étoffe, sur laquelle empiétaient des bottes collantes qui serraient le mollet. Il avait un chapeau rond et une cravache à la main, comme pour se cingler et se fouailler, s'il faiblissait.

Deux ou trois fois, en vingt-quatre heures, il leva les yeux — ce fut pour regarder son enfant qui dormait dans les bras de la mère... Il ne s'arrêta que quand il eut assassiné 96 milles sur le troupeau des lieues à tuer !

Mardi, à six heures du soir, il cessa et se fit déposer sur son lit de camp, où il resta une heure et demie.

On le ramena sur la piste, on le planta debout, il se secoua et marcha jusqu'à minuit cinq. Il avait décroché de la potence 173 milles, 15 yards.

Il fut vaincu par la distance, mais non par la fatigue.

UN PHOTOGRAPHE.

Le samedi, dernier jour du duel, il arriva sommeillant sur l'arène, faillit tomber quand il fut lâché par les porteurs. Mais il frappa du pied la terre et en fit sortir du courage. Puis il se lança fixant par moments, non pas le sol, mais la foule, et souriant de ses lèvres roses et fraîches. Il n'avait pas le masque crispé, la bouche tirée, le front blême.

Il s'arrêta à onze heures quarante-huit minutes, cinquante-sept secondes, ayant complété 450 milles, soit 180 lieues françaises.

On tira un coup de pistolet, on éteignit le gaz, on ferma les portes. Il fallut se hâter, pensez donc, il allait être dimanche !

Je vis Weston le lendemain. Il trottait comme un lapin dans Islington. Interrogé, il déclara qu'il devait son échec à une blessure que lui avait faite au talon une déchirure ou un pli de sa chaussure, et jura qu'une autre fois il gagnerait son pari, haut le pied.

Dans un nouveau défi, il eut, en effet, raison des 500 milles : il alla même jusqu'à 510.

Mais il perdit néanmoins, car, cette fois, il n'avait pas couru seul ; une espèce de

LES ABORDS DU CHAMP DE COURSES.

Yankee géant, O'Leary, avait demandé une piste pour lui, et posé sa candidature au titre de champion de la marche.

Celui-là avait, à onze heures du soir, fini 520 milles, prononcé un speech devant le *judge's-stand*, adressé une phrase de remerciement aux arbitres, un mot de compliment à son adversaire malheureux, donné un vigoureux *shake-hand* à ses parrains et reçu dans ses bras trois ou quatre compatriotes qui avaient voulu l'embrasser.

L'Amérique victorieuse aurait désiré fêter tout de suite son triomphe. Encore cette fois la religion montra le bout de son clocher, et l'on ne put trinquer que le lendemain à la santé de cet intrépide !

Il l'emportait, mais il avait laissé en route huit livres de sa chair, tandis que Weston, le battu, n'en était que de ses douze onces.

Ils arrivent du nouveau monde, ces useurs de semelles. Qu'importe! John Bull n'a pas besoin d'égaler Jonathan. Il suffit qu'il l'admire, quand l'autre donne des exemples de courage et de force qu'on n'aura plus qu'à imiter.

Le *Contest* entre O'Leary et Weston amena 3,333 livres sterling, 7 shellings, 6 pence de *gate-money*, c'est-à-dire d'argent reçu au tourniquet:

Lundi.	219 lts 10 s.
Mardi.	202 lts 11 s.
Mercredi.	244 lts 12 s. 6 p.
Jeudi.	420 lts 4 s.
Vendredi.	740 lts 10 s.
Samedi.	1500 lts

Large et profond comme le gymnase antique, école de la grandeur grecque et romaine, le champ de bataille du Sport, où se pressent les pelotons des boxeurs, les escadrons des cavaliers, les équipes des *rowing*, *walking*, *running* et *swimming men*, toute la légion derrière laquelle la nation s'entraîne dans le dédain du mal et de la douleur! C'est à ces mœurs du *Ring* et du *Turf* que l'Angleterre doit d'être le champion de la résistance dans le champ clos du monde.

LE BRITISH MUSEUM

Le British Museum a l'aspect d'un temple de mauvais goût. C'est un peu le Panthéon sans bonnet de coton, avec le crâne plat ; mais il y a aussi le bandeau d'un fronton sculpté. C'est l'éternelle macédoine des Muses et des Arts. J'ai remarqué seulement qu'il y avait des cordes d'or à quelques-uns des instruments tenus par les personnages en jupon de pierre. C'est que l'Angleterre entend afficher, même à la porte de ses bibliothèques, qu'elle a le sac.

BLUE-COAT BOY, ÉLÈVE DE L'ÉCOLE GRATUITE DE NEWGATE STREET.

Une grande cour. A droite, une longue traversée de gazon. Rasant la terre, une nuée de pigeons.

Il y a de l'espace, de l'air ; on monte par un perron, comme à un château ; c'est grand, c'est vaste, et la pensée n'est pas tout de suite écrasée entre des murs et étouffée sous une voûte.

Après avoir monté un escalier fait pour les processions de prêtres ou de magistrats, on entre dans le bâtiment.

Ce coin-ci est le coin des antiques, et l'on peut aller admirer les bustes à nez cassé, les torses rongés au nombril, les statues aux pieds gâtés qui représentent l'antiquité. Il y a des fémurs du temps de Sésostris et des restes de queue de cheval du temps de

Périclès. On voit de belles choses aussi — et même de jolies femmes. Les élèves peintres sont là qui, comme au Louvre ou au Luxembourg, font des copies.

— Votre billet.

Il faut un billet pour être admis au rang d'habitué, et l'employé qui veille à la porte du vestibule est tenu de vous le demander à chaque visite.

On obtient ce ticket en adressant une lettre aux *Trustees*, c'est-à-dire aux administrateurs du musée. La signature d'une personne ayant un bail, — pignon provisoire sur rue — suffit ; c'est une garantie, et l'on est sûr que le postulant n'est point un vagabond, si l'on n'est pas certain qu'il soit un gentleman.

La salle n'est pas nue, comme celle de Paris : des tables toutes plates et qui laissent voir en entier le buste de l'individu. Le lecteur a le front contre une palissade de bois où est accroché, creusé, vissé, ce qui l'aide à écrire et à lire ; il n'aperçoit pas les autres, et les autres l'aperçoivent à peine. En se haussant sur la pointe des pieds, on verrait peut-être ; mais les Anglais ne songent pas à regarder, ne désirant pas être regardés eux-mêmes ; et ils restent là, comme certains détenus que, dans leurs prisons, on condamne à garder la face collée contre un mur, pendant que les autres tournent en chapelet de cervelas dans la cour.

Ils aiment l'encellulement, ici comme ailleurs ; et veulent avoir une espèce de *home*, fermé et mystérieux, quand ils sont devant un in-12, aussi bien que lorsqu'ils sont au milieu des leurs, le soir, au fond du logis sombre.

Les illustres, si vert que soit le laurier de leur renommée, ne sont pas connus, point signalés ; les gens ne tiennent pas à savoir comment un romancier célèbre peut avoir le nez fait ; d'ailleurs ce nez traîne sur des bouquins, tandis que la caboche cogne la cloison ; on aurait l'air d'un *detective* qui flaire la piste d'un coupable, si l'on se baissait trop pour examiner un visage.

Mais c'est, avant tout, la curiosité qui manque !

J'ai à dix pas de moi un homme dont le nom encombra à un moment les colonnes de tous les journaux d'Angleterre, parce qu'un autre nom était cloué au sien, celui d'un haut magistrat, condamné à quitter le Banc de la Reine après que sa femme eut été torturée sur le banc des témoins, traînée là parce qu'elle n'avait pas voulu acheter avec de l'argent le silence d'un ancien amant. Mon voisin de travée, celui qui vient de me frôler en entrant, passe pour être le misérable qui provoqua ce scandale, sema ce déshonneur, pêcha quelques livres sterling dans ce fumier.

Eh bien, il n'inspire pas plus de curiosité que de dégoût.

On est venu pour faire une recherche, copier un passage, non pour regarder un profil, fût-ce celui d'un monstre, et nul ne songe à s'étonner de l'air vénérable qu'a gardé ce bas criminel. Si, par hasard, on s'était trompé et que, sur un mot venu on ne sait d'où, parti on ne sait comment, on lui ait attaché à faux cet écriteau sur la poitrine, il passerait jusqu'à sa mort pour un vil scélérat sans qu'on le lui dît, mais aussi sans pouvoir s'en défendre. Voilà le pour et le contre de la réserve anglaise, du mutisme éternel.

Ici, comme chez nous, il y a les maniaques du livre, tapis dans le papier comme le crapaud dans la pierre, qui sautent d'un volume à un autre comme des puces, ou qui se traînent toujours dans le même comme des punaises.

Il y a des vieux qui sont devenus couleur de cuivre ou de parchemin, qui mettaient jadis entre les pages comme signet un beau cheveu noir, et qui mettent maintenant un fil blanc, un poil gris ! Ils viennent là depuis vingt ans, depuis trente, *pour étudier !*

L'un d'eux m'empêche toujours de m'asseoir près du rayon de la *Revue des Deux Mondes*, parce qu'il occupe la grande table, avec des volumes qu'on lui apporte dans une petite voiture. On l'a signalé en 1840, pour la première fois. Il était grassouillet alors, — *plump* — me dit l'employé qui m'en parle. Il n'est pas grassouillet maintenant, il a l'air d'un écorché jaune. Le cou ne tient plus que par un restant de charnière, à force de s'être baissé pour lire. Que fait-il ? Quel genre d'études ? Quelquefois il s'endort, la tête penchée comme le Christ ; un jour on le trouvera mort. Que laissera-t-il ?

Au milieu de cette uniformité des types, il faut constater cependant l'influence du climat et des traditions d'une race sur tous les gestes de l'individu.

Cette tyrannie s'accuse sur le terrain du travail comme sur les autres, et, à bien le considérer, le piocheur de Londres a une autre allure que le piocheur de Paris.

Dans cette salle immense et bondée de monde, on n'entend pas plus de bruit que dans une église à l'heure de la confession.

Les allées et venues des lecteurs, les explications données par le bureau se confondent dans une rumeur tranquille qui se sent plutôt qu'elle ne s'entend.

Tout le monde a l'air en travaillant de chercher ses péchés ou d'écrire son testament. Jamais vous ne verrez des mains lâcher tout à coup la plume ou le livre et se frotter à en brûler la peau; jamais vous ne verrez une tête se relever et se secouer, jamais vous ne surprendrez un éclair dans les prunelles.

A Paris, le chercheur de problèmes ou le chercheur de rimes, l'épris d'idéal ou le glouton de naturalisme trahira dans son air ou son allure la joie qui le saisit d'avoir trouvé le chiffre, le vers, l'image, le document après lequel sa pensée courait. Il est capable, ce triomphant, d'arpenter la salle pour dépenser sa fièvre, en se figurant qu'il donne le bras à sa trouvaille.

Rien de pareil, ici !

Je viens de promener mon regard dans une travée, et n'ai pu distinguer que des épaules vêtues de noir, ou des tuyaux de poêle debout sur des têtes enfouies dans des favoris soufre et moins vivante que les binettes des mannequins que faisait mouvoir et parler le ventriloque Cole, l'autre soir, au Métropolitan Music-Hall.

UN HABITUÉ DU BRITISH MUSEUM.

Cette paix morne ne nuit pas au travail; il est plus vrai de dire qu'elle l'encourage et qu'elle l'impose.

En ce milieu nu et triste, la pensée naît et grandit, triste et nue, elle aussi — nue comme la vérité et triste comme la misère !

C'est la Bible qui a répandu autour d'elle ces habitudes d'isolement et de silence, comme c'est elle qui a inspiré l'architecture des maisons isolées et noires dans lesquelles on est condamné à se recueillir, si l'on ne veut mourir du spleen. Et celui qui pioche les sujets graves n'en creuse que plus profond le terrain de l'histoire, en cette atmosphère de mélancolie et de méditation !

Ville morte au plaisir et ouverte au travail !

Le malheur est que ceux qui croient en Dieu n'ont pas besoin de conclure et attendent tout de la Providence. Voilà pourquoi l'esprit anglais ne sait pas classer ni déduire, voilà pourquoi mes voisins de la bibliothèque anglaise, tout en bûchant plus qu'on ne bûche chez nous, ne feront pas sortir du sol des idées nettes et claires. Leurs pensées flottent dans le brouillard, comme leur soleil s'y noie !

Avec cela, il y a la moitié de liseurs qui ont des bouquins de piété devant eux, qui en sont à la Bible encore, à la Bible prenant, à elle seule, trente volumes du Catalogue. On peut, par ce chiffre, se figurer ce qu'il y a de bile de puritain dans les veines de ce public ; et combien on a affaire à des natures de prêtres — de prêtres protestants, entendez-vous !

Un plus grand nombre de femmes qu'à Paris, — et je devine des demoiselles dans le nombre.

Ces pauvres filles viennent faire des traductions ou bâcler des articles pour des *magazines*.

Elles savent le français, l'allemand, le latin et le grec peut-être.

Cela ne sauve pas de la misère !

Cette classe d'ouvrières en littérature n'existe pas chez nous. On les compterait sur les doigts. A Londres elles sont nombreuses et se font ainsi une concurrence, mère de la famine.

On a parlé cent fois de l'organisation admirable de leur British Museum ; on a eu raison. La salle de travail sent la reliure, un peu l'enfermé comme tous les grands refuges d'étude, et il pèse sur les têtes un air lourd et qui endort. Nul ne peut y porter remède, et l'on doit avoir naturellement envie de sommeiller dans un endroit où il y a tant de philosophie.

Mais on peut avoir oublié sa plume, être un brouillon qui fait toujours tomber l'encrier, un fiévreux qui fait grincer son siège ou un sybarite qui aime à s'y étendre : le fauteuil est bon ; devant vous est un pupitre avec tout ce qu'il faut pour écrire : plume, encre, coupe-papier ; on ne peut pas renverser l'écritoire. Sur la table, du papier brouillard en forme de *blotting-pad*. Cette table se lève si l'on veut pour tenir droits des in-folio. Le confortable n'existe point ailleurs, mais il triomphe ici.

Les garçons de notre bibliothèque Richelieu ont un uniforme, une tunique à boutons de métal, un gilet rouge, un chapeau à cornes ; il y a, je crois, des caporaux et un sergent. Partout, la griffe de Napoléon Ier a laissé trace, et il faut qu'on sente la caserne, même dans le Musée des lettres.

John Bull ne croit pas, lui, qu'il soit nécessaire, pour délivrer un bouquin, d'avoir un collet groseille, des filets d'argent, des galons d'or.

Il me semble qu'une bibliothèque est le dernier endroit où l'on devrait voir une coiffure militaire et des plaques de drap rouge sur la poitrine. Les Anglais se sont bien gardés de ce ridicule et ont laissé aux *horse-guards* les chiffons couleur de sang.

En revanche, il y a des roses piquées aux boutonnières des employés ; ils se fleurissent, comme s'ils étaient de noce, et parfois le volume qu'ils vous apportent sent la fleur de saison. En France, on trouverait cet amateur de bouquets indigne de sa fonction sévère, il en resterait une odeur mauvaise sur son dossier, ses chefs lui en voudraient d'avoir paru un insouciant, au lieu d'être un immatriculé, et d'avoir, sans ordre, acheté et arboré trois œillets ou une touffe de réséda.

Les hommes du British Museum n'en sont pas plus frivoles et plus printaniers d'allure pour cela. Le parfum qui leur chatouille les narines ne leur déride pas le front et ne leur déclone pas les lèvres.

Ils font la besogne gravement et lourdement, mais sûrement et correctement. Il ne va pas vite, le distributeur de volumes, mais il va toujours.

Car la Bibliothèque anglaise ouvre une heure plus tôt et ferme, suivant la saison, une heure, deux heures, trois heures, quatre heures plus tard que la Bibliothèque française.

Il y a de quoi en rougir pour son pays. Comment ! nous, la nation lettrée, nous sommes au-dessous d'un peuple accusé de n'aimer que l'argent et de mépriser le talent et la gloire !

N'est-ce point une honte que l'on ne laisse entrer les citoyens dans le pays des livres que comme si on leur faisait une grâce ou un cadeau !

Mais celui qui est pris de dix à quatre, à cinq, à six, par son emploi, quand profitera-t-il des richesses littéraires amassées au prix de sa contribution dans la balance du budget ?

Une bibliothèque devrait être jour et nuit à la disposition des lecteurs. Tout au moins ne faudrait-il pas se laisser dépasser et humilier par les Anglais — quitte à payer l'équipe plus cher !

Je ne demande pas plus de travail pour la même somme, déjà dérisoire, mais que l'on solde les heures en plus — dépense maigre, récolte grasse. Après tout, avec le système actuel, les privilégiés seuls peuvent profiter de ce bien dit national, et il n'y a que ceux qui chôment ou qui ont des rentes, ou bien dont c'est l'unique métier d'écrire, qui aient le loisir de tenir ces séances d'après-midi, entre le déjeuner au petit pain dans la salle et le dîner chez soi, avant lequel il reste deux heures à assassiner !

Disons, en passant, que le British Museum a son buffet dans la maison, qu'on y trouve à prix ordinaire une tasse de chocolat fumante, une côtelette grillée, du café pour se réveiller, de la limonade pour se rafraîchir.

Serait-il donc si difficile d'avoir un coin semblable dans la Bibliothèque de Paris,

où l'on est obligé de rester avec la faim dans le ventre, sous peine de perdre le fil de ses idées, et peut-être les feuillets de son manuscrit, si l'on a l'imprudence de sortir pour aller chercher au diable une nourriture que l'animal lisant devrait avoir dans la ménagerie !

On a parlé du danger d'incendie, avec l'éclairage du soir.

Mais l'électricité n'a pas été faite pour les chiens.

Le British Museum allume ses lampes en plein midi quand le brouillard entre comme un fantôme dans la salle et veut couvrir tout de son suaire gris. Dans la saison d'hiver, on voit clair toujours, grâce à cette expansion de lumière sans flamme, et celui qui est âpre au travail peut passer là des journées qui valent des semaines, sur leur longueur de dix heures.

A d'autres points de vue encore on est humilié douloureusement au nom de la patrie.

Le British Museum est tout plein de la France.

Celui qui veut étudier la Révolution française, trier les cendres des guerres civiles,

COLLÉGIENS.

filtrer leur sang, trouvera ici plus de traces de ces luttes que dans les galeries de la rue Richelieu, et sur le théâtre même des batailles.

J'ai pu vivre en pleine terre nationale pendant neuf ans d'exil, grâce à ce grenier tout plein de notre blé, tout bourré de livres sentant notre bitume et notre poudre. C'est un contre-poids à la Bible, cette Bible qui encombre tant de rayons !

Tous les poètes, tous les romanciers sont là. Il y a l'Encyclopédie de Diderot et le Dictionnaire de Pierre Larousse.

Les bibliothécaires en chef parlent français ; hommes remarquables, parmi lesquels quelques-uns ont été l'honneur de Cambridge ou d'Oxford. On dirait qu'ils prennent à tâche de rendre l'exil moins dur à ceux qui sont loin de la patrie, et ils se mettent à la disposition de tous, des plus mal mis comme des plus mal connus, des plus obscurs comme des plus célèbres, avec une bonne grâce parfaite, aidant chacun de leurs conseils, ne regardant pas à la signature du bulletin, se dérangeant pour vous conduire à travers les livres mal rangés ou les connaissances confuses. Ils croient en Dieu et à la Reine, mais ils sont de l'Internationale du travail.

COUR DANS SPITALFIELDS.

LA PLAIE

Notre ivresse est rose, la leur est noire. elle a pour mousse la bave et l'écume : la bave de la fureur, l'écume de l'épilepsie. On se bat et l'on tombe du haut mal sur le seuil des public-houses.

Leur bière et leur gin versent la rage dans le sang et la fureur dans le regard, comme si la lie du *pale ale* était du fiel, comme si les gouttes de gin étaient des larmes tombées des yeux blancs d'un fou.

Nous avons bien notre liqueur qui brûle les cervelles, mais avant qu'elle en ait fait de l'amadou, l'absinthe a jeté là-dedans par éclairs la verve et la flamme ; elle a été caressante au moins, la Muse verte, pour ceux dont elle a baisé les lèvres, et même elle a parfois, dit-on, inspiré l'éloquence et fouetté le génie.

L'inspiration ne peut pas jaillir de leurs pots de métal, ni le génie venir par le goulot de leur flacon.

LE CHANSONNIER IRLANDAIS.

D'ailleurs, ils se jettent sur le poison sans mesurer la dose, ces Anglais ; ils se vantent de leur flegme, mais devant l'ivrognerie, ils baissent le museau comme des chiens qui laperont jusqu'à la vase un ruisseau dont l'eau les fera crever.

Tout le monde boit, ici !

.J'ai vu dans une calèche superbe, le maître dormir soûl contre l'épaule de son domestique.

J'ai rencontré des demoiselles décemment mises qui festonnaient, et des professeurs qui faisaient des S, avec l'Iliade ou l'Évangile sous le bras.

La « vile multitude » s'en paye jusqu'à plus faim. Elle vit de cela comme d'autres de pain. Elle hume, par la gueule des gallons, le restant de vertu du grain écrasé, devenu malfaisant en passant par les tuyaux des distilleries, puis par la gorge grillée des pochards, mais ces pochards-là ruminent leur boisson dans leurs cauchemars comme si c'était encore du houblon ou du blé.

A Paris, il arrive de se mettre en train sous la guinguette ou de se laisser prendre aux cheveux dans la gaieté d'une noce, dans le tourbillon d'une fête, dans le va-et-vient d'une rôderie en plein air, dont il faut faire tomber la poussière sous une ondée de petit bleu, même sous une pluie de bocks et quelques verres de sacré-chien. C'est parce qu'on flânait dans le jardin ou le long du faubourg plein d'amis qu'on s'est grisé, mais on se dégrisera en flânant de nouveau. On boira le frais par-dessus ce qu'on a déjà sifflé, et il restera de la gaieté sur les fronts nus, découverts dans la brise.

Il ne peut en être de même dans ce pays de Londres qui n'a pas de promenades favorites, pas de cafés où l'on se repose quand on est las, et qui tient les portes de ses cabarets fermées par les jours de soleil comme par les soirs de pluie. L'ivresse mitonne dans la marmite couverte du public-house.

Le public-house ! il a un air de charlatan avec une mine de boxeur. Il est tatoué de jaune, de rouge, de vert, de bleu, comme un champion du Ring; il appelle les buveurs par le cri de ses couleurs, comme le saltimbanque appelle le badaud par ses tableaux plaqués de taches violettes et tout pailletés de dorures. On a collé aussi sur les vitres des bandes blanches où est écrit en types lourds et noirs le nom d'une boisson. Tout rappelle à John Bull ses goûts et ses jeux favoris : homme de cheval qui aime à voir la devanture de son cabaret ressembler à la veste bariolée d'un jockey : pugiliste qui, quand il a un peu soifé, croit reconnaître dans ces emplâtres de publicité les compresses qu'on applique sur les quinquets de celui qui sort aveugle d'un combat sans gants.

Où règne le puff, il y a toujours profusion d'affiches, parce qu'il faut profusion de promesses. On doit parler à toutes les papilles comme à toutes les bourses. Il ne s'agit pas d'ailleurs de chercher la sobriété du goût sur le dos des maisons qui vivent de l'insobriété des pauvres : les pauvres toujours avides de nuances vives, parce que chez eux il fait toujours noir.

Faute d'argent dans leur poche, ils veulent avoir des reflets d'or dans l'œil. Il faut

INTÉRIEUR D'UN PUBLIC-HOUSE DANS EUSTON-ROAD.

que les flacons aient la panse fleurie, qu'il y ait des éclats de cristal, des fusées de couleur; que toute cette étagère chargée de poison tire un feu d'artifice en leur honneur.

Et voilà pourquoi on voit sur les planches mêmes des plus basses tavernes des rangées de bouteilles et de verres à miroitements de topaze et de rubis.

Un misérable qui lorgnait cette verrerie me disait : « Ce sont des lunettes par où nos yeux, quand ils papillotent, regardent la vie en rose. »

« ATTENBOROUGH » (MAISON DE PRÊTS SUR GAGES), DANS
CHARLOTTE STREET, FITZROY SQUARE.

Le même homme, une heure après, essayait de me regarder par-dessus un nez gonflé comme un pudding. Il avait reçu là-dessus deux formidables atouts, et n'avait plus besoin du bric-à-brac multicolore du public-house pour voir son avenir en violet, en noir, en jaune, teintes par où passe le pochon, de sa naissance à sa maturité.

Le Pochon !

Il faut s'y arrêter comme devant le sceau d'une ville ou le cachet d'une compagnie. C'est la médaille que porte au visage la population des public-houses.

Plusieurs en ont une brochette, comme des sauveteurs ou des orphéonistes. On se rappelle que, pendant un temps, on rencontra dans Paris des figures qui semblaient couvertes de pains à cacheter. La face de certains Anglais rappelle ces binettes marbrées par un oculiste singulier : le lundi surtout, aux tribunaux de police, où sont jugés les délits d'ivresse et de tapage commis le samedi. Mais pas n'est besoin de faire cette course ni de choisir ce jour.

On n'a qu'à flâner la longueur d'un après-midi dans Londres, on trouvera des pochons à revendre. Un homme qu'on aurait amené, les oreilles bouchées, avec un bandeau sur les yeux, du bout du monde, et qu'on jetterait tout d'un coup dans une rue sans lui dire où on l'a débarqué, reconnaîtrait qu'il est en Angleterre à la quantité d'yeux *au beurre noir* qu'il rencontrerait autour des palais du gin. On ne compte pas les dents cassées, les membres rompus.

Nos plus méchants cabarets n'ont pas cette férocité-là, ce ne sont pas des fabriques d'estropiés et des antichambres d'hospice.

M. Zola a calomnié le vrai peuple.

L'ouvrier ne va pas s'abattre et s'assoupir chez les *Père-Colombe*. Il y passe par hasard, ou n'y laisse que les irréguliers de métier. Les Coupeau sont des exceptions, et le *delirium tremens* vient, bien après la misère, sur l'échelle des maux qui déforment et tuent nos manieurs d'outils. Il y a cent Coupeau anglais contre un Coupeau en France, comme il y a mille Gervaise de Londres contre une Gervaise de Paris.

AU PUBLIC-HOUSE.

Mille contre une ! que dis-je !

Chez nous, on montre une femme qui s'enivre comme on montre une maladie honteuse dans un musée où les hommes seuls ont droit d'entrer.

Si une habitante de certains quartiers pauvres mais laborieux roulait au ruisseau, on s'arrêterait devant ce spectacle comme devant un malheur de famille, un deuil sali de vin ! Les enfants paraîtraient à plaindre comme des orphelins; et l'on pardonnerait plutôt à une femme qui aurait volé pour nourrir les siens qu'à une dégradée qui se serait vautrée devant eux dans cette ignominie.

Notre opinion publique flétrit ces hontes comme des crimes à son égard, et les arrête mieux que la loi récente sur l'ivresse qu'on n'applique jamais et qui même fait tout pour se faire oublier.

Les tribunaux anglais se fatiguent la langue à prononcer des verdicts contre les

ivrognesses, et les ivrognesses ne se fatiguent pas de tomber pleines d'alcool et pleines
de sang dans la boue.

C'est la femme qui, en Angleterre, tient le drapeau de la soûlographie dans ses
doigts crispés, et l'élève au-dessus des *stretchers*.

Le *stretcher*, civière qui le samedi fait de sombres voyages et qui est dans les
bureaux de la police à la merci des tempêtes du gin, comme les canots de sauvetage
à la merci de l'Océan furieux ! Il faut dix hommes quelquefois pour avoir raison

d'une seule de ces échouées prise de délire et qui s'est elle-même, à la façon des
convulsionnaires, meurtri la chair, labouré la face, qui a arraché comme une guenille
la moitié de sa gorge flétrie, et qui a essayé de s'étrangler avec la corde trop courte
de ses cheveux blancs.

Car il y a des cheveux blancs qui traînent dans les verres des public-houses et
qui soufrent leurs mèches à ce salpêtre en gouttes.

Des menottes d'innocents s'accrochent à ces robes d'aïeules, et quand la vieille
sortira des griffes de la police, des bébés dormiront sur cette poitrine, dont les rides
sont croisées de balafres et qui garde l'odeur et la glu de l'épouvantable soûlaison !

Qui donc parle de l'horreur antique et que nous chantent les philosophes avec la danse des ilotes? Pauvres Spartiates, qui pensiez qu'on guérit la danse de Saint-Guy de l'ivresse en faisant sauter des pochards !

S'il y a de ces prisonnières de l'ivrognerie par bataillons, si le calcul des Lacédémoniens touchant la guérison du vice est démoli à coups de poing, chaque soir, dans les tavernes anglaises, la première faute en est au ciel qui fait crever le brouillard et épand l'ennui sur l'immensité de la ville. On trempe le voile de tristesse dans le torrent des spiritueux qui emporte, pour tout un soir, le mal de la vie réelle! Le réveil sera affreux, et ce sera comme une plaie où l'on ne peut s'empêcher d'enfoncer les ongles et qu'on est forcé de brûler toujours.

Mais on était bien triste aussi quand on ne buvait pas et l'on avait l'esprit bien noir ; il faut du soleil aux pauvres !

Celui qui a la plus forte ardoise et qui a usé le plus d'heures chez un *chand de vin* ou dans un estaminet de Paris n'est pas celui qui a consommé le plus.

Il entre là-dedans des frais de billard, une *culotte* aux cartes, une régalade au tourniquet, une de *supérieur* débouchée tout d'un coup à la suite d'un pari; la dépense du doux et du *cacheté* domine la dépense du vin au litre et du cognac à deux ronds. Il ne se soûle pas, il s'émèche; il ne se gorge pas, il s'arrose : allant, venant, déplaçant les chaises, replaçant les billes, changeant de table, parlant à chacun, se grisant, non pas de sa boisson, mais de sa salive, au lieu de rester immobile comme l'Anglais, les pieds dans les crachats, abattu sur un banc de bois ou bien debout devant un comptoir qui ne vous prête son appui que s'il sent le cul du verre, encore, toujours !

Il n'y a de sièges au public-house que dans le compartiment des misérables. On les laisse s'asseoir, ceux-là, parce qu'ils ne peuvent réunir le prix d'un pot que quand ils sont plusieurs, et il leur faut le temps de se rassembler pour communier sous les espèces du six ale ou du porter. Celui-là même qui n'est d'aucun groupe partirait plus vite, s'il n'y avait pas un fond de déguenillés pour lui tenir compagnie, et s'en tiendrait à une demi-pinte, tandis que l'haleine d'une bande en soif lui souffle une soif nouvelle.

On se croirait à certains moments dans une salle du Dépôt à Paris, muette et tranquille, où les mendiants, les voleurs, les toqués adossés contre les murs attendent le tour de passer devant le juge, un jour où tout ce monde aurait obtenu, par je ne sais quelle fantaisie lugubre du directeur, la permission de dépenser à boire ce qui restait de sous ou de pièces blanches dans le nœud du mouchoir ou au fond du soulier; pendant cette heure volée au crime ou au châtiment, ils ressembleraient à des alcooliques de Drury-Lane.

La misère du peuple a toujours, dans Londres, même à ses heures d'oubli et dans ses moments de rigolade, des mines d'abrutie, d'aliénée, de gibier d'asile, voire de chair à prison.

Dans le compartiment voisin, pas de tonneau et pas de banc. C'est assez d'une concession à la famine. Les gens qui entrent ici sont plus respectables, quoique beaucoup encore soient déchirés, crasseux et lamentables.

Le consommateur devra se tenir debout et ne pas rester avec un verre vide devant lui. Il a payé d'avance; qu'il se presse et s'éloigne ou qu'il pousse encore de l'argent pour avoir le droit de faire faction devant le pot-man.

Place à d'autres !

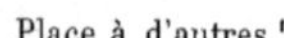

UNE BUVEUSE DE GIN.

Le *private bar*, le troisième compartiment, reçoit les gens comme il faut et c'est là qu'entre quiconque a mine de gentleman. On est d'ordinaire servi par une *bar-maid* qui montre ses dents, fait briller ses yeux et vous a l'air d'une jeune religieuse d'opérette, qui ne veut plus du froc et s'est attifée pour la fuite. Elle joue des lèvres et des prunelles, tout en gardant un petit air angélique et sucré. La fille du bar anglais ne ressemble pas à la fille du bar français, *oh dear, no !* Elle est mignarde et réservée, point provocatrice et point criarde. Elle aurait l'air d'une vierge dans une brasserie du quartier latin. Mais elle est fade et sans verve, la pauvre enfant. On se laisse aller à regretter les crânes serveuses de Médicis, les baluchonneuses du quartier des écoles, par énervement de cette douce et monotone niaiserie. On n'a que le plaisir des yeux devant leurs têtes jolies et moutonnières, point la saveur de la causerie vive et chaude. Elles ne font pas siffler dans la fumée des pipes la cravache des blagues ; elles ne poivrent pas notre verre avec des mots montants.

Encore faut-il attraper des torticolis pour les voir ! Elles sont comme des caissiers derrière un guichet, elles vous glissent la consommation, et vous en glissez le prix, comme pour une opération de banque. Les verres — on ne sert ici que des verres — coûtent plus cher dans ce coin privilégié ; en revanche il y a une chaise haute sur laquelle le premier arrivé peut installer un tout petit bout de son séant, mais la place est si étroite qu'on est forcé de s'aplatir les coudes au corps et de serrer les jambes comme un lignard au port d'arme.

Je me suis cru souvent l'otage d'un ascenseur, alors que j'étais debout dans ce private-bar, à côté de l'homme assis sur la haute chaise, et que mon horizon changeait comme à l'escale des étages, suivant les apparitions et disparitions de la *bar-maid* qui se faisait petite pour parler aux clients et redevenait grande pour aller tirer le porto ou le sherry. On causait

LE BAR.

tout bas, et l'on avait l'air morne des gens qui montent dans un tuyau. Ce n'était guère plus large, je vous jure !

Le voilà leur public-house ! Dans l'intérieur, de l'autre côté du comptoir, il y a les allées et venues des garçons, leurs coups de pompe, leur enlevage d'argent, le saut de la pièce qu'on essaye, mais pas de *Boum !* ni de : *Voyez terrasse !* Pas de : *Servez à l'as !* ou de : *Versez, pavillo !* Point d'écho à la parole du public ; on sert, on encaisse, on pompe !

Allez, le piston !

« THE MALL » A SAINT JAMES PARK.

LE WAPPING

Le Wapping, c'est là que, d'après la légende, la Tamise vomit tous les marins pris et avalés à l'autre bout du monde.

C'est là que l'on entend les hurlements de l'orgie, quand *la Salamandre* a touché sa paie.

C'est là que les sirènes de la fange attendent leur proie au coin des rues, déballant leurs tétasses hors de leurs robes de nuances criardes, comme les femmes symboliques, au devant des grands navires, tendent leur gorge à l'Océan.

Toutes les corruptions y arrivent. Les libertinages de toutes les latitudes y sont représentés. Quand les équipages, chargés d'envies bestiales amassées pendant des mois entre les murs de bois du couvent flottant, offrent leur ceinture à dénouer aux femelles qui les attendent comme des requins, ils trouvent des filles qui leur flatteront la chair comme ils l'entendent.

Ce sont des Européennes surtout qui fournissent le contingent, puisqu'on est en Europe et que d'ailleurs elle est le grand Lupanar : mais il y a aussi des femmes jaunes et des femmes noires ; il y en a de toutes les couleurs comme il y en a pour tous les goûts.

Ici l'on parle mille langues, comme dans la Tour de Babel.

Cette mêlée d'hommes, de femmes exotiques, donne au Wapping une physionomie qui diffère de celle des quartiers purement anglais, autant que Messine, Hambourg ou Calcutta diffèrent de Londres.

On y voit d'autres têtes que la tête classique, en haricot de bois ou en gueule de brochet, de notre ami John Bull.

Il y a des nez épatés et des fronts fuyants qui écrasent ou finissent des faces en œuf ou en boulet, lesquelles ont des teintes de citrons ou des reflets de fonte, suivant la cuisson que donne le soleil sur la rive où ces coureurs de mer ont grandi, et d'où ils sont partis comme des oiseaux sauvages.

Il y a, en tous cas, un lot de chair safran qui se tient à l'écart dès le début : le lot Chinois.

Le matelot parti des bords

Du fleuve jaune où sont les Cormorans,

emporte avec lui sa folie de l'opium. Aussi, quand il a mis le pied dans la boue de Londres, cherche-t-il vite le coin célèbre où le vieux Jim vend, pour quelques sous, le droit de fumer, étendu sur la natte pourrie, la tête contre l'oreiller de paille, en compagnie de quelques autres Indiens, qui, en regardant les étoiles dans l'azur du ciel par la lucarne du taudis, croient voir des boutons d'argent sur l'habit bleu d'un mandarin.

On arrivait jadis au logis de Jim par un chemin étranglé et sombre.

Nous prîmes ce chemin-là un soir de 1880.

Nous étions arrivés à travers une haie de haillons jusqu'à l'escalier pourri qui menait à l'entresol où il gisait depuis vingt ans — sans le guide fourni par la police qui accompagne toujours les visiteurs dans les coins dangereux de la ville.

Qui étions-nous ?

Pas une voix ne le demanda.

Les pipes brûlaient ; les spirales nuageuses allaient se casser contre le plafond bas ; des prunelles de plomb tournaient dans des yeux glauques ; les guenilles des lits pendaient, sans qu'un geste les fît trembler d'un pli.

Une chambre aux murs galeux, avec deux grabats où ils étaient entassés pêle-mêle. Le silence était lourd. Nous nous attendions à être interrogés.

LES CHINOIS FUMEURS D'OPIUM.

Non ! personne ne semblait s'être aperçu que nous avions envahi l'Éden de leur rêve.

— *I say, Jim*, finit par dire l'un de nous. Dites donc, Jim ?

Alors seulement Jim se tourna du côté où nous étions et écouta. Il répondit sans déranger le bras qui soutenait sa tête, mais avec un sifflement de colère, qu'il refusait qu'on dessinât son « chez lui ».

— Mais si on vous paye, *old man ?*

— Les blancs m'ont trop volé.

Et il fit un geste de malade qu'on gêne et qu'on irrite.

L'un de nous sortit un demi-souverain.

Il étendit sa main luisante et noire. On y mit la pièce d'or. Il laissa faire la besogne.

Ils étaient là six ou sept, qui fumaient à tour de rôle la grande pipe que préparait l'ancien. Il prenait au bout d'une aiguille une espèce de mastic gras, le pétrissait, puis le mettait dans le godet. L'un des assistants appuyait ses lèvres au tuyau où grillait l'encens noir.

On se sentait en Orient dans ce fumoir muet, dans cette sacristie à opium.

Au repos, le masque des hommes est toujours le vrai visage de la race. Le Chinois appartient à une race qui a adoré les idoles et pratiqué la torture. Voilà pourquoi les bipèdes qui étaient là donnaient l'image juste de la Chine géante, hébétée et magote, tandis que Jim, descendant de Confucius le martyr, avait les grands airs d'un Crucifié.

Tous ces largueurs de voiles servent à la fortune de l'Angleterre, rouliers pour son compte sur la grande route qui s'appelle la mer, et l'on trouvera ici des échantillons de toutes les marines du monde.

Il n'y a pas seulement les spécimens variés de l'espèce humaine. Il y a des échantillons de toutes les faunes, et chez Jemrach, dans des greniers où l'on arrive par une échelle, les animaux pondus ou allaités sous tous les ciels grouillent comme dans l'arche de Noé ; ils attendent, dans des cages ou des baquets, le coup d'œil bonasse du savant ou la cravache ensanglantée du dompteur.

J'ai senti peser sur moi le regard plein de larmes — c'étaient bien des larmes, allez !

— d'un vieil homme des bois accroupi en prisonnier dans sa cellule, et j'ai eu dans les oreilles le cri du perroquet de Robinson, brochant sur le tonnerre d'un lion qui avait dans les yeux du soleil de je ne sais où.

Des matelots entraient et sortaient, emportant le signalement de quelque phénomène à trouver, ou serrant dans leur bourse le prix d'un fauve vendu. L'Europe leur fait ses commandes, et ils se chargent d'aller là-bas, sous les autres étoiles, fouiller les forêts silencieuses et profondes, ou jeter l'épervier dans des ronds d'océan rarement déchirés par la scie de la proue. Dieu croyait avoir bien caché, dans un antre, un arbre ou un gouffre, son humanité de poils, de plumes ou d'écailles ; mais un mathurin qui ne sait pas lire crève tous ces mystères pour une promesse de dix schellings ou de dix livres. Et les oiseaux de paradis et tout l'enfer des monstres prennent, avec des mines d'estropié, le chemin d'une ruelle empestée du Wapping.

LA MARCHANDE DE VIANDE POUR LES ANIMAUX.

Il faut entrer dans ce Wapping par les rues qui encerclent la Tour de Londres.

On dirait le Mont-de-Piété d'une flotte, à voir toutes ces boutiques pleines du bric-à-brac de la navigation : choses en toile, en drap, en acier, en fer et en cuivre.

Les marins viennent acheter là les bottes qui leur montent jusqu'au ventre, les chapeaux qui font capuchon sur leurs épaules.

Les capitaines de petits bateaux y découvrent, sous la poussière, des instruments de précision : miettes des banqueroutes, épaves des naufrages.

Sur quelques-uns de ces débris, il y a des taches faites par le flot d'un océan lointain.

Voici Ratcliff High-Way, la grande voie ; elle s'étend longue et large, et ne sent pas la misère ni le vice, enfilée ainsi du premier coup d'œil. Il faut avancer et regarder.

CHEZ JAMRACH, LE MARCHAND D'ANIMAUX.

Un tas de ruelles aboutissent là-dedans, boyaux de corruption et de misère, bouclés souvent de l'autre bout, finissant en impasses, en culs-de-sacs, comme la vie de celles qui y ont leur taudis, avec un lit d'épouse ou de catin.

Spectacle plus douloureux qu'un autre, celui de la pauvreté active condamnée au voisinage du vice fainéant. On reconnaît des ménagères là-dedans, qui ont un mari, un mari qui travaille, tandis qu'elles-mêmes tâchent de tenir la maison et la maisonnée propres. On les voit nettoyer le seuil de leurs portes, qui fait honte aux seuils voisins. Elles ont, derrière la vitre lavée et claire, une jardinière avec des fleurs, des fuchsias sur la fenêtre, une cage accrochée au mur.

Leurs enfants n'en sont pas moins les camarades de fils des filles, et gare à la pourriture des ruelles, mortelle comme la pourriture d'hôpital ! Elle infestera le petit, la mère aussi ! Et les fleurs iront au fumier, le fuchsia dépérira, la cage sera crevée, l'oiseau plumé vif peut-être dans une folie de soûlaison.

UNE RUELLE.

Elle ne se vend pas, cette dégradée, elle ne retroussera pas ses jupes devant les matelots, mais elle s'avilira dans la boisson.

Je m'étais mêlé, imbécile, de chapitrer l'une d'elles.

— Croyez-vous donc que j'en serais là, à avoir toujours soif, si j'étais restée dans un quartier honnête ! Mais les loyers y sont trop chers. Allons ! demandez du gin et ne faites pas de sermon.

Elle a bu, s'est mouchée dans son tablier, a rentré un bout de loque graisseuse qui sortait, puis est restée silencieuse, marmottant je ne sais quoi.

Elle a fini par me cracher ce qu'elle mâchait entre ses dents.

— Je suis trop laide maintenant, et elle se regardait dans la glace en s'envoyant des grimaces de dégoût. Je suis trop laide, mais si c'était à recommencer, je ne sais pas si je n'aimerais pas mieux faire comme Mary.

Elle montrait une grosse fille en robe verte et spencer violet qui embrassait sur la bouche un matelot, en récompense d'une bouteille de Scotch-ale qu'il venait de payer et qui l'avait mise en joie.

— Elle s'amuse, au moins ; elle a de bons moments, moi je n'en ai jamais eu !

— Votre homme a un métier pourtant, et gagne sa vie.

— Et les chômages, et les grèves, et les cinq moutards ! Puis il s'est mis à boire aussi ! J'ai été une bête de vouloir être honnête, je vous le dis !...., Mary, est-ce qu'il n'y a pas un restant pour moi au fond de votre verre ?

— Mais si ; prenez, mistress Jones, a répondu l'autre avec une nuance de respect. Et toi, Chinois, a-t-elle fait en se tournant vers son mâle de rencontre, tu vas payer une seconde tournée, — tu ne t'en repentiras pas tout à l'heure, je te le promets.

Elles ont trempé leurs lèvres dans le même pot, la femme à un seul et la femme à tout le monde ; la lèpre se gagne ainsi ! Mais, comme elle l'a dit, les loyers sont trop chers là où il n'y a que des gens paisibles.

Les boutiquiers peuvent demeurer n'importe où sans danger.

Comme le prétoire pénitentiaire, qui, protégé par une balustrade et un rideau de gardiens, juge les condamnés dans une prison, la bourgeoisie garde dans ses magasins, petits ou grands, la somme de respectabilité qu'elle veut, et tient à distance sa clientèle, que la police tient en respect. Mais ils ont un bail, ceux-là, et un stock, et des habits, et des coups de chapeaux de la part des autorités, et il n'est pas à craindre que le spectacle du vice malheureux et déguenillé induise à mal faire la fille de l'épicier ou du poissonnier.

Elle s'en tiendra aux défauts de sa race ! Vaniteuse, cruelle et cupide ! jusqu'au jour pourtant où, par le fait du spleen et non parce qu'elle vécut dans un quartier pourri, elle peut devenir, elle aussi, une amoureuse de brandy, et choisir pour s'y abreuver un public-house à rouleuses, s'il est près de chez elle et qu'on puisse y entrer en sournoise.

En attendant, elle ne court pas les dangers qui menacent les logis infects, où la promiscuité de la détresse laisse les oreilles des fillettes ouvertes aux refrains des chansons obscènes et au bruit des alcôves immondes, en même temps que les mères sont jetées dans les bras du commérage ignoble et de l'ignoble ivrognerie !

Réflexions qu'entraîne, dans une promenade à travers ce quartier de réputation grossière, la vue des demoiselles fraîches et blondes, élégantes et fines, qu'on aperçoit tirant discrètement le rideau d'une croisée au premier étage, ou qui se carrent au rez-de-chaussée : boutiquières pincées et guindées, même au centre de cette population de marins tirant leur bordée, et de filles publiques battant leur quart.

Chose terrible à dire ! c'est le vice qui console ici la misère, et le Wapping avec ses prostituées est moins lamentable à voir que les quartiers où sont seulement les pauvres et point les dépravées, où il n'y a que des ménages réguliers, des époux assortis pour l'atroce souffrance ! La moitié de ces prostituées ont pour toilette une espèce de sac, pas de chemise, pas de chapeau, pas de souliers. Quelques-unes traînent un châle effrangé, des bottines trouées, un tablier de toile plus sale que le tablier de cuir des brasseurs, après qu'elles ont brassé la lie des désirs brutaux et des soifs gloutonnes.

Mais il y a des foulards roses, des jupes bleues, des corsages rouges. Il y a la gamme des couleurs dures et des couleurs tendres, leur toilette vise à l'éclat des drapeaux hissés au sommet des mâts.

Elles ont le masque peinturluré de gaieté ; on devine quelquefois la grimace du visage, mais souvent aussi il est éclairé d'une joie bestiale et franche, à la suite d'une conquête qui a grossi la bourse ou gonflé l'orgueil de la vendeuse de caresses.

Il y a de bonnes journées à passer avec ceux qui reviennent de loin. Ils éparpillent, sans compter, les pièces d'or sur le plancher des vaches ; ils se ruinent avec la femelle qui leur va, la gardant pour leur faim tant qu'il y a de quoi la frusquer un peu et l'abreuver ; et cette femelle est fière devant les autres, même heureuse dans le fond de son âme gâtée. Elle est *idolée*, sinon aimée par ce sauvage, et elle lui appartiendra rien qu'à lui, tant qu'il sera à terre, où il lui refera ainsi dans la fange une virginité d'un mois, apportant comme dot la chasteté d'une année — lui qui a vu passer les saisons sans apercevoir, comme une voile, la robe d'une femme à l'horizon !

Elle aura des heures de bonheur réel avec son *fancy-man*, son amant de cœur, qui boit comme un trou, est fort comme un bœuf, sait des chansons de mer, et danse la gigue à faire pâlir les clowns du *Lusby Music Hall;* elle est aussi orgueilleuse et aussi ravie que la grande courtisane qui se paye un caprice, que la grande dame qui a une toquade pour un ténor ou un gymnaste.

Aussi le Wapping n'est-il pas triste comme Bethnal Green ou tout autre pays du travail.

Entrons dans ce *Free and Easy* (libre, et à l'aise), c'est ainsi qu'on appelle au Wapping ou ailleurs le *public-house* érigé en guinguette, où l'on pénètre sans payer, en poussant une porte ou en soulevant un rideau.

UN CAFÉ-CONCERT AU WAPPING.

Une espèce d'estrade, avec un escabeau pour escalier, sert de théâtre à qui veut être actrice ou acteur, acrobate, chanteur, danseur.

Le premier venu, la dernière arrivée peut grimper sur les planches et lâcher sa chanson ou y aller de sa gigue, déclamer du Shakespeare, si elle en connaît. C'est possible ; quelques-unes ont reçu de l'éducation.

L'artiste de hasard *fait la manche* en descendant, si c'est une pauvresse ou si c'est une gueuse. On ne lui donne pas toujours des sous, mais on lui paye de la bière, au besoin même une saucisse ou un quart de pork-pie, pâté de porc, si elle jure qu'elle aura une voix de ventre toute la soirée, à moins qu'on ne jette pour quatre ou cinq pence de quelque chose dans ce ventre-là.

Il y a des marins qui entonnent *Over the sea* ou *Blac-eyed Susan* et qu'on blesserait en leur offrant un sou. Ils chantent pour taper dans l'œil, souvent au beurre noir, des assistantes, et aussi parce qu'ils aiment à se rappeler les refrains qui, à bord, allaient battre le ciel muet, quand la mer était calme.

Presque toujours elles débordent de sensiblerie, ces vieilles romances d'océan, et dans le *Free and Easy*, chargé de fumée, pavé de crachats, tout le monde écoute religieusement, et religieusement reprend en chœur.

Parmi ces voix de traînées, quelques-unes sont souvent si pures et si claires qu'en fermant les yeux on pourrait se croire dans une de ces chapelles où, derrière

AU CAFÉ-CONCERT « THE GUN-BOAT. »

une grille, des vierges mariées à Dieu lui envoient, sur l'aile d'argent d'un cantique, le serment de lui rester fidèles jusqu'à la mort.

Si, par hasard, un étranger se présente, qui ait l'air d'un monsieur, la demoiselle de la maison, la fille du propriétaire elle-même, traverse la salle déshonorée par les soûlardes et va s'asseoir au piano. Elle a étudié sa méthode dans le silence de la pièce vide, le matin. Elle ne craint pas de jouer le soir, devant le visiteur étonné ; j'ai entendu, au *Gun-Boat*, une miss en robe élégante et en collerette de dentelle jouer la *Valse des roses*, pendant que, dans le fond, des malheureuses nous tiraient par nos habits en nous faisant signe de les suivre : l'une d'elles voulant à toute force appliquer un *kiss* sur les lèvres du plus jeune, l'autre offrant au plus vieux, pour un pot à boire, d'aller lui faire voir ses jambes, *jusque-là*, dans un renfoncement de la ruelle voisine où il ne passait pas de policeman.

La pianoteuse continuait à frapper les touches, réservée comme les promises qui tapotent devant leur prétendu.

Dans le groupe de ces pierreuses était une femme enceinte — qui s'offrait elle aussi, au milieu des rires, mais son rire était navrant, et, par moments, elle restait muette, les yeux baissés, comme si elle sentait se débattre contre sa honte le résidu de fange humaine qui remuait dans ses entrailles.

On se dirait en famille !... Ne nous y fions pas.

Une goutte de whisky versée sur cette éphémère mélancolie fera l'effet d'une goutte d'huile sur un brasier cendré de blanc, et une jalousie de métier mettra le feu tout d'un coup à ce peloton de mâles ou de femelles qui se précipiteront dans la rue pour s'assassiner.

J'ai vu une mégère arracher un œil à sa rivale déguenillée ; elle voulait encore arracher l'autre !

— Tu n'es que borgne, je veux te faire aveugle !

Les cris que poussait la victime étaient déchirants, et l'on avait envie de crier aussi, et l'on se bouchait les yeux comme si on avait peur pour eux, et aussi afin de ne pas voir cet orbite vidé d'un coup de pouce et tout sanglant.

La police a eu du mal à s'emparer de la furie.

Quelques-unes avaient pris parti pour elle et appelaient voleuse d'homme celle même à qui l'on venait de voler un de ses miroirs à clients.

Comme prises de folie, elles s'épuisaient à hurler et se jetaient dans la mêlée : ongles en avant, écume aux lèvres !

Puis tout ce tumulte est tombé ; on a emporté la blessée à l'hôpital ; on a mis l'aveugleuse sous clef.

J'en tressaillais encore d'horreur que déjà on n'y pensait plus, à l'endroit même où s'était passée la scène, et ces Anglais semblaient pleins de dédain pour la sensiblerie d'un Français qui trouvait que les yeux avaient tant de prix et semblait penser que celles qui les arrachent sont des monstres.

Dans la bande des hurleuses, il n'y avait pas que des prostituées, il y avait des vertueuses en haillons qu'avait affolées la pocharderie et qui criaient, pour être quelque chose, une minute, sur terre, et se faire entendre sous le ciel, pendant que l'ivresse leur en donnait l'audace; instinctivement heureuses de faire siffler le fouet de leur délire aux oreilles des policemen qui savent arrêter les femmes et à qui les *westry-men* n'apprennent pas comment on arrête la famine.

Ce qui fait de Londres une ville étrange et terrible, c'est cette fermentation du

PAUVRESSE.

vice et de la misère sur le même fumier et dans des sentines communes aboutissant à des voies larges et claires comme des voies romaines.

On accuse quelquefois les historiens du Londres sombre d'avoir foncé les couleurs, noirci les fonds, parce qu'on a regardé, du haut d'un trottoir tranquille, une rue qui, pour être sillonnée de filles publiques, n'en est pas moins sûre pour les braves gens. Mais qu'une querelle éclate comme un pétard d'un sou, les hontes et les colères sortiront de leurs gonds, hontes voulues et hontes méritées, colères que l'ivresse allume dans les cervelles retournées et colères que le désespoir a accumulées, petit à petit, dans les cœurs. Tout cela se confond, et voilà pourquoi il y a tant de rage chez les foules anglaises. Les chiennes, en chasse ou non, aboient quand elles entendent, dans la nuit, les hurlements d'un chien. Les misérables, aussi, mordent et secouent leur chaîne, quand, dans le rayon noir de leur bagne, il y a une souffrance méritée qui soudain appelle au secours, ou une fureur ignoble qui appelle à la rescousse !

La population raccrochante a repris sa marche et lancé à nouveau ses filets, avec une pêcheuse de moins, voilà tout ! On en a peut-être jusqu'à samedi à être tranquille dans le Wapping.

Lorsque ces *grains* ont crevé, le loup de mer rentre dans sa peau de silencieux et de ruminant.

Il n'est violent et fou que par saccades, le matelot, quand il fait une courte escale dans un port, le temps d'embrasser une créature et d'avaler en eau-de-vie de quoi lui gratter le gosier.

Quand il aborde avec sa paye dans un sac et ses provisions de désirs sous la peau, c'est là surtout qu'il éclate, se débourrant de sa sobriété et de sa sagesse comme un révolver dont toutes les balles partiraient d'un coup.

Mais il finit par s'apaiser et par avoir le museau froid des pistolets au repos.

Il ne faut pas, malgré les explosions ordinaires au Wapping, s'attendre à trouver débraillé et déguenillé le marin qu'on rencontre dans ces parages : Jacques Goudron est un faraud.

Il porte le veston et le pantalon de drap noir ou bleu foncé, avec le chapeau mou pointu. Tout cela d'une insigne propreté et souvent flambant neuf. Il ressemble à un jeune contre-maître ou à un petit entrepreneur, point à un corsaire ni à un pirate : il est modeste d'allures et décent de mise.

Quelques-uns sont des nègres. Ils portent volontiers, ceux-là, une calotte rouge ou une casaque de toile, fantaisie d'esclave ou de descendant d'esclave qui aime à envelopper le noir de sa carcasse dans des étoffes couleur de neige ou couleur de sang.

Étincelants les premiers jours, ils ont l'air lamentable dès que leur toilette claire a été dégommée par la pluie ou gommée par la bière, et ce sont eux qui font tache alors, au milieu des autres corrects, dans leurs vêtements sombres.

Quelques-uns de ces corrects se dépenailleront aussi, et ces vestes seront engagées, troquées, vendues. Mais on ne donnera pas longtemps le spectacle de sa débine aux fillasses du Wapping. On ira chercher un engagement, écouter la lecture du contrat, signer, recevoir le chèque du mois d'avance. Avec cet argent-là, ils feront encore une noce d'enfer et régleront leur dette au *Boarding-House.* Ils payeront parce qu'ils sont honnêtes et aussi parce que ce Wapping est leur patrie à terre. Quelques-uns n'ont jamais dépassé Ratcliff High-Way et n'iront jamais plus loin.

UNE CHAMBRE DE LODGING-HOUSE.

Ils y reviendront à la fin de chaque voyage, pour s'y enterrer jusqu'au voyage nouveau, jetant l'ancre là-dedans sans jamais chasser sur elle. Il faut donc liquider avant de partir, pour être libre sur ce pavé.

Mais reviendra-t-on ? On restera peut-être là-bas, au bout du monde. Dans l'Australie, aux Indes ! Pauvre patron du *Seamen's house,* il peut trembler pour sa monnaie, s'il a fait crédit à celui qui regarde l'avenir par cette lunette d'éloignement !

Mais il faut croire que tout se passe comme il faut, puisque les auberges à marins pullulent.

C'est peut-être le matelot qui est refait le plus souvent. Il donne des avances, parfois il confie sa bourse. On marque à la fourchette, les jours où il a bu. Si la logeuse a de jolis yeux, est bien en chair, et qu'il reste dix ou quinze schellings de boni, elle s'offre pour solde de tout compte, la gaillarde, et l'autre accepte; il ne sait pas faire les additions et il a faim de chair fraîche et même défraîchie, avant de quitter le rivage.

C'est bien pour cette raison qu'il a refusé l'hospitalité que lui offre l'établissement célèbre, officiel, tranquille, fondé par les amiraux, soutenu par l'État, protégé par la Reine, où il aurait chance de ne pas être écorché.

AU LODGING-HOUSE.

Malheureusement on ne peut pas y mener Polly passer la nuit, et il ne faut pas rentrer trop souvent éméché, dans cette maison où il entre tant de révérends, qui le dimanche leur parlent du ciel, — comme s'ils ne le connaissaient pas, ces nomades qui l'ont vu s'entr'ouvrir et l'ont entendu hurler dans les tempêtes, comme s'ils ne devaient pas profiter du temps où ils sont solides encore pour jouir de la vie !

Quel est leur avenir ?

Quand le vent soufflera dans leurs cheveux gris, où en seront-ils, les laboureurs de flots, dont on ne voudra plus sur le pont des navires ? Tous n'ont pas la chance de celui qui s'est fait barbier, coupeur de cors, laveur de pieds — avec la même cuvette pour tous les *jobs*, à ce que disent les concurrents, jaloux de le voir ainsi gâcher le métier et gagner sa vie.

Ils sont destinés à la misère, au Workhouse; ils chanteront dans les impasses, ils coucheront sur le pavé. Combien tendront la main au coin des rues, combien nasilleront des complaintes dans les cours, en appelant un sou, comme on appelait au secours

LA LOTERIE AUX CANARDS.

sur le radeau de sauvetage ! Combien mourront dans les naufrages ! Pendant qu'ils sont à terre et robustes et fermes, qu'ils boivent donc au grand pot avant de boire à la grande tasse !

Devant une ripaille de ces marins sermonnés par un pasteur qui traînait par là, je songeais, moi, aux heures de calme affreux et de vertu forcée qu'ils avaient passées et passeraient encore entre les étoiles et les vagues !

Dans mes excursions au Wapping, j'ai toujours senti, à travers les cabarets mêmes, passer le vent du large, et je n'ai pas souffert de ces souillures, comme des souillures d'un autre coin, parce que la boue de cette Capoue est lavée par la vie chaste et muette de l'Océan, parce qu'après avoir bu en hurlant le gin ou le whisky, ils avaleront, un soir de naufrage, sans jeter une plainte et une malédiction, la dernière gorgée d'eau salée qui noicra leur vie.

UN HOMME D'ÉCURIE.

LES CLOCHES, A WINDSOR.

CONCLUSION

Il n'y a, entre Calais et Douvres, que sept lieues d'eau salée ; mais entre le caractère anglais et le caractère français il y a la profondeur d'un abîme !

Les deux capitales représentent les deux faces de la civilisation. Elles se regardent comme deux sphinx qui se demanderaient lequel doit dévorer l'autre. L'Angleterre veut être une matrice à millions, une machine qui broiera les hommes et en fera de l'huile pour graisser ses roues ; elle trempe avec amour ses pieds dans cette pâtée humaine et s'acoquine, à plaisir, dans son rôle de commerçante impitoyable.

Après tout, dans ce siècle de science, elle est peut-être plus grande que nous, qui aimons à nous attarder dans le sentiment, et plantons des bouquets sur l'oreille de nos locomotives et de nos canons.

Aussi les plus puissants, en France, ménagent-ils le peuple. En Angleterre, les riches lui rient au nez.

A l'heure de la grande promenade du *Rotten-Row*, vous les verrez, ces millionnaires, faire sans vergogne, et comme exprès, voler la boue de la piste sur la figure des pauvres diables qui sont venus flâner de ce côté, parce que ce spectacle gratis les délasse de la famine et de la peine.

Ces Césars ne se sont même pas habillés pour le Cirque ! Tel duc qui a cinq millions de rentes est fagoté aussi piteusement qu'un pion ; il ressemble à un provincial qui fait durer ses redingotes et ses chapeaux. On dirait qu'ils affectent d'être ridicules ou négligés. A ces écrasés, dont le labeur les gave de truffes et les gorge d'or, ils ne font pas la politesse de leur uniforme de gentleman ; ils ne mettent pas, pour cette heure-là, les beaux vêtements dont le travailleur a tissé la laine et la soie, pour rester, lui, dans le coton sale et les guenilles trouées — tandis que ce soir, s'ils sont seulement quatre à dîner, ils endosseront, pour se mettre à table, l'habit noir et la cravate blanche.

Les femmes, mères, sœurs, cousines, toutes resteront dans leur chambre pour en

L'ABBAYE DE WESTMINSTER.

descendre décolletées et en costume de gala. Si l'on affichait ce cynisme en France, il jaillirait du remous de la foule, des bordées de blagues ou de fureur ! Mais, loin de se fâcher, la misère anglaise se découvre — et salue.

Tout est énorme dans ce pays.

J'ai vu des incendies qui ont duré quinze jours et qui ont dû griller Dieu dans le ciel.

Parfois, toute une paroisse sent le vinaigre ou la fraise. C'est la maison *Cross et Blackwell*, qui fait des confitures ou des pickles pour les deux mondes.

ROTTEN-ROW, HYDE-PARK.

Tout se fabrique en grand : les fortunes ou les détresses. Il y a des milliards de guinées comme il y a des milliards de poux ; on crève de faim par bataillons ; on se noie à cinq cents dans un lac dont la glace se rompt ; on coule en grappes de douze cents dans la Tamise. C'est la terre du colossal.

Savez-vous qu'il y a des rues aussi longues qu'une grande route, qui, à un moment donné et à date fixe, sont barrées comme un faubourg de Paris, un jour d'émeute ?

Barricade de bois et non barricade de pierre. Ce ne sont pas des mains d'insurgés

LE DÉPART DES « HOMMES SANDWICHES ».

qui ont tracé sur le pavé cette ligne de démarcation entre les dirigeants et le peuple.

C'est quelque pair qui fait dresser cette palissade de pieux, et, semblable au héros de Jean-Jacques, dit à la multitude : « Pour aujourd'hui tu n'iras pas plus loin ! »

Cette voie est dans le rayon de sa propriété, elle est un des sentiers de son domicile. Il veut bien, d'ordinaire, faire l'aumône de ce passage, mais, d'après les us et parchemins, pour que cette aumône ne devienne pas un droit public sous les pas de la cohue méprisée, pour maintenir son titre de souverain et de maître du sol, afin qu'il n'y ait pas l'empiètement de la prescription, le lord arrête pour vingt-quatre heures le flot qui coule et endigue sa marche pour le temps qu'exige la coutume.

C'est effrayant ! Il y a des quartiers tout entiers qui appartiennent à un seul homme, coupés, ainsi que des ménageries, par une forêt de barreaux dont quelque gardien tient les clefs. Les bipèdes peuvent passer à chaque bout, par grâce, entre les bornes de fonte ; mais les voitures ou les charrettes feront le tour, quitte à se heurter contre un semblable obstacle.

J'ai vu un homme, qui faisait le cheval pour traîner son pauvre mobilier, se perdre dans les dédales et finir par s'abattre devant la dernière grille. Il montra le poing à la palissade de fer. Folie d'agonisant ! Bête de somme abattue qui ruait contre un monde !

RETOUR EN FRANCE

Ce n'est pas sans tristesse que l'on quitte cette cité triste.

Je jetai sur Londres enfumé et lugubre un regard de reconnaissance joyeux et clair en me rappelant l'hospitalité qu'avaient reçue les Français proscrits — dont on n'aimait pas les idées et dont on redoutait le drapeau.

J'ôtai mon chapeau devant la Ville noire pour remercier ce peuple, qui n'a jamais médit de la Reine, de m'avoir appris à moi, d'un pays républicain, ce que c'était que la liberté.

On est si à l'aise dans ces rues immenses où il n'y a de sentinelles que devant les palais du gouvernement !

En Angleterre, la gare est libre. Les gardiens, en chapeau haut, en tunique à coupe de redingote, ressemblent à des gardiens de Musée français qui auraient

arraché leurs passe-poils de couleur, leurs soutaches d'argent, leurs galons d'or.
Ils n'ont pas un harnachement ridicule ou menaçant, un révolver à la ceinture et
le droit d'arrêter qui ils veulent, ou à peu près. On ne s'embarrasse pas les jambes

SUR LE PAQUEBOT.

dans des flamberges d'officier en grande tenue ou dans les bancals des cavaliers.
La police et la soldatesque ne montrent pas leur trogne à l'entrée et à la sortie de
Londres, pas plus qu'au départ de Folkestone ou de Douvres.

.   .   .   .

.   .   .   .

SUR LE PONT DU PAQUEBOT.

38*

Je ne connais rien de plus bête que la mer tranquille. Le silence et le vide!

Je me figure que les admirateurs de la mer, autres que les matelots, ont dans la tête la fumée d'un mysticisme philosophique ou religieux.

Que signifie la largeur de l'étendue, si sur l'horizon, là-bas, je ne vois pas

UNE PASSAGÈRE.

se dessiner le geste d'un animal vivant, si l'humanité ne crie pas sur le dos de l'Océan qui bouillonne, si le ciel n'est pas crevé par la foudre, supplié par le lâche, insulté par l'impie!

Pour les Français de notre temps, témoins et acteurs de tant d'aventures tragiques, il faut, dans tous les paysages, la silhouette du danger ou l'écho du combat.

Jetez sur cette eau stupide une barque en détresse; montrez-moi collé contre le grand mât un matelot ou un déporté que le capitaine a donné l'ordre de flageller : alors l'espace s'emplit d'emblée, et c'est mon cœur d'homme qui battra au-dessus de cette immensité tout d'un coup changée en champ de bataille.

Sans aller si loin, sans réclamer le sinistre, sans avoir besoin de la mort — quoique ce grand cirque mouvant appelle les spectacles terribles, — faute de ces hasards solennels, qu'il y ait au moins le coup de canon ou le cri de joie lâché comme un salut par le vapeur ou le voilier du bout du monde, chargé d'hommes, de femmes, d'enfants, que les accidents de la vie ont arrachés ou ramènent à la mère patrie. Mais il faut ce minimum d'émotion-là pour ne pas avoir le spleen, sur la Méditerranée, l'Océan ou la Manche, sous le couvercle bleu du ciel, sur l'assiette plate des vagues; — sinon c'est l'évanouissement de la pensée, quelque chose comme la sottise et l'infécondité d'un dimanche où l'on ne fait rien que bâiller ou prier.

Rien, pas un oiseau qui vienne cogner contre la vergue ou effleurer de ses ailes l'aile du paquebot.

Au loin, quelques barques qui semblent des papillons crevés, collés sur du papier gris. Il n'y a pas même une guenille de fumée qui traîne dans quelque coin sur nos têtes.

Quand donc serons-nous arrivés? Quand finira ce bercement monotone? Quand serons-nous en France?

Cependant l'Angleterre nous suit, et elle se trahit malgré tout dans les attitudes des passagères ou des passagers.

Appuyée contre le bastingage, une miss rêve à l'ombre d'un parapluie. Elle est vêtue comme une saltimbanque et semble s'être habillée avec la défroque d'un clown. A côté d'elle sont des livres que je reconnais, ces livres anglais surchargés d'une reliure à couleur violente, à filets noirs et sanglants sur fond jaune, aussi mal vêtus que la liseuse. Le mauvais goût de là-bas perce dans la robe des volumes comme dans celle des femmes.

La caricature au pépin insulte, du regard et des dents, une petite Française qui parle vivement, va de bâbord à tribord et laisse voir, en se penchant, un peu de sa jambe. Ces bottines qui froncent sur la cheville, et ce bas blanc qui colle sur le mollet, tout cela a trotté neuf ans dans le souvenir de ceux qui ont été neuf ans hors de France. Penchez-vous de nouveau, Parisienne !

UN COUPLE ANGLAIS.

Devant ce bas-blanc, le bas-bleu d'Albion baisse ses yeux sans éclair et murmure *shocking* entre ses lèvres de cheval.

A deux pas de cette miss qui s'indigne de voir ma curiosité monter jusqu'à la jarretière — qui, par bonheur, était tombée tout à l'heure et qu'on a rebouclée devant moi — derrière le dos de ce clergyman coiffé d'un chapeau rond, cravaté de blanc,

.....UN « BYRON » DE VINGT-CINQ ANS.....

ensoutané de noir, un couple anglais est étendu, comme un couple de veaux, sur un banc qui leur sert de lit. Ils sont là se tâtant, s'embrassant, se pâmant, esquissant des postures et des caresses à faire rougir les philosophes de Couture.

Ces Anglais gardent leur masque de pudeur quand ils parlent ou qu'ils écrivent, mais ils ôteront tout, en plein bateau, pour mieux caresser leur payse.

Personne ne se fâche ; quelques révérends mettent leurs mains sur leurs yeux, mais c'est pour mieux voir entre leurs doigts.

Près de nous un Byron de vingt-cinq ans, jaune de cheveux, blême de peau, regarde, tour à tour, à la façon de *Childe Harold*, le ciel et les flots.

Et moi, devant ces cyniques, ces hypocrites, ces tristes, je pense au génie si clair et si franc de la terre natale, et mon cœur bondit au devant d'elle.

La voici, on aperçoit les côtes et je viens même d'entendre un coq, qui dans un faubourg de Calais s'égosille et bat des ailes, sonnant au rapatrié, comme un clairon.

TABLE DES MATIÈRES

La Rue. 1
La Rue qui marche. 21
Le Soir 33
La Nuit. 57
Un Dimanche anglais. 75
Le Soho. 87
Les Anglais chez eux   chez nous. 95
Le Confortable. 101
Christmas. 111
Boxing-Day. 117
Cattle-Show 123
Les Docks. 127
Les Recruteurs. 143
Le Workhouse. 151
Drury-Lane. 167
Le Marché de Covent-Garden. 173
Billingsgate. 177
La Femme anglaise. 185
Temple-Bar. 205
Petticoat Lane. 213
Le Sport. 225
Le British Museum. 247
La Pluie. 257
Le Wapping. 269
Conclusion. 291
Retour en France. 297